HANS EBERHARD BIRKE

Die deutschen Bundesländer in den Europäischen Gemeinschaften

Schriften zum Öffentlichen Recht

Band 228

Die deutschen Bundesländer in den Europäischen Gemeinschaften

Von

Dr. Hans Eberhard Birke

DUNCKER & HUMBLOT / BERLIN

Gedruckt 1973 bei Feese & Schulz, Berlin 41
Printed in Germany
ISBN 3 428 03014 1

Für Frederika

Vorwort

Die vorliegende Dissertation habe ich während eines Stipendienjahres am Europakolleg in Brügge begonnen und 1972 in Bonn abgeschlossen.

Herrn Bundesverfassungsrichter a. D. Professor Dr. Dr. h. c. Ernst Friesenhahn, der diese Arbeit betreut hat, bin ich zu großem Dank verpflichtet.

Der Kommission der Europäischen Gemeinschaften möchte ich für die Gewährung eines Zuschusses für die Veröffentlichung der Arbeit auch an dieser Stelle danken.

Bonn, im November 1973

Hans Eberhard Birke

Inhaltsverzeichnis

Abkürzungsverzeichnis

ABl.	=	Amtsblatt der Europäischen Gemeinschaften
Actes off.	=	Actes officielles du Congrès international d'Etudes sur la Communauté européenne du Charbon et de l'Acier
AöR	=	Archiv des öffentlichen Rechts
AVR	=	Archiv des Völkerrechts
AWD	=	Außenwirtschaftsdienst des Betriebsberaters
BAnz	=	Bundesanzeiger
BArbBl.	=	Bundesarbeitsblatt
BB	=	Der Betriebsberater
BdGVR	=	Berichte der deutschen Gesellschaft für Völkerrecht
BGBl	=	Bundesgesetzblatt
BK	=	Kommentar zum Bonner Grundgesetz (Bonner Kommentar) Hamburg 1950 ff. (Zweitbearbeitung **1964 ff.**)
BR-Drucks.	=	Bundesratsdrucksache
BT-Drucks.	=	Bundestagsdrucksache
Bull. EWG	=	Bulletin der EWG
BVerfGE	=	Entscheidungen des Bundesverfassungsgerichts
B.Y.	=	The British Yearbook of International Law
CdDE	=	Cahier de droit européen
DÖV	=	Die öffentliche Verwaltung
DRZ	=	Deutsche Rechts-Zeitschrift
Droit Européen II (Den Haag)	=	2ème colloque de droit Européen, 24.—26. Oktober 1963 in den Haag, veranstaltet von der Fédération Internationale pour le Droit Européen, 1. Beratungsgegenstand: Le problème des dispositions directement applicables (self-executing) des Traités internationaux et son application aux Traités instituant les Communautés, Zwolle 1966
Droit Européen III (Paris)	=	3ème colloque de droit Européen, 25.—27. November 1965 in Paris, veranstaltet von der Fédération Internationale pour le Droit Européen, 1. Beratungsgegenstand: Mécanismes propres à assurer l'introduction du droit communautaire dans les droits nationaux (vorläufig gedruckte bzw. hektografierte Berichte)
DUZ	=	Die Deutsche Universitätszeitung
DV	=	Deutsche Verwaltung (1948—1950), später DVBl
DVBl	=	Deutsches Verwaltungsblatt
EAG	=	Europäische Atomgemeinschaft

EAGFL	=	Europäischer Ausrichtungs- und Garantiefonds für die Landwirtschaft
EAGV	=	Vertrag zur Gründung der EAG
EGKS	=	Europäische Gemeinschaft für Kohle und Stahl
EGKSV	=	Vertrag zur Gründung der EGKS
EP	=	Europäisches Parlament
EuGH	=	Gerichtshof der Europäischen Gemeinschaften
EuGH (Rs ...) AS	=	Entscheidungssammlung des EuGH mit Bezeichnung der Rechtsache. Zitiert wird die deutsche Ausgabe der Amtlichen Sammlung
EuR	=	Europarecht
EuW	=	Europäische Wirtschaft
EWG	=	Europäische Wirtschaftsgemeinschaft
EWGV	=	Vertrag zur Gründung der EWG
FAZ	=	Frankfurter Allgemeine Zeitung
FusV	=	Vertrag zur Einsetzung eines gemeinsamen Rates und einer gemeinsamen Kommission der Europäischen Gemeinschaften vom 8. 4. 1965
GA	=	Generalanwalt
GG	=	Grundgesetz für die BRD
JIR	=	Jahrbuch für internationales Recht
JJahrb	=	Juristen-Jahrbuch
JZ	=	Juristenzeitung
KSE	=	Kölner Schriften zum Europarecht
MDR	=	Monatsschrift für Deutsches Recht
NJW	=	Neue Juristische Wochenschrift
ÖZfÖR	=	Österreichische Zeitschrift für öffentliches Recht
PR	=	Parlamentarischer Rat
RabelsZ	=	Zeitschrift für ausländisches und internationales Privatrecht
RDP	=	Revue du droit public et de la Science politique en France et à l'Etranger
RMC	=	Revue du Marché Commun
SH	=	Schwarze Hefte, Westdeutsche Rektorenkonferenz, Empfehlungen, Entschließungen und Nachrichten vom Präsidenten mitgeteilt
SitzBer.	=	Sitzungsberichte
StenBer.	=	Stenographische(r) Bericht(e)
VVDStRL	=	Veröffentlichungen der Vereinigung der Deutschen Staatsrechtslehrer
VWD	=	Vereinigte Wirtschaftsdienste
Wehrbeitrag I, II	=	Der Kampf um den Wehrbeitrag, hrsg. v. Institut für Staatslehre und Politik e. V. in Mainz Band 2, 1. Halbband, München 1952 Band 2, 2. Halbband, München 1953
ZaöRV	=	Zeitschrift für ausländisches öffentliches Recht und Völkerrecht
ZustG	=	Gesetz zu den Verträgen vom 25. März 1957 zur Gründung der EWG und der EAG
ZZP	=	Zeitschrift für Zivilprozeß

Einleitung

Walter Hallstein hat in seinen „Europäischen Erfahrungen und Erkenntnissen" das entscheidend Neue hervorgehoben, was die Europäischen Gemeinschaften gegenüber früheren Versuchen auszeichnet, Europa zu einigen: Nicht Gewalt, nicht Unterwerfung ist als Mittel eingesetzt; die Majestät des Rechts soll schaffen, was Blut und Eisen in Jahrhunderten nicht vermochten[1].

Leicht wird diese Aufgabe nicht sein. Über ein Jahrhundert lang hat der Nationalismus als Ordnungsprinzip das Schicksal Europas geformt. Die gegenseitige Abkapselung hat gerade auch die Rechtsordnungen der europäischen Staaten erfaßt und einen zwischenrechtlichen Verkehr nur noch durch „Kollisions"-normen zu ermöglichen gewußt. Wenn es nunmehr gilt, eine „Gemeinschaftsrechts"-ordnung zu errichten, erfordert dies von allen Staaten, die sich in den Europäischen Gemeinschaften zusammengefunden haben, einen mühevollen Anpassungsprozeß. Das wird besonders deutlich, wenn die Rechtslage eines der Mitgliedstaaten grundlegende Besonderheiten aufweist und seine Einordnung in die Gemeinschaft Probleme aufwirft, die nicht von einer allen Mitgliedern gemeinsamen Basis aus gelöst werden können.

Ein Beispiel dafür ist die deutsche Bundesstaatlichkeit unter den andern einheitsstaatlich geordneten Mitgliedsländern. Zwar scheint auf den ersten Blick eine gewisse Gemeinsamkeit mit dem Staatsaufbau der italienischen Republik vorzuliegen, deren Autonome Regionen u. a. für die Gesetzgebung und Verwaltung auf dem Gebiet der Landwirtschaft, einem Kernbereich des Gemeinsamen Marktes, zuständig sind[2]. Dieser Eindruck erweist sich jedoch als unzutreffend. In den Statuten der Regionen ist ausdrücklich festgelegt, daß diese ihre Befugnisse nur unter Achtung der internationalen Verpflichtungen des Staates aus-

---

[1] Der unvollendete Bundesstaat. Europäische Erfahrungen und Erkenntnisse, S. 33 ff.

[2] Art. 116 ff. der italienischen Verfassung vom 1. Januar 1948.

Ob in Zukunft Belgien, das auf Grund der Verfassungsänderungen vom 31. 12. 1970 in drei Regionen unterteilt worden ist (Art. 107 quater der belgischen Verfassung), eine Dezentralisierung erfahren wird, die über die Kulturautonomie der Sprachgruppen hinaus das Wirtschaftsleben des Staates erfaßt, bleibt bis zum Erlaß der Ausführungsgesetze (Art. 107 quater Abs. 2) abzuwarten.

üben dürfen[3]. Nach allgemeiner Auffassung ist der Staat zum Abschluß und zur Ausführung völkerrechtlicher Verträge auch im Kompetenzbereich der Regionen befugt[4]. Die Verfassungswirklichkeit in Italien ist nicht zuletzt auf Grund der Rechtsprechung des Verfassungsgerichtshofes eindeutig zentralistisch geprägt. Der Regionalismus wurde zugunsten des in Art. 5 der Verfassung niedergelegten Einheitsprinzips zunehmend zurückgedrängt[5]; er wirft für die europäische Integration des italienischen Staates keine besonderen Probleme auf.

Für die Bundesrepublik Deutschland läßt demgegenüber der Zusammenschluß in den Europäischen Gemeinschaften, der nicht mehr als eine erste Etappe auf dem Weg zur europäischen Einigung ist, bereits erkennen, wie schwierig es werden kann, den förderalistischen Staatsaufbau mit der europäischen Integration in Einklang zu bringen. Die Tatsache, daß die Verträge zur Gründung der Europäischen Gemeinschaften — wenn auch nur sporadisch — Kompetenzen und Mitwirkungsrechte der Länder berühren, hat diese nämlich dazu veranlaßt, auch im europäischen Rahmen neben dem Gesamtstaat — und nicht selten gegen ihn — ihre Stellung als Träger eigener staatlicher Gewalt geltend zu machen. Dieser Vorgang, der in den beiden ersten Teilen der Arbeit beschrieben wird, dürfte vor allem darin seine Ursache haben, daß keine Klarheit darüber besteht, ob und in welcher Form der Bund auch Hoheitsrechte der Länder in die Europäischen Gemeinschaften einbringen durfte. Diese Fragen werden im dritten Teil der Arbeit behandelt; dabei wird zugleich eine Grundlage gewonnen, von der aus schließlich im vierten Teil Einzelfragen, die für die Staatspraxis von besonderer Bedeutung sind, erörtert werden.

---

[3] „... rispetto degli oblighi internazionali ...“. Dieser Grundsatz fehlt nur im Statut der Region Sizilien. Mit Urteil vom 4. 4. 1963 hat die Corte costituzionale aber unter Berufung auf Art. 5 der Verfassung festgestellt, daß für diese Region nichts Besonderes gilt und ein von ihr ohne Beachtung des Art. 93 EWGV erlassenes Subventionsgesetz für nichtig erklärt (Raccolta ufficiale XVI S. 325).

[4] Vgl. z. B. die Urteile der Corte costituzionale vom 12. 5. 1960 (Raccolta ufficiale IX S. 309), 11. 7. 1961 (Raccolta ufficiale XII S. 107) und 5. 12. 1961 (Raccolta ufficiale XII S. 291). *La Pergola*, III. Convegno di studi regionali, S. 593 m. w. N.

[5] Vgl. insbes. *Crisafulli*, La Regione e il governo, S. 87; *Guarino*, IV. Convegno di studi regionali, S. 91 ff.; *Piras*, IV. Convegno di studi regionali, S. 98 ff.

Erster Teil

Bestandsaufnahme der gemeinschaftsrechtlichen Eingriffe in die föderative Struktur

Unter „gemeinschaftsrechtlichen Eingriffen in die föderative Struktur“ der Bundesrepublik Deutschland werden solche Regelungen verstanden, die der einfache Bundesgesetzgeber nach der innerstaatlich gültigen Zuständigkeitsverteilung — d. h. unter Ausklammerung der Aspekte der auswärtigen Gewalt oder einer Integrationsgewalt des Bundes — nicht treffen könnte. Ob die Bestimmungen des Vertrages über die Gründung der Europäischen Gemeinschaft für Kohle und Stahl (EGKSV), des Vertrages zur Gründung der Europäischen Wirtschaftsgemeinschaft (EWGV) und des Vertrages zur Gründung der Europäischen Atomgemeinschaft (EAGV) derartige Regelungen enthalten, ist Gegenstand der nachfolgenden Untersuchung.

I. Verträge und Länderkompetenzen

1. Erziehungs- und Ausbildungswesen

Die den Europäischen Gemeinschaften gestellte Aufgabe, die Wirtschaftsräume der Mitgliedstaaten in einem lebens- und entwicklungsfähigen Organismus aufgehen zu lassen, läßt sich angesichts der existenzentscheidenden Abhängigkeit der modernen Wirtschaft vom Stand der wissenschaftlichen und technischen Kenntnisse nur durchführen, wenn auch das Erziehungs- und Ausbildungswesen in den Integrationsprozeß einbezogen werden kann. Zwar sind den Gemeinschaftsorganen insoweit nur verhältnismäßig wenig Einwirkungsmöglichkeiten zugewiesen; die Bestimmungen aber, die diesen Bereich gemeinschaftsrechtlich regeln, könnten ausschließliche Länderkompetenzen berühren[1].

---

[1] Von einer (ausschließlichen) „Kulturhoheit der Länder“ kann zwar seit dem 22. Änderungsgesetz vom 12. Mai 1969 (BGBl.I S. 363) weniger denn je zuvor gesprochen werden; es ist insbesondere auf das Recht des Bundes zu verweisen, Rahmenvorschriften über die allgemeinen Grundsätze des Hoch-

Nach Art. 9 EAGV kann die Kommission im Rahmen der Gemeinsamen Kernforschungsstelle Schulen für die Ausbildung von Fachkräften gründen; weiter ist die Gründung einer Europäischen Universität vorgesehen. Zugleich mit Errichtung dieser Schulen und der Universität[2] werden detaillierte Regelungen über die Anerkennung von Studienzeiten, Prüfungen, Zeugnissen, Diplomen oder Graden getroffen werden müssen, also von Gegenständen, die in die ausschließliche Zuständigkeit der Länder fallen[3].

Weiterreichende Eingriffe in Länderkompetenzen im Bereich des Ausbildungswesens ermöglicht der EWG-Vertrag.

Nach Art. 41 Buchst. a ist eine wirksame Koordinierung der Bestrebungen auf dem Gebiet der Berufsausbildung, der Forschung und der Verbreitung landwirtschaftlicher Kenntnisse vorgesehen. Beispielsweise könnte auf das landwirtschaftliche Schulwesen in den Mitgliedstaaten eingewirkt werden. Art. 41 selbst legt nicht fest, mit welchen Mitteln die Gemeinschaftsorgane eingreifen können. Aus der Bestimmung des Art. 43 (2) EWGV, der am Ende des Abs. 1 auf „die Durchführung der in diesem Titel bezeichneten Maßnahmen" Bezug nimmt, also auch auf Maßnahmen nach Art. 41, wird man jedoch schließen kön-

---

schulwesens zu erlassen (Art. 75 Abs. 1 Nr. 1a GG). Doch wird davon jedenfalls die ausschließliche Zuständigkeit des Landesgesetzgebers für den Schul- und Fachschulbereich nicht berührt. Auch bleibt bei Rahmenvorschriften die Gesetzgebungsbefugnis der Länder erhalten; das Bundesgesetz muß als Ganzes durch Landesgesetzgebung ausfüllungsfähig und ausfüllungsbedürftig sein; Rahmenvorschriften müssen den Ländern noch etwas von substantiellem Gewicht zu regeln übrig lassen (BVerfGE 4, 115, 129 f.; 8, 186, 193). Überdies darf ein Rahmengesetz des Bundes für das Hochschulwesen nur dessen Grundsätze regeln und diese Grundsätze dürfen wiederum nur „allgemeiner" Natur sein; d. h. dem Bund ist jede (auch die auf einen bestimmten Sachverhalt begrenzte) Detailregelung verwehrt.

2 Bislang ist es noch nicht zur Gründung dieser Schulen und einer Europäischen Universität gekommen. Zur bisherigen Entwicklung: *Zelle* in: Groeben — Boeckh, Handbuch, III A 42 S. 38 ff.; nach einem Beschluß der in den Mitgliedstaaten für Erziehungs- und Bildungsfragen zuständigen Minister vom 16. November 1971 soll 1973 in Florenz ein Europäisches Hochschulinstitut errichtet werden (Bull. EWG 12 — 1971 S. 28 f.).

3 Einen weiteren Eingriff in die Länderkompetenzen im Rahmen des EAG-Vertrages scheint *Ipsen*, Festschrift Hallstein, S. 261, annehmen zu wollen, wenn er feststellt: „Die Ausführung der Art. 33 ff. EAG-Vertrag zielt auf den Erlaß von durchführenden Rechts- und Verwaltungsvorschriften der Mitgliedstaaten (für Unterricht, Erziehung, Berufsausbildung, Gesundheitsschutz usw.) in Materien, die grundsätzlich nicht solche des Bundes, sondern der Länder sind."

Dieser Meinung kann angesichts der Kompetenzen des Bundes nach Art. 74 Nr. 11 a und 87 c GG, die gerade auch die Regelung des Gesundheitsschutzes gegen ionisierende Strahlungen umfassen, nicht zugestimmt werden. Der Hinweis von *Ipsen*, ebd., Fn. 39 auf *Pelzer*, DÖV 1959 S. 51 ff. ist irreführend, da Pelzer die Rechtslage vor Erlaß des 10. Ergänzungsgesetzes vom 23. 12. 1959 (BGBl. I S. 813) behandelt.

nen, daß der Rat nach dem Verfahren des Art. 43, d. h. mit Verordnungen, Richtlinien und Entscheidungen vorgehen kann[4]. Der EWG-Vertrag sieht hier also unmittelbar verbindliche Regelungen[5] für eine Materie vor, die die innerstaatliche Kompetenzverteilung den Ländern zuweist.

Eine allgemeine, nicht auf den Agrarsektor beschränkte Regelung für die Berufsausbildung enthalten Art. 118 und 123 ff. EWGV.

Art. 118 überträgt der Kommission die Aufgabe, eine enge Zusammenarbeit zwischen den Mitgliedstaaten auf dem Gebiet der beruflichen Ausbildung und Fortbildung zu fördern. Sie kann dazu jedoch nur durch Untersuchungen, Stellungnahmen und die Vorbereitung von Beratungen tätig werden. Rechtlich verbindliche Maßnahmen können hier durch die Gemeinschaftsorgane nicht getroffen werden.

Bedeutendere Befugnisse eröffnet Art. 126 Buchst. b i. V. m. 123 EWGV. Danach kann dem Europäischen Sozialfonds durch Ratsbeschluß eine Förderung der allgemeinen Berufsausbildung zur Aufgabe gemacht und dadurch Einflußmöglichkeiten auf Länderzuständigkeiten eingeräumt werden.

Nach Art. 128 EWGV hat der Rat für die Berufsausbildung „allgemeine Grundsätze zur Durchführung einer gemeinsamen Politik" aufzustellen. Im Gegensatz zu den üblichen Beschlußformen der Gemeinschaften (Verordnung, Richtlinie, Entscheidung, Empfehlung und Stellungnahme) gibt der EWG-Vertrag keine Definition für solche „allgemeinen Grundsätze". Diesen deswegen nur schlicht moralischen Wert zuzuschreiben[6], erscheint jedoch nicht angängig. Der Wortlaut spricht nicht für diese Auslegung, und wenn Art. 128 EWGV dem Rat die Ermächtigung verleiht, für die Durchführung einer gemeinsamen Politik zu sorgen, muß von einer rechtlichen Verbindlichkeit der allgemeinen Grundsätze ausgegangen werden, da anders eine gemeinsame Politik nicht garantiert wäre[7]. Man wird die allgemeinen Grundsätze daher mit der Form der Richtlinie (Art. 189 Abs. 3 EWGV) vergleichen

---

4 Ebenso *Glaesner* in: Wohlfarth - Everling, Art. 41 Anm. 1; ihm folgend *Schroeder*, Die EWG und die Länder, S. 8. *Schlebitz* in: Groeben - Boeckh, Handbuch, I A 44 Art. 41 Anm. 1 (S. 32 f.) und Art. 43 Anm. 5 (S. 51) spricht sich für die Anwendung des Verfahrens nach Art. 43 (2) nur unter der Voraussetzung aus, daß spezifisch agrarpolitische Einzelanliegen in Frage stehen.

5 Vgl. Art. 189 Abs. 2 und 4 EWGV.

6 So *Panebianco* in: Quadri - Monaco - Trabucchi, Commentario CEE, Art. 128 Anm. 2; ähnlich *Sprung* in: Wohlfarth - Everling, Anm. zu Art. 128 (S. 386); *Schlotfeld* in: DIHT Schriftenreihe Heft 91 S. 63.

7 Für rechtliche Verbindlichkeit auch die Kommission in Dokument V/Kom (61) endg. Fassung rev. 2 S. 4; *Knolle*, BArbBl. 1963 S. 379 (anders noch in: Groeben - Boeckh, Handbuch, I A 57, Art. 128 Anm. 3); *Sandri* in: DIHT Schriftenreihe Heft 91 S. 28; *Ipsen*, Berufsausbildungsrecht, S. 118.

können[8], allerdings mit der Einschränkung, daß das vorgeschriebene Ziel generellen Charakter behält.

Der Rat hat am 2. 4. 1963 zehn allgemeine Grundsätze für die Durchführung einer gemeinsamen Politik der Berufsausbildung beschlossen[9]. Materien, die Kompetenzen der Länder betreffen, sind in diesen Grundsätzen allerdings nicht geregelt. Es ist aber anzunehmen, daß dieser Fall bei Erlaß weiterer allgemeiner Grundsätze eintritt; eine gemeinsame Berufsausbildungspolitik wird bei zunehmender Verwirklichung z. B. auch Fragen der allgemeinen Schulausbildung einbeziehen müssen[10].

Eine klare Eingriffsmöglichkeit in die Länderkompetenzen für das Schul- und Hochschulwesen sieht Art. 57 (1) EWGV vor. Hiernach hat der Rat zur Erleichterung der Freiheit der Aufnahme und Ausübung selbständiger Tätigkeiten „Richtlinien für die gegenseitige Anerkennung der Diplome, Prüfungszeugnisse und sonstigen Befähigungsnachweise" zu erlassen. Aus der bewußt weit gefaßten Formulierung „und sonstige Befähigungsnachweise" geht hervor, daß z. B. auch Schul- und Fachschulzeugnisse von Art. 57 (1) erfaßt werden, wenn sie — sei es auch nur als Vorstufe — Voraussetzung für die Aufnahme und Ausübung selbständiger Tätigkeiten sind[11]. Zugleich werden durch Art. 57 (1) auch die jeweiligen Prüfungs- und Ausbildungsbedingungen der Mitgliedstaaten betroffen, da die gegenseitige Anerkennung die materielle Gleichwertigkeit der Bescheinigungen voraussetzt[12]. Um dieses sog. Äquivalenzproblem wird besonders heftig bei den Befähigungsnachweisen der Ingenieure gestritten; die Absolventen der deutschen Ingenieurschulen haben bekanntlich sehr nachdrücklich gefordert, mit der Berufsbezeichnung „Ingenieur" anerkannt zu werden[13].

Daß die Regelung dieser Frage den Ländern obliegt, ist vom Bundesverfassungsgericht klargestellt worden[14]. Nicht anders dürfte die Rechtslage für die Architekten zu beurteilen sein[15].

---

8 So insbes. *Ipsen*, ebd.

9 ABl. Nr. 63 vom 20. 4. 1963 S. 1338.

10 Dieser Ansatzpunkt wird im Zweiten Grundsatz Buchst. c und e bereits erwähnt.

11 Vgl. dazu im einzelnen *Everling*, Niederlassungsrecht im Gemeinsamen Markt, S. 58 ff.

12 Vgl. die Antwort der Kommission auf die schriftliche Anfrage Nr. 293/68 (betr. Gleichwertigkeit der Diplome), ABl. Nr. C 73 vom 20. 3. 69 S. 9. Ferner *Coing*, SH 113/1963 S. 139 f.; *W. Thieme*, DUZ 7 + 8/1966 S. 8; *de Crayencour*, RMC 1967 S. 26 ff.; *Kalisch*, NJW 1967 S. 2095 f.

13 Die Kommission ist dieser Forderung entgegengekommen. Nach Art. 2 Abs. 2 i. V. m. Art. 6 des Vorschlages einer Richtlinie des Rates zur Festsetzung der Einzelheiten der Übergangsmaßnahmen für die Tätigkeiten der Forschung, der Gestaltung, der Beratung und der Anwendung auf technischem Gebiet (ABl. Nr. C 99 vom 30. 7. 69 S. 5) genügt als Befähigungsnach-

2. Berufsrecht

Zur Verwirklichung der Niederlassungsfreiheit im Gemeinsamen Markt sieht der EWG-Vertrag Regelungen für das Berufsrecht der Mitgliedstaaten vor (Art. 52 ff. EWGV); auch auf diesem Gebiet lassen sich Ansatzpunkte für Eingriffe in Rechtsetzungsbefugnisse der Länder aufzeigen.

Die Herstellung der Niederlassungsfreiheit enthält nämlich einen doppelten Aspekt: zum einen die Beseitigung jeder unterschiedlichen Behandlung von Inländern und Angehörigen der übrigen Mitgliedstaaten (Art. 52—54 EWGV); diese Aufgabe unterliegt nach Art. 74 Nr. 4 GG der konkurrierenden Bundesgesetzgebung. Zum anderen sollen aber auch die einzelnen mitgliedstaatlichen Berufsregelungen angeglichen werden. Art. 57 (2) EWGV sieht hierzu „Richtlinien zur Koordinierung der Rechts- und Verwaltungsvorschriften der Mitgliedstaaten über die Aufnahme und Ausübung selbständiger Tätigkeiten" vor.

Solche Richtlinien umfassen auch Bereiche, die in die Zuständigkeit der Länder fallen. Zu denken ist etwa an Regelungen für die Ausübung der ärztlichen, arztähnlichen und pharmazeutischen Berufe, die, wie aus Art. 74 Nr. 19 GG zu schließen ist, Sache der Länder sind[16]. Weiter sollen nach dem gemäß Art. 54 EWGV beschlossenen Allgemeinen Programm zur Aufhebung der Beschränkungen der Niederlassungsfreiheit vom 18. Dezember 1961[17] Koordinierungsrichtlinien für kulturelle

---

weis für die Führung einer Ausbildungsbezeichnung eine mindestens dreijährige, erfolgreich abgeschlossene Ausbildung an einem Institut für höhere technische Studien, wenn dem eine mindestens zwölfjährige Ausbildung in Schule und Praxis vorausgehen.

14 BVerfGE 26, 246 zur Verfassungswidrigkeit des Gesetzes zum Schutz der Berufsbezeichnung „Ingenieur" (Ingenieurgesetz) vom 7. 7. 1965. Wie das Gericht festgestellt hat, darf der Bundesgesetzgeber nach Art. 74 Nr. 11 GG zwar Berufe „in der Wirtschaft" rechtlich ordnen und ihre Berufsbilder gesetzlich fixieren; er kann in diesem Rahmen sowohl den Inhalt der beruflichen Tätigkeit wie auch die Voraussetzungen für die Berufsausübung normieren und im Zusammenhang damit auch das Recht zur Führung der jeweiligen Berufsbezeichnung. Die bloße Regelung zum Führen der Berufsbezeichnung fällt aber in die Gesetzgebungskompetenz der Länder (S. 255, 256). Gerade auf diesen Bereich beschränkt sich die Ermächtigung des Art. 57 (1) im Gegensatz zu Art. 57 (2) EWGV.

15 Auch hier hat das Äquivalenzproblem große Bedeutung; zwei Drittel der freiberuflich tätigen Architekten in der BRD sind Absolventen der Ingenieurschulen. Nach Art. 2 des Kommissionsvorschlages für eine Richtlinie des Rates über die gegenseitige Anerkennung der Diplome, Prüfungszeugnisse und sonstigen Befähigungsnachweise für die selbständigen Tätigkeiten des Architekten (ABl. Nr. 239 vom 4. 10. 1967 S. 19) soll dieser Ausbildungsgang nicht als Befähigungsnachweis anerkannt werden.

16 BVerfGE 4, 74, 83; 17, 287, 292.

17 ABl. Nr. 2 vom 15. 1. 1962 S. 36.

Berufe (Presse, Film, Unterrichtswesen, Kunst) erlassen werden[18], ebenfalls weitgehend den Ländern zufallende Materien[19].

3. Verkehrswesen (Hafenverkehrswirtschaft)

Die Vorschriften des EWG-Vertrages über das Verkehrswesen (Art. 74 bis 84 EWGV) befassen sich zwar hauptsächlich mit Materien, die der konkurrierenden Bundesgesetzgebung nach Art. 73 Nr. 6, Art. 74 Nr. 21 bis 23 GG unterliegen. Doch ist auch hier — abgesehen von der relativ unbedeutenden Länderkompetenz für Bergbahnen und Privatbahnen — auf dem Gebiet der Hafenverkehrswirtschaft[20] mit gemeinschaftsrechtlichen Regelungen im Länderbereich zu rechnen. Art. 84 EWGV erfaßt — gewürdigt unter dem Prinzip der universalen Geltung des Vertrages für alle Wirtschaftszweige und damit für jede Güterproduktion und Dienstleistung — mit der gemeinsamen Verkehrspolitik für die Binnen- und Seeschiffahrt auch den jeweiligen Hafenverkehr[21]. Eine gemeinsame Hafenverkehrspolitik wird beispielsweise eine Angleichung der Hafengebühren (Lotsengebühren, Hafengeld, light dues, Kaigeld usw.) oder eine Vereinheitlichung der Hafenorganisation (Betrieb durch private oder öffentliche Hand) anstreben[22], wobei die Mittel zur Durchsetzung solcher Ziele im Ermessen des Rates liegen[23].

4. Rechtsangleichung

In den Regelungsbereich der Länder wird früher oder später auch durch die Rechtsangleichung nach Art. 100—102 EWGV eingegriffen

---

[18] Siehe dazu im Allg. Programm: Abschnitt V i. V. m. Anlage I Hauptgruppe aus 84, Anlage II Hauptgruppe aus 84, Anlage IV Hauptgruppe aus 82 und 84.

[19] Nur für die „allgemeinen Rechtsverhältnisse der Presse und des Films" hat der Bund nach Art. 75 Nr. 2 GG das Recht, Rahmenvorschriften zu erlassen.

[20] Zur Zuständigkeit der Länder für dieses Gebiet vgl. BVerfGE 2, 347, 376 f.

[21] Ebenso *Schulte-Meermann* in: Groeben - Boeckh, Handbuch, I A 49, Art. 75 Anm. 11 und 12; *Ipsen* unter besonderer Berücksichtigung der Hamburger Seehafenverkehrswirtschaft in Festschrift Schack, S. 67; *Jolmes*, Seehäfen in der EWG, S. 138 f. — Vgl. weiter Bericht des Verkehrsausschusses („*Kapteyn*-Bericht") vom 11. 12. 1961, EP, Sitzungsdokument Nr. 106/1961—62 S. 20 ff. insbes. unter Nr. 78; Zwischenbericht des Verkehrsausschusses („*Seifriz*-Bericht") vom 24. 11. 1967, EP, Sitzungsdokument Nr. 140/1967—68 S. 8 f., 28 und dazu Entschließung des EP über die gemeinsame Seehafenverkehrspolitik der EWG vom 29. 11. 1967, ABl. Nr. 307 vom 18. 12. 1967 S. 12 f. — Kritisch *Erdmenger*, Seeschiffahrt und Luftfahrt, S. 142 ff.

[22] Vgl. „*Kapteyn*-Bericht", S. 25 unter Nr. 77 und „*Seifriz*-Bericht", S. 76 unter Nr. 3.

[23] Art. 75 Abs. 1 Buchst. c EWGV. Zu der „nahezu unbegrenzten Ermächtigung" des Rates vgl. *Everling* in: Wohlfarth - Everling, Art. 75 Anm. 7 und 8.

werden. Sowohl für die Angleichung („rapprochement“) der Rechts- und Verwaltungsvorschriften, die sich unmittelbar auf die Errichtung oder das Funktionieren des Gemeinsamen Marktes auswirken (Art. 100), als auch für die repressive und präventive Ausschaltung wettbewerbsverzerrender Vorschriften (Art. 101 und 102) kann der Rat Richtlinien erlassen. Um das „Ziel“ (Art. 198 Abs. 3 EWGV) einer Rechtsangleichungsrichtlinie, nämlich einen substantiell gleichen Norminhalt in allen Mitgliedstaaten zu erreichen, wird bisweilen auch gleicher formeller Inhalt unerläßlich sein[24], d. h. das zu erreichende „Ziel“ vermengt sich mit der Norm selbst, und die Rechtsangleichung durch Richtlinien läuft dann auf die Auferlegung einer „loi uniforme“ im klassischen Sinne hinaus.

Bislang läßt sich noch nicht erschöpfend aufzählen, welche Länderbereiche betroffen sein werden. Die wichtigsten Eingriffe sind für das Gebiet des Umweltschutzes zu erwarten[25]. Die Kommission hat in ihrer „Ersten Mitteilung über die Politik der Gemeinschaft auf dem Gebiet des Umweltschutzes“ vom 22. Juli 1971[26] darauf hingewiesen, daß die einschlägigen Vorschriften der Mitgliedstaaten wettbewerbsverzerrende Auswirkungen haben können. Vorschriften zum Schutz der natürlichen Umwelt können z. B. das Produktionsverfahren kostenmäßig stark beeinflussen, d. h. es müssen einheitliche Normen festgelegt werden, um für die Unternehmen gleiche Wettbewerbsbedingungen zu schaffen. Die Kommission hat sich zunächst auf die Rechtsvorschriften über die Reinhaltung der Gewässer konzentriert[27] und beabsichtigt, dem Rat den Erlaß einer Richtlinie zur Angleichung der kostenverursachenden rechtlichen Verpflichtungen zur Gewässerreinhaltung innerhalb der Gemeinschaft vorzuschlagen.

5. Finanzwesen

Das Vertragswerk der Europäischen Gemeinschaften befaßt sich unter verschiedenen Aspekten mit dem Finanzwesen der Mitgliedstaaten und reicht dabei auch in den Ausschließlichkeitsbereich der Länder hinein.

---

[24] Vgl. *Zweigert*, Festschrift Dölle II, S. 412 f. Anm. 5; RabelsZ 28 S. 617 f. — Beispiele aus der Praxis der Gemeinschaftsorgane: *Everling*, Aktuelle Fragen des Europäischen Gemeinschaftsrechts, S. 75 Anm. 46, S. 76 Anm. 48, S. 81 Anm. 58; *Ipsen*, Festschrift Ophüls, S. 71. Kritisch dazu: *Zuleeg*, Recht der Europäischen Gemeinschaften, S. 261 ff.

[25] Vgl. dazu *v. Donat*, Rechtsangleichung im Dienste des Umweltschutzes, Groeben - Boeckh, Handbuch, 0/4 S. 1 ff.

[26] SEK (71) 2616 endg.

[27] Vgl. Erste Mitteilung, S. A 10; Schriftliche Anfragen Nr. 129/67, 83/68, 306/69, 429/69 mit Antworten der Kommission in ABl. Nr. 262 vom 28. 10. 1967 S. 2; Nr. C 68 vom 9. 7. 1968 S. 22; Nr. C 159 vom 12. 12. 1969 S. 5; Nr. C 41 vom 4. 4. 1970 S. 2.

a) Ein klarer, wenn auch der praktischen Auswirkung nach nicht sehr bedeutender Eingriff in die den Ländern vorbehaltene Gesetzgebung über die örtlichen Verbrauch- und Aufwandsteuern[28] findet sich in Art. 3 des Protokolls über die Vorrechte und Befreiungen der Europäischen Gemeinschaften vom 8. 4. 1965[29], wonach die Gemeinschaften, ihre Guthaben, Einkünfte und sonstigen Vermögensgegenstände von jeder direkten Steuer befreit sind. Weiter können nach Art. 99 EWGV alle indirekten Steuern im Interesse des Gemeinsamen Marktes harmonisiert werden.

b) Intensiv wird auf die Ausgabenverantwortung der Länder durch das grundsätzliche Subventionsverbot des Art. 92 (1) EWGV eingewirkt. Beihilfen, die durch die Begünstigung bestimmter Unternehmen oder Produktionszweige den Wettbewerb zu verfälschen drohen, sind unzulässig, „soweit sie den Handel zwischen Mitgliedstaaten beeinträchtigen" — eine Einschränkung, die mit zunehmender Verwirklichung des Gemeinsamen Marktes an Bedeutung verliert[30]. Das Verbot erfaßt „staatliche oder aus staatlichen Mitteln gewährte Beihilfen gleich welcher Art"; es trifft also auch die einzelnen Bundesländer[31].

Dieser Eingriff dürfte in den Ausschließlichkeitsbereich der Länder hineinreichen. Zwar verwehrt die innerstaatliche Kompetenzverteilung dem Bund nicht jegliche Befugnis zur Normierung der öffentlichen Subventionen[32]; doch wird sich kaum eine derart umfassende Regelung rechtfertigen lassen, wie sie Art. 92 (1) trifft[33].

Allerdings lockert Art. 92 (3) Buchst. c EWGV insofern den Verbotstatbestand[34], als Beihilfen zur Förderung gewisser Wirtschaftsgebiete

---

28 Art. 105 Abs. 2 a GG.

29 BGBl. II S. 1482, in Kraft getreten am 1. 7. 1967 (Bekanntmachung vom 27. 7. 1967, BGBl. II S. 2156). Ebenso schon vor der Einsetzung eines gemeinsamen Rates und einer gemeinsamen Kommission der Europäischen Gemeinschaften für die EGKS: Art. 4 des Protokolls über die Vorrechte und Immunitäten der Gemeinschaft vom 18. 4. 1951 (BGBl. 1952 II S. 479); für die EAG: Art. 3 Protokoll vom 17. 4. 1957 (BGBl. II S. 1212); für die EWG: Art. 3 Protokoll vom 17. 4. 1957 (BGBl. II S. 1182).

30 *Everling* in: Wohlfarth - Everling, Art. 92 Anm. 5; *Thiesing* in: Groeben - Boeckh, Handbuch, I A 50 Art. 92 Anm. 7 (S. 50).

31 *Everling* in: Wohlfarth - Everling, Art. 92 Anm. 3; *Obernolte*, EuW 1961 S. 392; *Hochbaum*, Das Diskriminierungs- und Subventionsverbot in der EGKS und EWG, S. 176; *Ipsen*, Festschrift Hallstein, S. 257; *Koch*, Beihilfen nach dem EWG-Vertrag, S. 3 f.

32 Vgl. BVerfGE 4, 7, 13 zur Befugnis des Bundes nach Art. 74 Nr. 11 zum Erlaß das Wirtschaftsleben ordnender und lenkender Gesetze und BVerfGE 8, 143, 148 f. zur Definition des Begriffs „Recht und Wirtschaft". Sehr weitgehend *Rüfner*, Formen öffentlicher Verwaltung im Bereich der Wirtschaft, S. 220.

33 Auch *Schroeder*, Die EWG und die Länder, S. 7 f. und *Ipsen*, Festschrift Hallstein, S. 257 f. sehen in Art. 92 EWGV einen Eingriff in ausschließliche Länderkompetenzen.

34 Ein uneingeschränkter Erlaubnisvorbehalt besteht für die Zonenrand-

als zulässig angesehen werden können, soweit sie die Handelsbedingungen nicht in einer Weise verändern, die dem gemeinsamen Interesse zuwiderläuft. Bei der Ausarbeitung des Vertragstextes wurde ausdrücklich klargestellt, daß in diesem Rahmen den Ländern der BRD gestattet sein soll, die in ihre Zuständigkeit fallende Regionalpolitik weiterhin wahrzunehmen[35]. Doch diese Privilegierung mildert die Beschränkung der Ausgabenverantwortung deswegen nur geringfügig, weil auch die nach Art. 92 (3) Buchst. c EWGV gewährten Beihilfen dem strengen Verfahren nach Art. 93 EWGV unterliegen, wonach die Kommission — insbesondere auch präventiv — fortlaufend alle Beihilfemaßnahmen überprüft[36] und über die Zulässigkeit nach ihrem Ermessen entscheidet[37].

c) Nach Art. 103 EWGV betrachten die Mitgliedstaaten ihre Konjunkturpolitik als eine Angelegenheit von gemeinsamem Interesse; der Rat kann über die der Lage entsprechenden Maßnahmen entscheiden und Richtlinien zu deren Durchführung erlassen. Angesichts der jetzigen Fassung des Art. 109 GG[38] wird die Haushaltsautonomie der Länder in diesem Bereich in absehbarer Zeit kaum über die innerstaatliche Bindung hinaus eingeschränkt. Bemerkenswert ist immerhin, daß die Zuweisung eines umfangreichen konjunkturpolitischen Instrumentariums an die Bundesregierung wirtschaftspolitischen Anregungen der Europäischen Gemeinschaften entspricht[39]; auch wurde bei den Beratungen der Gesetzesmaßnahmen zur Förderung der wirtschaftlichen Stabilität im Bundestag und Bundesrat darauf hingewiesen, daß die

---

gebiete (Art. 92 [2] Bust. c und BAnz. Nr. 68 vom 7. 4. 1954) und Berlin (vgl. Gemeinsame Erklärung betr. Berlin, BGBl. 1957 II S. 760 und dazu die Erläuterung bei *Everling* in: Wohlfarth - Everling, Art. 92 Anm. 10), soweit Förderungsmaßnahmen zur Ausgleichung der durch die deutsche Teilung verursachten Nachteile getroffen werden.

[35] Nach den Dokumenten der Verhandlungen für die Römischen Verträge übrigens der einzige Fall, wo die Länder der BRD Erwägung finden. Diese Dokumente wurden nicht veröffentlicht, vgl. jedoch den Hinweis bei *Everling* in: Wohlfarth - Everling, Art. 92 Anm. 11 a. E.

[36] Als Beispiel der letzten Zeit vgl. die Mitteilung der Kommission über die Einleitung eines Verfahrens gem. Art. 93 (2) Abs. 1 gegen eine vom Land Bayern gewährte Beihilfe für die Ferkelerzeugung, ABl. C 23 vom 24. 2. 1970 S. 7.

[37] Vgl. *Thiesing* in: Groeben - Boeckh, Handbuch, I A 50, Art. 92 Anm. 12 (S. 52), der auf den „ziemlich weiten Ermessensspielraum" der Kommission hinweist.

[38] 15. Änderungsgesetz vom 8. 6. 1967 (BGBl. I S. 581). Zur Lage vor dessen Erlaß vgl. *Ipsen,* Festschrift Hallstein, S. 262 f.

[39] Vgl. die Gesamtberichte über die Tätigkeit der EWG (7. GesBer., S. 134; 8. GesBer., S. 138; 9. GesBer., S. 133 f.); die vierteljährlichen Berichte über „Die Wirtschaftslage der Gemeinschaft" (1966/2 S. 28; 1966/4 S. 36; 1967/1 S. 20); Programm für die mittelfristige Wirtschaftspolitik vom 11. 4. 1967, ABl. Nr. 79 vom 25. 4. 1967 S. 1520 (Einleitung B 14 a. E.); *Ipsen,* DÖV 1968 S. 442.

wirtschaftliche Integration Europas für die Konjunkturpolitik erweiterte und verbesserte Eingriffsmöglichkeiten des Bundes fordere[40].

6. Verwaltungskompetenzen

Die bisher erwähnten Vertragsbestimmungen berühren die Länder vornehmlich in ihren Gesetzgebungskompetenzen; doch ist es möglich, daß in diesen Bereichen teilweise über die Rechtsetzung hinaus auch Verwaltungskompetenzen der Länder eingeschränkt werden, wie die soeben erwähnten Befugnisse der Kommission im Rahmen der Subventionsüberwachung[41] bereits erkennen lassen.

Naheliegend ist etwa eine Regelung der Hafenverwaltung[42]; ferner läßt sich im Rahmen des Niederlassungsrechts aus Art. 54 (3) Buchst. c EWGV ein Anhaltspunkt für weitere Eingriffsmöglichkeiten entnehmen. Danach sind Verwaltungsverfahren und -praktiken auszuschalten, deren Beibehaltung der Niederlassungsfreiheit entgegensteht. Wie aufgezeigt, betrifft die Herstellung der Niederlassungsfreiheit auch Ländermaterien, so daß Richtlinien zu erwarten sind, die aus innerstaatlicher Sicht als landeseigener Vollzug von Ländergesetzen zu würdigen sind[43].

Bei fortschreitendem Ausbau des institutionellen Systems der Gemeinschaften können weitere Beispiele folgen. Zwar ist die Durchführung der Gemeinschaftsregelungen vornehmlich Aufgabe der Mitgliedstaaten; diese und nicht die Gemeinschaftsorgane verfügen über den entsprechenden Verwaltungsunterbau. Doch hat die Kommission bereits damit begonnen, organisatorisch verselbständigte Dienststellen zu schaffen; wichtigstes Beispiel ist das Statistische Amt der Europäischen Gemeinschaften, erwogen wird die Errichtung eines Kartell-

---

[40] Vgl. z. B. die Ausführungen des Bundesministers für Wirtschaft *Schmücker* in der 55. Sitzung des V. Bundestages vom 14. 9. 1966, StenBer., S. 2664 D und der 298. Sitzung des Bundesrats vom 5. 8. 1966, StenBer., S. 189 f.

[41] Siehe oben unter 5 b.

[42] Siehe oben unter 3.

[43] Die bereits erlassenen Richtlinien berücksichtigen nur den Aspekt des Diskriminierungsverbotes — vgl. o. I 2 —, wenn sie bestimmen: „Die Mitgliedstaaten beseitigen vor allem die Beschränkungen, welche aus einer Verwaltungspraxis entstehen, die darauf hinausläuft, daß die Begünstigten (d. h. die durch die jeweilige Richtlinie erfaßten Berufe) eine gegenüber Inländern unterschiedliche Behandlung erfahren.“ Vgl. z. B. Art. 3 (1) b der Richtl. des Rates vom 25. 2. 1964 (Tätigkeiten im Großhandel), ABl. Nr. 56 vom 4. 4. 1964 S. 863; Art. 4 (1) b der Richtl. des Rates vom 7. 7. 1964 (Selbständige Tätigkeiten des Bergbaus), ABl. Nr. 117 vom 23. 7. 1964 S. 1871; Art. 5 (1) b der Richtl. des Rates vom 12. 1. 1967 (Selbst. Tätigkeiten auf dem Gebiet der Immobiliengeschäfte usw.), ABl. Nr. 10 vom 19. 1. 1967 S. 140.

amtes als nachgeordnete Behörde[44]. Die weitere Entwicklung wird zeigen, ob sich hiermit ein gemeinschaftseigener Verwaltungsunterbau in den Mitgliedstaaten abzeichnet, der dann auch in die den Ländern der BRD vorbehaltene Verwaltungstätigkeit eingreifen könnte[45].

Die Gemeinschaftsorgane neigen insoweit jedenfalls dazu, ihre Kompetenzen auszuschöpfen, wenn nicht zu überdehnen. Verwaltungskompetenzen der Länder waren beispielsweise betroffen, als das Europäische Parlament — veranlaßt durch die Katastrophe der Grube Luisenthal in Völklingen — dazu aufforderte[46], dem bei der Hohen Behörde eingerichteten Ständigen Ausschuß für die Betriebssicherheit im Steinkohlenbergbau[47] bestimmte Befugnisse zur Kontrolle der in den Steinkohlengruben der Mitgliedstaaten getroffenen Sicherheitsmaßnahmen zuzuerkennen. Da Art. 55 EGKSV (Förderung der technischen und wirtschaftlichen Forschung für die Betriebssicherheit) hierfür als Rechtsgrundlage nicht ausreichte, wurde schließlich mit den Mitgliedstaaten ein Kompromiß ausgehandelt; danach bleiben die nationalen Behörden für die Überwachung und Durchführung der bergpolizeilichen Vorschriften zuständig, die Mitglieder des Ständigen Ausschusses sind aber befugt, in enger Zusammenarbeit mit den nationalen Grubensicherheitsbehörden Besichtigungen der Bergwerke, insbesondere unmittelbar nach Grubenunglücken, durchzuführen[48]. In der Bundesrepublik Deutschland wurde dieses Ergebnis durch Verhandlungen mit dem Wirtschaftsminister von Nordrhein-Westfalen, der seinerseits die anderen beteiligten Länder (Saarland, Bayern, Niedersachsen und Hessen)

---

[44] Zur Problematik der Errichtung nachgeordneter Behörden, insbesondere inwieweit diesen nach den Verträgen eigenverantwortliche Entscheidungen eingeräumt werden können, vgl. *Reuter*, Hommages Basdevant, S. 415 ff.; *G. Meier*, ArchVR 12, 25 ff.; *Everling*, Festschrift Ophüls, S. 33 ff.; Bericht über die Gemeinschaftsverfahren zur Durchführung des abgeleiteten Gemeinschaftsrechts vom 30. 9. 1968, EP, Sitzungsdokument Nr. 115/1968—69, S. 5 ff.

[45] In ihrer Ersten Mitteilung über die Politik der Gemeinschaft auf dem Gebiet des Umweltschutzes vom 22. 7. 1971 — SEK (71) 2616 endg., S. 6 — hat die Kommission die Errichtung eines Beobachtungsnetzes auf Gemeinschaftsebene für Wasser-, Luft- und Bodenverschmutzung angeregt.

[46] Entschließung vom 22. 2. 1962, ABl. Nr. 19 vom 16. 3. 1962 S. 357.

[47] Zu Aufgaben und Arbeitsweise des Ständigen Ausschusses s. Entscheidung der Vertreter der im Besonderen Ministerrat vereinigten Regierungen vom 9. 7. 1957, EGKS—ABl. Nr. 28 vom 31. 8. 1957 S. 487.

[48] Vgl. Bericht über die Frage der Aktionsmittel des Ständigen Ausschusses für die Betriebssicherheit im Steinkohlenbergbau („*Bergmann*-Bericht") vom 2. 3. 1964, EP, Sitzungsdokument Nr. 128/1963—64 S. 9 f. (Nr. 53 bis 56); Entscheidung der Vertreter der im Besonderen Ministerrat vereinigten Regierungen vom 11. 3. 1965 zur Änderung der Entscheidung vom 9. 7. 1957 betr. das Mandat und die Geschäftsordnung des Ständigen Ausschusses, ABl. Nr. 46 vom 22. 3. 1965 S. 689; 15. Gesamtbericht der Hohen Behörde über die Tätigkeit der Gemeinschaft (1. 2. 1966—31. 1. 1967), S. 384 (Nr. 511) zur Untersuchung von Grubenunglücken durch den Ständigen Ausschuß.

einschaltete, erzielt, da das Bundeswirtschaftsministerium auf die ausschließliche Länderzuständigkeit verwiesen hatte[49].

7. Rechtsprechungskompetenzen

a) Zur „Wahrung des Rechts bei der Auslegung und Anwendung“ der Verträge[50] ist als gemeinsames Organ[51] der Gerichtshof der Europäischen Gemeinschaften eingesetzt, der mit seinem umfassenden Zuständigkeitskatalog die Aufgaben eines internationalen (Schieds)-Gerichts weit überschreitet[52]. Er fungiert vornehmlich als Verfassungs- und Verwaltungsgericht, iudiziert darüber hinaus aber auch auf Gebieten, die man dem Disziplinar-, Zivil-, Arbeits-, Vollstreckungs- und Ordnungsstrafrecht zuzuordnen hätte[53].

So liegt die Annahme nahe, daß auch Rechtsprechungskompetenzen der Länder betroffen sind, denn gemäß Art. 30, 92 GG ist die Ausübung der rechtsprechenden Gewalt — abgesehen vom Bundesverfassungsgericht und den in Art. 95 und 96 GG erschöpfend aufgezählten Bundesgerichten — eine Angelegenheit der Länder[54].

b) Bei den vertraglich vorgesehenen Einschränkungen ist von zwei Ebenen auszugehen[55]:

(1) Soweit der Gerichtshof die „Rechtmäßigkeit“[56] des Handelns der Organe[57] oder die Einhaltung der Vertragspflichten unter den Mitgliedstaaten[58] überprüft, ist hierin die iudikative Komplementärfunk-

---

[49] Vgl. „*Bergmann*-Bericht“, Nr. 42—44.

[50] Art. 31 EGKSV, Art. 164 EWGV, Art. 136 EAGV.

[51] Art. 3 und 4 des Abkommens über gemeinsame Organe für die Europäischen Gemeinschaften vom 25. 3. 1957, BGBl. II S. 1156.

[52] Daß der EuGH völlig neu und ohne Vorbild in der Geschichte des Völkerrechts ist, heben z. B. besonders hervor: *Menzel*, Gutachten, S. 37; *Friauf*, Staatenvertretung, S. 112; *McMahon*, B. Y. 37 (1961) S. 325; *Bebr*, Judicial Control, S. 21 f.

[53] So die allg. Meinung, wobei über die jeweilige Klassifizierung in den Einzelheiten Streit besteht. Eingehende Nachweise bei *Basse*, Gerichtsbarkeit des EuGH, S. 54 f.

[54] BVerfGE 8, 174, 176; BVerwG NJW 1969, S. 1980; *Friesenhahn*, DV 1949 S. 480; *v. Mangoldt*, Art. 92 Anm. 4; *Maunz* in: Maunz - Dürig - Herzog, Art. 30 Anm. 2.

[55] Zu dieser im folgenden ausgeführten Einteilung vgl. insbes. *Erler*, Festschrift OLG Celle, S. 44 ff.

[56] „Rechtmäßigkeit“ verstanden als Gemeinschaftsvertragskonformität, wie aus Art. 33 EGKSV, Art. 173 Abs. 1 Satz 2 EWGV, Art. 146 Abs. 1 Satz 2 EAGV zu schließen ist.

[57] Art. 33, 35 ff., 38 EGKSV; Art. 173, 175 EWGV; Art. 144 ff. EAGV.

[58] Art. 88 EGKSV; Art. 169 f. EWGV; Art. 141 f. EAGV.

tion für die den Gemeinschaften eingeräumte Gewalt zu sehen. Die Rechtskontrolle über die Hoheitsrechte, derer sich die Mitgliedstaaten zugunsten der Gemeinschaft entäußert haben, kann mit dem Moment der Entäußerung durch die innerstaatliche Gerichtsbarkeit der Länder (oder des Bundes) nicht mehr ausgeübt werden[59]; wären dem Europäischen Gerichtshof nicht die betreffenden Befugnisse zugestanden worden, bliebe nur die — unvollkommene — Rechtskontrolle im Wege eines Staatenstreites[60]. Angesichts dessen sollte man nicht von einer — zusätzlichen — Beeinträchtigung der Befugnisse der Bundesländer sprechen[61].

(2) Die Aufgaben des Gerichtshofes bringen jedoch noch weitergehende Beschneidungen der innerstaatlichen Gerichtsbarkeit mit sich.

Nach Art. 178 EWGV und Art. 151 EAGV ist dem Europäischen Gerichtshof die Zuständigkeit für außervertragliche Amtshaftungsansprüche gemäß Art. 215 Abs. 2 EWGV und Art. 188 Abs. 2 EAGV zugewiesen. In diese Haftungsregelungen sind nicht nur die Fälle der öffentlich-rechtlichen Amtshaftung der Gemeinschaft einzubeziehen, sondern auch die privatrechtliche Haftung für Organe und Verrichtungsgehilfen[62]. Im Rahmen des EGKS-Vertrages entscheidet der Gerichtshof nach Art. 40 (1) und (2) EGKSV[63] über Amtspflichtverletzungen, die der im französischen Verwaltungsrecht entwickelten faute de service und faute personelle vergleichbar sind[64]. In diesem Bereich ist der deutschen (Länder-)Gerichtsbarkeit jegliche Entscheidungsbefugnis genommen, da die Zuständigkeit des Gerichtshofes ausschließlicher Natur ist.

Doch diese Kompetenzen des Gerichtshofes treten der Bedeutung nach zurück gegenüber der Einschränkung, die Art. 41 EGKSV, Art. 177 EWGV und Art. 150 EAGV im Interesse einer einheitlichen Rechtsanwendung auf dem Gebiet des Gemeinschaftsrechts der Vorfragenprü-

---

59 Vgl. hierzu BVerfGE 22, 293, 296. Ferner z. B. *Bernhardt*, Abschluß völkerrechtlicher Verträge, S. 189; *Erler*, VVDStRL 18 S. 36 f.; Festschrift OLG Celle, S. 34 f.; *Bebr*, Judicial Control, S. 22.

60 *Schlochauer*, Rechtsschutz, S. 21 f., 27 ff.

61 Ähnliches gilt für die Zuständigkeit des EuGH für Streitigkeiten zwischen den Gemeinschaften und deren Bediensteten (Art. 179 EWGV, Art. 152 EAGV); da für die Ausgestaltung des Beamtenstatuts nach Art. 24 des Vertrages zur Einsetzung eines gemeinsamen Rates und einer gemeinsamen Kommission der Europäischen Gemeinschaften (FusV) ausschließlich die Gemeinschaftsorgane zuständig sind, können Streitigkeiten aus diesen Dienstverhältnissen nicht der Gerichtsbarkeit der einzelnen Mitgliedstaaten unterliegen.

62 Also entsprechend § 839 BGB, Art. 34 GG und §§ 31, 89, 831 BGB. Eingehende Begründung für diese Auslegung bei *Basse*, Gerichtsbarkeit des EuGH, S. 61 ff.

63 In der Fassung des Art. 26 FusV.

64 Dazu *Much*, Amtshaftung im Recht der EGKS; *Schlochauer*, Rechtsschutz, S. 34 f.; *Münch*, Festschrift Laun (1953), S. 137 f.

fung durch nationale Gerichte auferlegen. Während noch nach der Regelung des EGKS-Vertrages der nationale Richter grundsätzlich[65] zur selbständigen Auslegung des Vertrages und der Handlungen der Gemeinschaftsorgane berechtigt bleibt und ihm nur die Gültigkeitsprüfung von Beschlüssen der Kommission und des Rates verwehrt ist, entscheidet nach dem EWG- und EAG-Vertrag der Europäische Gerichtshof nicht nur über die Gültigkeit der Akte der Organe vorab, sondern auch über deren Auslegung und über die Auslegung der Verträge selbst.

Dieser Regelung steht der im innerstaatlichen Bereich traditionell geltende Grundsatz gegenüber, daß jedes Gericht selbständig auch solche Vorfragen entscheiden kann, die, wären sie Hauptfragen, der Zuständigkeit andersartiger Gerichte unterlägen: Zivilgerichte können etwa über öffentlich-rechtliche, Verwaltungsgerichte über bürgerlichrechtliche Vorfragen incidenter entscheiden. Dieser Grundsatz gilt — von der Sonderregelung des Art. 100 Abs. 2 GG abgesehen — auch für Vorfragen aus dem Bereich des Völkerrechts. In der Regel ist jedes Gericht nicht nur zur Auslegung internationaler Verträge, die durch das deutsche Zustimmungsgesetz innerstaatlich anwendbar werden, in der Lage; darüber hinaus können auch grundsätzlich die Handlungen fremder Hoheitsorgane incidenter geprüft werden[66]. Die „Integrationsregelung“[67], die demgegenüber die Gemeinschaftsverträge in Art. 41 EGKSV, Art. 177 EWGV und Art. 150 EAGV treffen, ist von *Erler* als „fühlbare Einschränkung der funktionalen Freiheit der deutschen Gerichtsbarkeit“ gekennzeichnet worden[68].

Von dieser Einschränkung sind durchaus auch die Gerichte der Länder der BRD betroffen. Nach Art. 41 EGKSV ist jedes nationale Gericht unabhängig davon, in welcher Instanz die präjudizielle Gültigkeitsfrage auftritt, zur Vorlage an den Europäischen Gerichtshof verpflichtet. Art. 177 EWGV und Art. 150 EAGV verpflichten zwar nur dasjenige

---

[65] Eine Ausnahme besteht nach Art. 65 EGKSV. Nach dessen § 4 (2) muß ein nationales Gericht der Kommission die Entscheidung der Frage überlassen, ob Wettbewerbsvereinbarungen mit den Bestimmungen des Art. 65 im Einklang stehen.

[66] Vgl. allgemein: *Matthies*, Internationale Zuständigkeit, S. 35; *Mosler*, Das Völkerrecht in der Praxis der deutschen Gerichte, S. 11 ff.; *Dahm*, Festschrift Nikisch, S. 175 ff., der sich in Fn. 60 mit der abweichenden Auffassung von *Seidl-Hohenveldern*, Intern. Konfiskations- und Enteignungsrecht, S. 6, auseinandersetzt; *Lagrange*, RDP 1958 S. 854; *Stern*, BK (Zweitbearbeitung), Art. 100 Rdnr. 206.

Speziell zur Vorfragenentscheidung im völkerrechtlichen Bereich in Gegenüberstellung zur Vorabentscheidung des EuGH: *Erler*, Festschrift OLG Celle, S. 45; *Hüchting*, Abschluß und Vollzug völkerrechtlicher Verträge, S. 100 f.; *Schumann*, ZZP 78 S. 99 f.; *Basse*, Gerichtsbarkeit des EuGH, S. 197 f.

[67] Erler, ebd., S. 43.

[68] Ebd., S. 46.

einzelstaatliche Gericht zur Vorlage von Interpretations- und Gültigkeitsfragen, dessen Entscheidungen „nicht mehr mit Rechtsmitteln des innerstaatlichen Rechts angefochten werden können"; für die nicht letztinstanzlichen Gerichte ist die Vorlage fakultativ. Doch sind als letztinstanzliche Gerichte i. S. dieser Bestimmungen nicht etwa nur — in „abstrakter Betrachtungsweise" — diejenigen Gerichte anzusehen, gegen deren Entscheidungen nach der innerstaatlichen Gerichtsverfassung Rechtsmittel grundsätzlich nicht mehr stattfinden; in der BRD also etwa der Bundesgerichtshof oder das Bundesverwaltungsgericht. Es muß vielmehr danach gefragt werden, ob der Rechtsweg im konkreten Fall erschöpft ist; letztinstanzliches Gericht i. S. der Art. 177 Abs. 3 EWGV und Art. 150 Abs. 3 EAGV kann also beispielsweise auch die Berufungskammer des Landgerichts in Zivilsachen sein. Nur diese „konkrete Betrachtungsweise" gewährleistet den Zweck der Vorabentscheidung: eine einheitliche Anwendung des Gemeinschaftsrechts im innerstaatlichen Bereich[69]. Das Vorabentscheidungsverfahren der Römischen Verträge trifft demnach hauptsächlich die Gerichte der Länder.

c) So dürfte das Vorlageverfahren der Europäischen Gemeinschaften den Ausschlag dafür geben, als Ergebnis festzustellen, daß die Rechtsprechungsbefugnisse der Länder durch das Vertragsrecht Einschränkungen erfahren, wie sie die innerstaatliche Kompetenzverteilung im Bund-Länder-Verhältnis nach Art. 30, 92 ff. GG nicht vorsieht. Wenn auch, dem Bundesverfassungsgericht folgend[70], davon auszugehen ist, daß dem Bundesgesetzgeber ein gewisser Spielraum bei der Festlegung des Zuständigkeitskreises der Bundes- und Ländergerichte zusteht, sind die den Gerichten der Länder von Gemeinschaftsrecht wegen entzogenen Befugnisse dem Umfang nach doch zu weitgehend, als daß dieser Spielraum eingehalten wäre[71].

---

[69] Für die „abstrakte Betrachtungsweise" hat sich in der deutschen Literatur vor allem *Tomuschat*, Die gerichtliche Vorabentscheidung, S. 40 ff. ausgesprochen, allerdings mit erheblichen Zweifeln und Vorbehalten (S. 46 f.). Die überwiegende Meinung tritt jedoch für die „konkrete Betrachtungsweise" ein. Vgl. z. B. *Daig*, AöR 83 S. 196; *Wohlfarth* in: Wohlfarth - Everling, Art. 177 Anm. 3; *Schumann*, ZZP 78 S. 102 f.; *Hellner*, Das Vorlageverfahren der Europäischen Gemeinschaften, S. 79 f.; *Basse*, Gerichtsbarkeit des EuGH, S. 211 f. Der Theorienstreit dürfte im übrigen durch EuGH (Rs 6/64) AS X 1251, 1268 praktisch geklärt sein; hier wurde das Friedensgericht Mailand als letztinstanzliches und damit zur Vorlage verpflichtetes Gericht angesehen.

[70] BVerfGE 8, 174 (verfassungsrechtliche Prüfung des § 9 Abs. 1 des Gesetzes über das BVerwG vom 23. 9. 1952, BGBl. I S. 625).

[71] Auch das BVerfG weist ausdrücklich auf den geringen Umfang (a.a.O., S. 177) und den Ausnahmecharakter (S. 178 f.) der angegriffenen Regelung hin. Vgl. auch *Friesenhahn* DV 1949 S. 480.

8. Zusammenfassung

Die Untersuchung der Bestimmungen der Gemeinschaftsverträge führt zu dem Befund, daß die Errichtung und kontinuierliche Verwirklichung des Gemeinsamen Marktes die Gesetzgebungs-, Verwaltungs- und Rechtsprechungskompetenzen der deutschen Bundesländer in einem Umfang trifft, der zwar am Gesamtvertragswerk gemessen bescheiden sein mag, für die Länder aber doch fühlbar ist.

Die aufgezeigten Eingriffsmöglichkeiten können nicht den Anspruch auf Vollzähligkeit erheben. Denn auch auf Grund von Vertragsnormen, die prima facie nichts mit dem Kompetenzbereich der Länder zu tun haben, kann durch „sekundäres Gemeinschaftsrecht“[72] der Kompetenzbereich der Länder berührt werden. Dies zeigt die auf Art. 48 und 49 EWGV (Freizügigkeit der Arbeitnehmer innerhalb der Gemeinschaft) gestützte Verordnung Nr. 1612/68 des Rates vom 15. Oktober 1968[73]; in Art. 12 schreibt sie vor, daß den Kindern von aus einem anderen Mitgliedstaat zugezogenen Arbeitnehmern gleichberechtigte Teilnahme am allgemeinen Unterricht zu gewähren ist und diese Teilnahme unter den besten Voraussetzungen erfolgen soll. Es ist anzunehmen, daß mit zunehmender Verwirklichung der Verträge dieses Beispiel kein Einzelfall bleibt[74] und durch sekundäres Gemeinschaftsrecht in Bereiche der Länder eingegriffen wird, die in der hier vorgenommenen Aufstellung nicht erfaßt worden sind.

II. Verträge und Bundesratsbefugnisse

Besonders einschneidend wird die föderative Organisation der Bundesrepublik durch das spezifische Rechtsetzungsverfahren der Europäischen Gemeinschaften betroffen. Die zur Durchführung der Verträge erforderliche sekundäre Rechtsetzung liegt vornehmlich in den Händen des Rates, der sich nach Art. 2 des Abkommens über die gemeinsamen Organe der Gemeinschaften aus Regierungsvertretern der Mitgliedstaaten zusammensetzt. Die BRD ist hier also nur durch den fachlich zuständigen Bundesminister oder dessen Staatssekretär vertreten[75], eine Mitwirkung von Vertretern der Länder ist in den Verträgen in

---

[72] Diese Bezeichnung hat sich für das von den Organen der Gemeinschaften auf Grund der Verträge („primäres Gemeinschaftsrecht“) gesetzte Recht eingebürgert.

[73] ABl. Nr. L 257 vom 19. 10. 1968 S. 2.

[74] Ebenso *Ipsen*, Festschrift Hallstein, S. 261.

[75] Dazu näher *Wohlfarth* in: Wohlfarth - Everling, Art. 146 Anm. 2.

keiner Form vorgesehen[76]. Insofern ist in diesem Bereich der innerstaatliche Grundsatz des Art. 50 GG, nach dem die Länder bei der Gesetzgebung und Verwaltung des Bundes durch den Bundesrat mitwirken, ersatzlos aufgehoben. Welche Beeinträchtigung die bundesstaatliche Struktur damit erfährt, wird besonders klar, wenn man sich die von *Hesse*[77] für den Bundesrat aufgenommene Aussage *Smends*[78] über die bundesstaatliche Ordnung der Weimarer Verfassung vor Augen hält: Angesichts der starken sachlichen Unitarisierung im modernen Bundesstaat trete an die Stelle der den Ländern selbst verlorengegangenen Staatsgewalt ihre Beteiligung an der Zentralgewalt, „in dieser Beteiligung führen sie ein weiteres Stück politischen Lebens, auch hier verwirklichen sie ihre Staatsnatur".

Diese neue politische Wirksamkeit der Länder in dem Bundesorgan, das ihre Interessen berücksichtigt und wahrnimmt[79], kommt auf all den Gebieten, die den Gemeinschaften zur Ausführung übertragen wurden, nach den Vertragsbestimmungen nicht mehr zum Tragen. Die Bedeutung dieser Einbuße macht sich besonders stark bei dem EWG-Vertrag bemerkbar. Während der EGKS- und EAG-Vertrag als „traités-loi" weitgehend abgeschlossene Regelungen enthalten, setzt der EWG-Vertrag als „traité-cadre" meist nicht mehr als allgemeine Ziele oder Leitlinien fest; er ist auf fortwährende Konkretisierung durch die sekundäre Rechtsetzung angewiesen und gewinnt hierdurch erst Leben[80].

Über die Ausschaltung des Bundesrates kann nicht mit dem Einwand hinweggegangen werden, daß durch das neuartige Rechtsetzungsverfahren in den Europäischen Gemeinschaften für alle Mitgliedstaaten

---

76 Wohl aber ist nach Art. 2 des deutschen Zustimmungsgesetzes zu den Römischen Verträgen vom 27. 7. 1957 (BGBl. II S. 753) eine vorherige Unterrichtung des Bundesrates durch die Bundesregierung über Rechtsetzungsbeschlüsse des Rates vorgesehen. s. u. 2. Teil I 2 b.

77 Der unitarische Bundesstaat, S. 23. Kritisch dazu vor allem *Kisker*, Kooperation im Bundesstaat, S. 294 f.

78 Verfassung und Verfassungsrecht, Staatsrechtliche Abhandlungen, S. 269 f.

79 Die Konstruktion des aus instruierten Länderregierungsvertretern zusammengesetzten Bundesrates ist zwar scharf kritisiert worden: Da die Bedeutung der parteipolitischen Zusammensetzung der Landesregierung für die Stimmenverteilung im Bundesrat zu einer Einflußnahme der Bundesparteizentralen auf die Regierungsbildung in den Ländern zwinge, sei eine zentralisierende Wirkung unverkennbar. Vgl. z. B. *Friesenhahn*, VVDStRL 16 S. 50 Fn. 117, S. 72 Leitsätze II 13 a. E.; *Neunreither*, Der Bundesrat zwischen Politik und Verantwortung, S. 114 ff., 123. Doch auch unter diesen kritischen Stimmen ist die Feststellung zu finden, der Bundesrat habe sich „zu einem der kräftigsten Verteidiger der Länderrechte entwickelt" — *Neunreither*, S. 130.

80 Vgl. *Lindberg*, Political Dynamics, S. 27; *Bruns*, Staat und Wirtschaft im nationalen und übernationalen Recht, S. 118; *Reuter*, Organisations européennes, S. 174; *Erler*, Verwaltung im modernen Staat, S. 51, 56.

gleichermaßen — ob bundesstaatlich oder einheitsstaatlich aufgebaut — ein Verlust parlamentarischer Kontrolle eingetreten ist, der mit der gewohnten hochentwickelten Konzeption demokratisch-rechtsstaatlicher Sicherung vor der Staatsgewalt schwer vereinbar erscheint[81]. Denn für die hier zu untersuchende Fragestellung darf darüber hinaus nicht übersehen werden, daß durch die Befugnisse der Vertreter der Bundesregierung im Rat eine empfindliche Machtverlagerung nicht nur von der Legislative auf die Exekutive, sondern faktisch auch von der Gliedstaatsgewalt auf die Zentralgewalt eingetreten ist. Soweit dem Bund Hoheitsrechte genommen sind, erhält er dafür die Möglichkeit, sich an der Ausübung dieser Hoheitsrechte entscheidend zu beteiligen; soweit den Ländern Hoheitsrechte und Mitgestaltungsbefugnisse entzogen werden, erhalten sie von Gemeinschaftsvertrags wegen kein Beteiligungsrecht; es rückt im Gegenteil die Zentralstaatsgewalt ein.

---

[81] Zu dieser Problematik vgl. vor allem *Kaiser* und *Badura*, VVDStRL 23 S. 1 ff. und 34 ff.

Zweiter Teil

Einstellung der Praxis auf die Eingriffe des Gemeinschaftsrechts in die bundesstaatliche Ordnung

Die Rückwirkungen der Verträge auf die föderative Struktur der BRD lassen es fraglich erscheinen, ob deren Eingliederung in die Europäischen Gemeinschaften mit der vom Grundgesetz ausgeformten Bundesstaatsverfassung vereinbar ist. Mit fortschreitender Integration bahnt sich eine Entwicklung an, die für den Fortbestand des bundesstaatlichen Aufbaus überhaupt entscheidend sein kann.

Dieser Vorgang verlangt eine verfassungskritische Beurteilung, die jedoch die Kenntnis der Staatspraxis voraussetzt. Das Verfassungsrecht ist in seiner Normativität so sehr von dem Wandel der politischen Verhältnisse abhängig, daß eine juristisch-isolierende Betrachtungsweise zur Entfremdung von der gesellschaftlichen Wirklichkeit und damit zum Verlust des Geltungsanspruchs der Verfassungsurkunde zu Gunsten der Verfassungswirklichkeit führen muß[1]. In besonderem Maße gilt dieser Grundsatz für die bundesstaatliche Verfassung, die in ihrer komplizierten Struktur auf den ständigen Ausgleich zwischen föderalen und unitarischen Strömungen angewiesen ist[2] und den Anschluß an die Lösungsmöglichkeiten, die die an diesem Prozeß beteiligten politischen Kräfte anstreben, nie verlieren darf[3]. Diese Kräfte werden sich in einem so jungen und neuartigen Bereich wie dem der europäischen Integration verstärkt entfalten können.

Derartige Vorgegebenheiten können zwar für den Juristen nicht bedeuten, daß er die Stellung der deutschen Bundesländer in den Europäischen Gemeinschaften nurmehr empirisch zu behandeln habe. Wohl aber sollte er den neuartigen Prozeß erst am Normativen messen, wenn er die Fakten zusammengestellt hat und nicht von theoretischen Erwägungen ausgehen. Dann kann dort korrigierend eingegriffen werden,

---

1 Zu diesem heute allgemein anerkannten Grundsatz vgl. *Hesse*, Die normative Kraft der Verfassung, (mit eingehenden Nachweisen S. 9 Fn. 7).

2 *Triepel*, Unitarismus und Föderalismus, S. 9 f.

3 *Bilfinger*, Der Einfluß der Einzelstaaten auf die Bildung des Reichswillens, S. 6 und in neuerer Zeit besonders deutlich *Scheuner*, DÖV 1962 S. 641 f., 646 ff.; DÖV 1966 S. 513.

wo es notwendig ist, d. h. wo die politische Auseinandersetzung die Regeln der Verfassung verletzt. Eine Korrektur wird desto leichter vorzunehmen sein, je früher die Diagnose gestellt wird. Es kommt darauf an, Tendenzen aufzudecken, ehe sie ein Eigenleben gewonnen haben, dem das Verfassungsgesetz zum Prokrustesbett werden müßte. Tendenzen können nur dadurch erkannt werden, daß die beteiligten — vereint oder entgegengesetzt wirkenden — Kräfte im Gesamtprozeß beschrieben werden. Es soll daher im folgenden versucht werden, den Weg aufzuzeigen, den der Bundesrat sowie die Länder einerseits und die Bundesregierung andererseits eingeschlagen haben. Dieser Weg ist auch durch Bestrebungen gekennzeichnet, die sich bislang noch nicht in rechtsförmlichen Institutionen oder schriftlich fixierten Abkommen verfestigt haben. Insoweit stützt sich die Darstellung auf Gespräche, die mit Beamten der Bundesregierung, des Bundesrates und der Länder geführt wurden.

I. Bundesrat

1. Ratifikation des EGKS-Vertrages

Bedenken gegen die Rückwirkung der europäischen Integration auf die innerstaatlich verbürgte Bundesstaatsstruktur wurden im Bundesrat bereits während der Beratung des EGKS-Vertrages in aller Schärfe formuliert. Der damalige Ministerpräsident von Nordrhein-Westfalen *Arnold* beschwor die Möglichkeit einer „Liquidierung der Länder" durch die auswärtige Politik und forderte eine Mitwirkung des Bundesrates bei der Instruktion der deutschen Vertreter im Besonderen Ministerrat[4]. Die Fraktion der CDU/CSU unterstützte dieses Verlangen und brachte im Bundestag einen Gesetzesentwurf ein[5], der in seinem Artikel I vorsah:

„(1) Die Bundesregierung erteilt, von Eilfällen abgesehen, ihre Weisungen an den nach Art. 27 des Vertrages zu entsendenden Vertreter im Rat der Gemeinschaft nach Beratung mit einem Ausschuß von Ländervertretern.

(2) Die Bundesregierung und der Bundesrat regeln die Bildung des Ausschusses und sein Verfahren im gegenseitigen Einvernehmen."

Dieser Entwurf wurde zwar bei den heftigen Auseinandersetzungen um die wirtschaftlichen und politischen Grundsatzentscheidungen des EGKS-Vertrages zur Randfrage und ohne vorherige Debatte mit 188 gegen 184 Stimmen bei 2 Enthaltungen abgelehnt[6].

---

[4] 61. Sitzung des Bundesrates vom 27. 6. 1951, StenBer. S. 446.

[5] BT-Drucks. I Nr. 2951.

[6] 183. Sitzung des I. Bundestages vom 10. 1. 1952, StenBer. S. 7780.

Die Bundesregierung hielt jedoch das Verlangen des Bundesrates für berechtigt und erklärte sich bereit, den Bundesrat laufend über die weiteren Vorgänge in der Entwicklung des Vertragswerkes zu unterrichten. Sie gab die Zusicherung ab, sich in Fragen, die das eine oder andere Land besonders berühren würden, mit diesem in Verbindung zu setzen[7]. Dieses Angebot wurde von Nordrhein-Westfalen aufgegriffen, das seinerzeit mit 98 % der deutschen Kohleförderung und 80 % der Eisen- und Stahlerzeugung der vom Schuman-Plan eigentlich Betroffene war. Es konnte mit der Bundesregierung eine Vereinbarung erzielt werden, wonach der Landesregierung sowohl bei der Weisungserteilung an den deutschen Vertreter im Ministerrat als auch bei der personellen Besetzung der Gremien der Montanunion eine Mitwirkung zugestanden wurde[8].

2. Ratifikation des EWG- und EAG-Vertrages

Die Besorgnis der Bundesländer, die europäische Integration könne das bundesstaatliche Gefüge gefährden, verstärkte sich bei den Beratungen der Römischen Verträge. Es wurde davor gewarnt, daß eine „Mediatisierung der Länder" drohe, „die deutschen Bundesländer im Verhältnis zu den Integrationen in den Zustand des ‚Provinzialismus' zurückgedrängt würden"[9]. Die Frage, ob der Bund nach Art. 24 GG durch Vertrag auch Hoheitsrechte der Länder auf zwischenstaatliche Institutionen übertragen kann, wurde nicht ausdiskutiert, jedoch auf den unabänderlichen Art. 79 Abs. 3 GG sowie den Grundsatz der Bundestreue als Grenze hingewiesen und eine Aushöhlung der Hoheitsrechte der Länder über Art. 24 GG als unzulässig bezeichnet. Mit der Erklärung, die Länder widerstrebten grundsätzlich nicht dem Verlust ihrer Rechte zugunsten der europäischen Integration, wurde die Forderung verbunden, daß der Bundesrat zum Ausgleich an der Durchführung der Verträge beteiligt bleibe[10]. Der Bundesrat erstrebte diesmal nicht nur eine Mitwirkung bei der Instruktion der deutschen Vertreter im Rat, sondern auch eine direkte Beteiligung bei der Entsendung der deutschen Mitglieder ins Europäische Parlament und schlug in seiner Stellungnahme vor, folgende Bestimmungen in das Ratifikationsgesetz aufzunehmen[11]:

---

7 77. Sitzung des Bundesrates vom 1. 2. 1952, StenBer. S. 32.

8 Vgl. die Ausführungen des MinPräs. *Arnold* in der 42. Sitzung des Landtages von Nordrhein-Westfalen vom 20. 2. 1952, StenBer. S. 1554.

9 181. Sitzung des Bundesrates vom 19. 7. 1957, StenBer. S. 743.

10 176. Sitzung des Bundesrates vom 3. 5. 1957, StenBer. S. 615 und 181. Sitzung vom 19. 7. 1957, StenBer. S. 743. Zu den Ausschußberatungen vgl. *Schmitz-Wenzel*, Die deutschen Länder, S. 217 ff.

11 BR-Drucks. Nr. 146/57 (Beschluß).

„Von der in Art. 138 des Vertrages zur Gründung der Europäischen Wirtschaftsgemeinschaft, in Art. 108 des Vertrages zur Gründung der Europäischen Atomgemeinschaft und in Art. 21 des Vertrages über die Gründung der Europäischen Gemeinschaft für Kohle und Stahl in der Fassung des Abkommens über gemeinsame Organe für die Europäischen Gemeinschaften für Deutschland festgesetzten Zahl von 36 Abgeordneten der Versammlung ernennt der Bundestag 25, der Bundesrat 11.

In Ausführung von Artikel 32 Abs. 2 und von Artikel 53 des Grundgesetzes werden Weisungen an den nach Artikel 146 des Vertrages zur Gründung der Europäischen Wirtschaftsgemeinschaft sowie den nach Artikel 116 des Vertrages zur Gründung der Europäischen Atomgemeinschaft zu entsendenden Vertreter der Bundesrepublik durch die Bundesregierung nach Beratung mit dem Bundesrat erteilt.“

a) Der Wunsch des Bundesrates, eine Beteiligung bei der Bestellung der Mitglieder des Europäischen Parlamentes im Ratifikationsgesetz aufzunehmen, wurde vom Bundestag mit der Erwägung abgelehnt, daß es sich hierbei um eine grundsätzliche, für die Beratende Versammlung des Europarates und die Versammlung der WEU gleichermaßen einschlägige Frage handele, die eine eingehende Beratung erfordere und nach dem Zustimmungsverfahren in einem besonderen Gesetz, auf Grund dessen die Entsendung der Delegierten erfolgen werde, zu regeln sei[12]. Mit der Erwägung, daß die innerstaatlichen Differenzen zwischen der Auffassung des Bundesrates und Bundestages nicht dazu führen dürften, die Verträge selbst zu gefährden oder ihr Inkrafttreten unangemessen lange zu verzögern, stimmte der Bundesrat den Römischen Verträgen einstimmig zu, nachdem die Bundesregierung durch den Bundesratsminister vor dem Plenum des Bundesrates erklärt hatte, dessen Wunsch durch Vorlage eines entsprechenden Gesetzes nachkommen zu wollen[13].

In Erfüllung ihrer Zusage brachte die Bundesregierung zu Beginn der III. Legislaturperiode einen Gesetzesentwurf über die Wahl der Vertreter der Bundesrepublik zu den Europäischen Versammlungen ein. Danach sollte der Bundesrat aus seiner Mitte für die Dauer der Wahlperiode des Bundestages 6 der insgesamt 36 von der BRD in das Europäische Parlament zu entsendenden Vertreter wählen; diese Mitglieder sollten weisungsungebunden sein[14].

Der Bundestag überwies den Entwurf ohne Aussprache an die zuständigen Ausschüsse[15] und wählte kurz danach alle 36 Abgeordnete

---

[12] Vgl. Schriftlicher Bericht des 3. Sonderausschusses — Gemeinsamer Markt/Euratom — des Bundestages, Drucks. Nr. 3660 des II. Bundestages, S. 13 und 224. Sitzung des II. Bundestages vom 5. 7. 1957, StenBer. S. 13317 f.

[13] 181. Sitzung des Bundesrates vom 19. 7. 1957, StenBer. S. 744, 745 f.

[14] BT-Drucks. III Nr. 130.

[15] 11. Sitzung des III. Bundestages vom 13. 2. 1958, StenBer. S. 531.

für das Europäische Parlament aus seiner Mitte mit der Einschränkung, daß diese Wahl für ein Jahr gelte oder, falls dieser Zeitraum der kürzere sein sollte, bis zur Neuwahl auf Grund einer gesetzlichen Regelung[16]. Der Bundesrat reagierte auf diese Maßnahme des Bundestages sehr scharf und erwog zunächst, den Konflikt mit einer Doppelwahl durch die Benennung von 6 Mitgliedern aus seiner Mitte zuzuspitzen[17]. Es blieb dann jedoch bei einer Erklärung, die das Verfahren des Bundestages als verfassungs- und vertragswidrig bezeichnete[18]. Gleichwohl kam es nicht zu einer 2. Lesung des Gesetzentwurfes der Bundesregierung, vielmehr wählte der Bundestag nach Ablauf der Jahresfrist einstimmig alle 36 Abgeordnete für das Europäische Parlament aus seiner Mitte[19]. Der Entwurf verfiel mit dem Ende der III. Wahlperiode (15. Oktober 1961) der Diskontinuität.

Nicht anders erging es einem erneuten, sachlich gleichlautenden Entwurf, den der Bundesrat 1965 zu Beginn der V. Wahlperiode auf Initiative der Bayerischen Staatsregierung beim Bundestag einbrachte[20]. Es blieb bei einer 1. Lesung mit anschließender Verweisung an die Ausschüsse — trotz wiederholter Mahnungen des Bundesrates[21]. Gegenwärtig wird bei der Bestellung der Mitglieder der Bundesrepublik zum Europäischen Parlament nach wie vor ohne gesetzliche Grundlage verfahren; die Abgeordneten werden vom Bundestag aus seiner Mitte gewählt[22].

b) Die zweite Forderung des Bundesrates, seine Beteiligung an der Erteilung von Weisungen für die deutschen Vertreter im Rat der EWG und EAG im Ratifikationsgesetz zu den Römischen Verträgen festzulegen, wurde immerhin teilweise berücksichtigt. Da der Bundestag die Initiative des Bundesrates auch für seine eigenen Belange nutzen wollte, eine unmittelbare Mitwirkung des Parlaments an den Instruktionen für die deutschen Ratsvertreter aber auf rechtliche und praktische

---

16 14. Sitzung des III. Bundestages vom 27. 2. 1958, StenBer. S. 629 und Drucksache Nr. 236.

17 Vgl. FAZ Nr. 48 vom 26. 2. 1958, S. 1.

18 189. Sitzung des Bundesrates vom 28. 2. 1958, StenBer. S. 28 f.

19 64. Sitzung des III. Bundestages vom 25. 2. 1959, StenBer. S. 3411 und Drucksache Nr. 888.

20 BR-Drucks. 453/65. Vgl. auch die Erörterungen in der 283., 286. und 288. Sitzung des Bundesrates, StenBer. S. 129 ff., 197 ff., 230 ff.

21 Vgl. z. B. 301. Sitzung des Bundesrates vom 11. 11. 1966, StenBer. S. 228; 303. Sitzung vom 22. 12. 1966, StenBer. S. 270; 308. Sitzung vom 28. 4. 1967, StenBer. S. 61; 315. Sitzung vom 27. 10. 1967, StenBer. S. 224.

22 Vgl. 5. Sitzung des IV. Bundestages vom 29. 11. 1961, StenBer. S. 44 (Drucks. 33); 12. Sitzung des V. Bundestages vom 9. 12. 1965, StenBer. S. 438 (Drucks. 91); 25. Sitzung des VI. Bundestages vom 21. 1. 1970, StenBer. S. 1060 (Drucks. 250).

Bedenken stieß, kam es zu einem Kompromiß[23], wonach im Ratifikationsgesetz als Artikel 2 folgende Bestimmung aufgenommen wurde:

„Die Bundesregierung hat Bundestag und Bundesrat über die Entwicklungen im Rat der Europäischen Wirtschaftsgemeinschaft und im Rat der Europäischen Atomgemeinschaft laufend zu unterrichten. Soweit durch den Beschluß eines Rates innerdeutsche Gesetze erforderlich werden oder in der Bundesrepublik Deutschland unmittelbar geltendes Recht geschaffen wird, soll die Unterrichtung vor Beschlußfassung des Rats erfolgen[24]."

Zu dieser Bestimmung ist allerdings festgestellt worden, daß sie, soweit die Rechte des Bundesrates in Frage stehen, nicht mehr enthalte, als nach Art. 53 Satz 3 GG, wonach der Bundesrat von der Bundesregierung über die Führung der Geschäfte auf dem laufenden zu halten ist, ohnehin rechtens sei[25]. Es darf aber nicht übersehen werden, daß die Norm des Art. 53 Satz 3 in der Staatspraxis — deren maßgebliche Bedeutung bereits hervorgehoben wurde[26] — nicht hinreichend verwirklicht worden ist; nach allgemeinem Urteil erfüllt die Bundesregierung ihre hier festgelegte Informationspflicht unzulänglich[27]. Zu der Unterrichtung über die Entwicklung in den Europäischen Gemeinschaften hat die Bundesregierung jedoch nicht nur versichert, ihrer Pflicht in weitestem Umfang nachkommen zu wollen[28], sondern darüber hinaus im Auswärtigen Ausschuß des Bundesrates erklärt, sie fasse die Unterrichtung nach Art. 2 ZustG dahin auf, daß mit ihr auch ein sachlicher Meinungsaustausch verbunden sein soll[29]. Um beurteilen zu können, ob Art. 2 ZustG tatsächlich insoweit eine materielle Verbesserung mit sich gebracht hat, soll im folgenden die praktische Verwirklichung dieser Bestimmung dargestellt werden.

(1) Zum besseren Verständnis ist zunächst auf den Ablauf des Beschlußverfahrens in der EWG und der EAG einzugehen, in das sich das Unterrichtungsverfahren nach Art. 2 ZustG einordnet.

---

23 Vgl. Stellungnahme der Bundesregierung zu dem Vorschlag des Bundesrates, Drucks. 3440 des II. Bundestages; Schriftl. Bericht des 3. Sonderausschusses — Gemeinsamer Markt/Euratom — des II. Bundestages, Drucks. 3660, S. 13; 208. Sitzung des II. Bundestages vom 9. 5. 1957, StenBer. S. 12001 f. und 224. Sitzung vom 5. 7. 1957, StenBer. S. 13317, 13334.

24 BGBl. 1957 II S. 753.

25 *Schröder*, Die EWG und die Länder, S. 86.

26 Vgl. o. vor I mit Fn. 1 bis 3.

27 s. z. B. *Zinn*, DÖV 1956 S. 211 und 266. Sitzung des Bundesrates vom 28. 2. 1964, StenBer. S. 16 sowie 274. Sitzung vom 6. 11. 1964, StenBer. S. 190. *Neunreither*, Der Bundesrat zwischen Politik und Verantwortung, S. 98; *Maunz* in: Maunz - Dürig - Herzog, Art. 53 Rdnr. 12 a. E.; *v. Mangoldt - Klein*, Art.53 Anm. IV 6.

28 176. Sitzung des Bundesrates vom 3. 5. 1957, StenBer. S. 618 f.

29 Vgl. 181. Sitzung des Bundesrates vom 19. 7. 1957, StenBer. S. 745.

Eigentliches Beschlußorgan ist der Rat[30], der jedoch in der Regel erst auf Vorschlag der Kommission hin tätig werden kann (Art. 149, 152 EWGV; Art. 119, 122 EAGV) und in der Mehrzahl der Fälle vor seiner Beschlußfassung das Europäische Parlament und den Wirtschafts- und Sozialausschuß anzuhören hat[31]. Die Ausgestaltung des Beschlußverfahrens in der Praxis ist dabei durch eine kontinuierliche Zusammenarbeit zwischen Kommission, Rat und den Behörden der Mitgliedstaaten gekennzeichnet[32]. Noch bevor die Kommission mit der Ausarbeitung eines Vorschlags beginnt, nimmt sie Kontakt mit den nationalen Behörden auf, um sich unter Verwertung der unterschiedlichen Gesetzgebung und Verwaltungspraxis in den Mitgliedstaaten eine hinreichende Vorstellung über die jeweiligen Fragen bilden zu können. Die Beamten der nationalen Fachressorts diskutieren „à titre personnel" mit der Kommission das betreffende Vorhaben, werden dabei aber schon auf die vermutliche Auffassung ihrer Regierungen hinweisen. Auch Vertreter der nationalen Interessengruppen, Professoren und Institute werden entsprechend der Materie in die Beratungen einbezogen. Auf Grund dieser Materialsammlung arbeitet die Kommission einen Vorschlagsentwurf aus, den sie nochmals mit den Experten der nationalen Behörden oder Verbände bespricht.

Erst nach diesen umfangreichen Vorberatungen[33] erstellt die Kommission ihren Vorschlag und übermittelt ihn an den Präsidenten des Rates zu Händen des Sekretariats dieses Organs[34]. Der Vorschlag wird auf die Tagesordnung der nächsten Ratssitzung genommen, in der grundsätzlich lediglich die Überweisung an den Ausschuß der Ständigen Vertreter[35] beschlossen wird. Wenn dieser Ausschuß auch nur Vorbereitungsaufgaben haben soll, spielt er doch eine bedeutende Rolle bei

---

30 Die Befugnisse der Kommission zur rechtsetzenden Beschlußfassung sind vergleichsweise beschränkt und weniger bedeutend — vgl. dazu *Wohlfarth* in: Wohlfarth - Everling, Art. 155 Anm. 4, 5 und 7.

31 Vgl. die Aufzählung von *Wohlfarth* in: Wohlfarth - Everling, Art. 137 Anm. 2 und Art. 198 Anm. 1.

32 s. hierzu und zum folgenden die Darstellungen bei *Lindberg*, Political Dynamics, S. 53 ff.; *Houben*, Les Conseils de Ministres, S. 98 ff.; *Wagner*, Grundbegriffe des Beschlußrechts, S. 204 f.; *von Meibom*, Zur Stellung der Mitgliedstaaten im Europarecht, S. 148 ff.; *Noël*, EuR 1967 S. 24 ff.

33 Nach einer Schätzung von *Lindberg*, S. 57 f. existierten z. B. Ende 1960 insgesamt 127 Expertengruppen, die mit durchschnittlich 20 nationalen Teilnehmern arbeiteten. 1964 hat die Kommission 1 200 Expertensitzungen mit weit über 10 000 Teilnehmern veranstaltet, *Hallstein*, Probleme, S. 13.

34 Art. 20 der Vorläufigen Geschäftsordnung des Rates der EWG und EAG. Die Geschäftsordnung ist nicht offiziell bekanntgemacht worden, jedoch abgedruckt bei *Houben*, S. 227 ff. und *Krämer*, Die EWG, S. 316 ff.

Die gem. Art. 5 FusV vorgesehene Geschäftsordnung des gemeinsamen Rates ist noch nicht ergangen, vgl. *Haedrich* in: Groeben - Boeckh, Handbuch, I A 11 S. 33.

35 Vgl. Art. 4 FusV.

der Beratung des Kommissionsvorschlages. Der Ausschuß der Ständigen Vertreter setzt Arbeitsgruppen ein, an denen — abgesehen von den Mitgliedern der Ständigen Vertretungen selbst — nationale Experten oder Vertreter der Ministerien und Verwaltungen teilnehmen[36]. Meist sind es dieselben Beamten der nationalen Behörden, die bereits zuvor mit der Kommission über den Entwurf debattiert haben, nur sind sie jetzt an die Weisungen ihrer Regierungen gebunden. Die Arbeitsgruppen und danach wieder der Ausschuß beraten in aller Regel in Gegenwart von Vertretern der Kommission[37]. Um schließlich ein Ergebnis zu erreichen, dem alle Mitgliedstaaten zustimmen können, ergänzt oder ändert die Kommission ihren Vorschlag, soweit es ihr vertretbar erscheint, in diesem Sinne ab[38]. Kommt es so im Ausschuß der Ständigen Vertreter zwischen diesen und der Kommission zu einer einstimmigen Einigung, erscheint der (abgeänderte) Kommissionsvorschlag wieder auf der Tagesordnung des Rates, und zwar als sog. A-Punkt; das bedeutet, daß der Rat der Vorlage ohne weitere Erörterung zustimmt. Ist demgegenüber eine Einigung im Ausschuß der Ständigen Vertreter nicht zu erzielen — was bei bedeutsameren Angelegenheiten meist der Fall ist[39] — muß sich der Ausschuß darauf beschränken, für den Rat Lösungsmöglichkeiten und Kompromißvorschläge auszuarbeiten. Bisweilen kann dann auch bei der ersten Beratung im Rat noch keine Entscheidung erreicht werden, es kommt zur Rückverweisung an den Ausschuß der Ständigen Vertreter (und die Arbeitsgruppen), die den Vorschlag nach Überarbeitung gemäß den vom Rat vorgezeichneten Leitlinien diesem erneut zur Beschlußfassung vorlegen.

(2) Das Verfahren gem. Art. 2 Satz 2 ZustG setzt ein, nachdem die Kommission ihren Vorschlag an den Präsidenten des Rates übermittelt hat. Das Sekretariat des Rates verteilt den Vorschlag an die Ständigen Vertretungen, von der deutschen Vertretung wird er dem Bundeskanzleramt zugeleitet. Dieses übersendet den Vorschlag dem Bundesrat, wobei es mitteilt, wann der Rat den Vorschlag voraussichtlich verabschieden wird.

---

[36] Art. 16 Abs. 3 der Vorl. GO des Rates. Nach *Noël*, EuR 1967 S. 36 wurden Anfang 1962 fünfzehn ständige Arbeitsgruppen eingesetzt. Für die Bearbeitung von Spezialfragen richtet der Ausschuß zusätzlich ad hoc-Arbeitsgruppen ein.

[37] Art. 16 Abs. 4 VorlGO des Rates.

[38] Diese Möglichkeit besteht nach Art. 149 Abs. 2 EWGV, Art. 119 Abs. 2 EAGV.

[39] „A-Punkte" umfassen vorwiegend Verfahrensbeschlüsse (z. B. Konsultation des Europäischen Parlaments oder des Wirtschafts- und Sozialausschusses), Entscheidungen der laufenden Verwaltung (Ersetzung von Mitgliedern der Ausschüsse, Übertragung von Haushaltsmitteln) und nur bisweilen wichtige materielle Entscheidungen, vgl. *Noël*, EuR 1967 S. 49.

Im allgemeinen beträgt der Zeitraum von der Übermittlung des Kommissionsvorschlages an den Rat bis zum Eingang beim Bundesrat eine Woche[40]. Ehe aber der Rat über einen Vorschlag endgültig Beschluß faßt, vergehen — jedenfalls wenn es sich um wichtige, der Anhörung des Europäischen Parlaments bedürftige Angelegenheiten handelt[41] — mehrere Monate, bisweilen sogar Jahre[42].

Diese langen Fristen ermöglichen dem Bundesrat eine eingehende Auseinandersetzung mit den Kommissionsvorschlägen. Sie werden zunächst als Bundesratsdrucksachen vom Präsidenten des Bundesrates den fachlich zuständigen Ausschüssen zugewiesen. Federführend ist der Ausschuß für Fragen der Europäischen Gemeinschaften[43]. Von diesem werdie Beratungsergebnisse der Ausschüsse zusammengefaßt und dem Plenum zur Beschlußfassung vorgelegt[44].

Handelt es sich um einen Kommissionsvorschlag, der für die Länder von besonderer Bedeutung ist, werden in die Beratung der Ausschüsse noch sog. Arbeitskreise eingeschaltet, die sich aus den EWG-Referenten der Länderministerien und Senatoren rekrutieren. Als ständige Arbeitskreise haben sich bislang auf Grund interministerieller Vereinbarung

---

40 Vgl. die Ausführungen der BReg in BT-Drucks. IV Nr. 1944 S. 2.

41 Das Konsultationsverfahren, das oft Monate in Anspruch nimmt, wird in der Praxis bei allen wichtigen Kommissionsvorschlägen durchgeführt unabhängig davon, ob die Verträge eine Rechtspflicht zur Anhörung bestimmen. Siehe Entschließung des EP in der Sitzung vom 27. 11. 1959, SitzBer. S. 292 f.; Erklärung des Präsidenten des Rates der EWG vor dem EP in der Sitzung vom 28. 3. 1960, SitzBer. S. 15; EP, Sitzungsdokument Nr. 118/1966—67 („*Illerhaus*-Bericht") S. 18.

42 *Ipsen*, DÖV 1968 S. 444 spricht von drei Jahren Durchschnittszeitmaß. Anders ist es allerdings oft bei A-Punkten, bei denen der Kommissionsvorschlag umgehend verabschiedet wird, und eine vorherige Unterrichtung nach Art. 2 Satz 2 ZustG nicht mehr möglich ist. Das Bundeskanzleramt teilt dem Bundesrat dann den Ratsbeschluß nachträglich mit. Darüber hinaus ist eine vorherige Unterrichtung bisweilen bei Änderungen des ursprünglichen Vorschlages der Kommission ausgeschlossen. Zwar bemüht sich die Bundesregierung auch in diesen Fällen um rechtzeitige Mitteilung, wenn der neue Vorschlag wesentliche Änderungen enthält (vgl. die Ausführungen BReg in BT-Drucks. IV 1944 S. 2 und die Beispiele in BR-Drucks. 74/64, 294/66, 338/67). Es kann jedoch vorkommen, daß zwischen dem Ausschuß der Ständigen Vertreter und der Kommission erst kurz vor der Ratstagung ein Kompromiß gefunden wird. Insgesamt gesehen hat sich der Bundesrat aber wohl nur in zwei Fällen veranlaßt gesehen, auf rechtzeitige Unterrichtung zu drängen (BR-Drucks. 193/62 und 67/65), zumal die Bundesregierung bei wichtigen Angelegenheiten im Rat darauf hinweist, daß sie eine ausreichende Frist benötige, um die gesetzgebenden Körperschaften der BRD vorher zu unterrichten (s. dazu BR-Drucks. 345/61).

43 Er wurde 1965 als ständiger Ausschuß aus dem 1957 eingesetzten Sonderausschuß Gemeinsamer Markt und Freihandelszone gebildet, vgl. 289. Sitzung des Bundesrates vom 26. 11. 1965, StenBer. S. 242.

44 Befaßt sich der Kommissionsvorschlag mit Materien, die Bemerkungen der Ausschüsse erübrigen, bewendet es bei dem sog. Vereinfachten Verfahren nach § 35 GO BR.

konstituiert: der Arbeitskreis Wirtschaft zur Unterstützung des Ausschusses für Fragen der Europäischen Gemeinschaften, der Arbeitskreis Ernährung, Landwirtschaft und Forsten zur Unterstützung des Agrarausschusses und der Arbeitskreis Verkehr für den Verkehrsausschuß. Zu den Sitzungen der Arbeitskreise werden regelmäßig Vertreter der Bundesregierung hinzugezogen.

Bei dieser gründlichen, bis in die jeweiligen EWG-Referate der Länderministerien hineingreifenden Prozedur kann der Bundesrat zu den Kommissionsvorschlägen insbesondere insofern fundiert Stellung nehmen, als die praktische Durchführung des zukünftigen Ratsbeschlusses innerhalb der deutschen Rechtsordnung in Frage steht[45]. Auch gegenüber der Rechtsetzung in den Europäischen Gemeinschaften bewährt sich so die — im innerstaatlichen Bereich allgemein anerkannte — Stärke des Bundesrates, die Verwaltungserfahrung der Länder zur Geltung zu bringen. Nicht selten wendet sich der Bundesrat gegen übermäßig bürokratische oder zentralistische Regelungen und bittet die Bundesregierung, für vereinfachte Verfahren und die Erhaltung der föderativen Elemente in der EWG einzutreten[46]. Vor allem aber werden die Kommissionsvorschläge auf ihre Vereinbarkeit mit dem Verwaltungsaufbau in der Bundesrepublik überprüft. Da die Kommission auf diesen Gesichtspunkt oft keine Rücksicht nimmt, ist in den Stellungnahmen des Bundesrates wiederholt die Bitte zu finden, die Bundesregierung möge im Rat auf eine Gestaltung des Vorschlages hinwirken, die die Zuständigkeiten der Länder in der Bundesrepublik wahrt[47]. Z. B. wurde gerügt, daß in Verordnungen oder Richtlinien die innerstaatliche Verwaltungszuständigkeit geregelt und die „Regierungen" oder die „zuständigen Zentralbehörden" der Mitgliedstaaten als ausführende Stellen bestimmt wurden. Der Bundesrat hat in diesem Zusammenhang nachdrücklich auf die Zuständigkeit der Länder für die vorgesehenen Verwaltungsmaßnahmen hingewiesen[48].

(3) Welche praktische Bedeutung die Behandlung der Kommissionsvorschläge im Bundesrat hat, hängt maßgebend von der Haltung der Bundesregierung ab. Denn eine mangelnde Berücksichtigung der Auffassung des Bundesrates hat auf die Rechtsgültigkeit der Ratsbeschlüsse

---

45 Vgl. z. B. die detaillierten Ausführungen in BR-Drucks. 224/62 a) und b); 376/63; 12/64; 52/64; 136/64; 157/64; 355/66; 303/67; 410/67; 123/68; 502/68; 103/71; 104/71.

46 z. B. in BR-Drucks. 203/65; 139/66; 18/67; 134 u. 135/67; 201/67; 231/68; 412/68; 441/68; 8/69; 39/69; 504/70; 382/71.

47 BR-Drucks. 157/64 (Beschluß), Anlage unter 2; 170/64 unter 3; 89/65 unter II und III; 455/65 unter I; 303/67 unter 5 b; 218/68 unter VI.

48 BR-Drucks. 287/62 (Beschluß), Anlage unter 2; 55/63; 12/64; 52/64 unter 4; 394/64 unter II; 543/65 unter II 2.

keinen Einfluß[49]. Die Feststellung, die faktischen Auswirkungen der Stellungnahmen des Bundesrates seien für die Arbeit der Bundesregierung und ihr Auftreten in Brüssel „mitunter nicht unerheblich"[50], ist jedoch sicher nicht zu weitgehend. Die Bundesregierung verfolgt die Beratungen der EWG-Vorlagen im Bundesrat jedenfalls mit Interesse, sie beschränkt sich nicht auf eine bloße Kenntnisnahme seiner Auffassung, sondern ist zur Zusammenarbeit bereit. Sie berichtet z. B. im Ausschuß für Fragen der Europäischen Gemeinschaften über wichtige Tagungen des Rates[51] oder teilt mit, was sie konkret unternommen hat oder unternehmen will, um den Bedenken und Anregungen des Bundesrates zu entsprechen[52]. Es spricht für den guten Stil der Zusammenarbeit, wenn die Bundesregierung in einem Fall, in dem ihr eine Stellungnahme des Bundesrates nicht mehr rechtzeitig vor der Beschlußfassung im Rat vorgelegt werden konnte, bereits auf Grund der Beratungen der Ausschüsse des Bundesrates geprüft hat, wie den dort vorgetragenen Bedenken Rechnung getragen werden könne, und dann vor dem Plenum über das Ergebnis berichtete[53]. Nicht nur in der Form, auch in der Sache wird die Arbeit des Bundesrates von der Bundesregierung respektiert. Es bleibt kein Ausnahmefall, daß sie seinen Anregungen bei den Beratungen im Ausschuß der Ständigen Vertreter und im Rat Geltung verschafft und für eine entsprechende Änderung des Kommissionsvorschlages sorgt[54].

---

[49] *Wohlfarth* in: Wohlfarth - Everling, Anm. zu Art. 2 ZustG (S. 725); *Ipsen*, Festschrift Hallstein, S. 255.

[50] *von Meibom*, Zur Stellung der Mitgliedstaaten im Europarecht, S. 159.

[51] Vgl. Antrittsrede des Präsidenten des Bundesrates in der 301. Sitzung vom 11. 11. 1966, StenBer. S. 229.

[52] Beispielhaft sei auf den ausführlichen Meinungsaustausch zwischen Bundesregierung und Bundesrat zu den Folgen der Brüsseler Beschlüsse vom 14. 1. 1962 zur Verwirklichung einer gemeinsamen Agrarpolitik hingewiesen. Nachdem die BReg den Agrarausschuß sowie den Sonderausschuß Gemeinsamer Markt und Freihandelszone eingehend über den Inhalt dieser besonders wichtigen Beschlüsse und über die für die deutsche Wirtschaft zu erwartenden Folgen unterrichtet hatte (244. Sitzung des Bundesrates vom 13. 4. 1962, StenBer. S. 68), ging sie sorgfältig auf die einzelnen Anregungen und Wünsche des Bundesrates ein, s. Schreiben des Bundesministers für Ernährung, Landwirtschaft und Forsten vom 30. 8. 1962 — zu BR-Drucks. 103/62 (Beschluß) —, vom 28. 9. 1962 — Nachtrag zu BR-Drucks. 103/62 (Beschluß — und vom 30. 3. 1963 — BR-Drucks. 151/63.

Weitere Beispiele: Schreiben des Bundesministers für Ernährung, Landwirtschaft und Forsten vom 19. 4. 1963 — *zu* BR-Drucks. 384/62 (Beschluß) — und vom 3. 4. 1967 — *zu* BR-Drucks. 16/67 (Beschluß — Schreiben des Bundesministers für Gesundheitswesen vom 8. 1. 1964 (BR-Drucks. 74/64); 330. Sitzung des Bundesrates vom 15. 11. 1968, StenBer. S. 293.

[53] 277. Sitzung des Bundesrates vom 18. 12. 1964, StenBer. S. 239.

[54] Vgl. z. B. 248. Sitzung des Bundesrates vom 12./13. 7. 1962, StenBer. S. 122; 264. Sitzung vom 20. 12. 1963, StenBer. S. 256 f.; BR-Drucks. 352/64 (Beschluß); 288/1/66 S. 3; *zu* BR-Drucks. 16/67 (Beschluß) S. 1 a. E. — Dem Wunsch des Bundesrates, die Verwaltungszuständigkeiten der Länder zu

So ist das Verfahren nach Art. 2 ZustG durch die Ausformung, die es in der praktischen Verwirklichung erhalten hat, in vielen Fällen von einer bloßen, passiven Information zur aktiven Teilnahme des Bundesrates bei der Instruktion der deutschen Vertreter im Rat erstarkt. In dieser Hinsicht spielt der Bundesrat eine bei weitem wichtigere Rolle als der — ebenfalls durch die Bundesregierung zu unterrichtende — Bundestag. Dieser beschränkt sich durchweg auf die Kenntnisnahme der Vorlagen. Nimmt er einmal näher zu dem Kommissionsvorschlag Stellung, dann häufig nur dadurch, daß er sich den vom Bundesrat ausgearbeiteten Anregungen anschließt[55]. Wie sehr sich übrigens der Bundesrat selbst der Bedeutung seiner Mitwirkung bewußt geworden ist, erhellt sinnfällig aus der Bezeichnung seiner Beschlüsse im Rahmen des Art. 2 ZustG. Diese wurden der Bundesregierung zu Beginn als „Entschließung" übermittelt, seit 1964 aber ist der Bundesrat zu dem Ausdruck „Stellungnahme" übergegangen, der gleichen Bezeichnung, die er auch für seine Beschlüsse bei Gesetzesvorlagen der Bundesregierung gemäß Art. 76 Abs. 2 GG verwendet[56].

Als Ergebnis kann festgestellt werden: Der Bundesrat hat bewiesen, daß er seine Aufgabe, die Interessen und Erfahrungen der Gliedstaaten auf der Zentralebene zur Geltung zu bringen, auch gegenüber dem neuartigen Rechtsetzungsverfahren der Europäischen Gemeinschaften erfüllen kann. Durch die Bereitschaft der Bundesregierung, mit dem Bundesrat bei der Erfüllung dieser Aufgabe zusammenzuarbeiten, hat er eine nicht zu unterschätzende Einwirkungsmöglichkeit auf die Beschlußfassung des deutschen Vertreters im Ministerrat gewonnen. Art. 2 ZustG lediglich als — überflüssige — Wiederholung von Art. 53 Satz 3 GG zu beurteilen[57], würde der Staatspraxis nicht gerecht werden.

---

achten, wurde beispielsweise entsprochen: bei der endgültigen Fassung der Richtlinie zur Regelung viehseuchenrechtlicher Fragen (s. Artikel 3 [8], [9], [11] des Entwurfs — abgedruckt in BR-Drucks. 55/63 — und der endgültigen Fassung — ABl. Nr. 121 vom 29. 7. 1964 S. 1977 —); bei der Verordnung über die Anwendung der Qualitätsnormen auf Obst und Gemüse (s. Art. 4 des Entwurfs — abgedruckt in BR-Drucks. 52/64 — und Art. 5 der endgültigen Fassung — ABl. Nr. 192 vom 27. 10. 1966 S. 3282 —). Bei der Richtlinie zur Regelung gesundheitlicher Fragen beim innergemeinschaftlichen Handelsverkehr mit frischem Fleisch blieb es zwar für die Bestimmung der nationalen ausführenden Stellen bei der Bezeichnung „zuständige Zentralbehörde" (Art. 2 Buchst. d, Art. 4 Abs. 1 und 4 der Richtlinie, ABl. Nr. 121 vom 29. 7. 1964 S. 2014 f.), doch wurde im deutschen Durchführungsgesetz sichergestellt, daß die Verwaltungskompetenzen der Länder nicht beeinträchtigt werden (§ 21 Durchführungsgesetz EWG-Richtlinie Frisches Fleisch vom 28.6. 1965, BGBl. I S. 552).

55 Beispiele aus der letzten Zeit: BT-Drucks. V 246, 540, 757, 1237, 1356, 1530, 2611, 2800, 3607; VI 188, 623, 1344, 1473, 1590.

56 Vgl. 268. Sitzung des Bundesrates vom 24. 4. 1964, StenBer. S. 57 einerseits und 269. Sitzung vom 15. 5. 1964, BtenBer. S. 89 andererseits.

57 Vgl. o. I 2 b mit Fn. 25.

3. Beteiligung an der deutschen Delegation in Gemeinschaftsausschüssen

Allerdings darf auch nicht übersehen werden, daß bei allem Entgegenkommen der Bundesregierung die Einwirkung des Bundesrates unter einem doppelten Aspekt beschränkt ist:

Zum einen ist eine vorherige Unterrichtung nach Art. 2 Satz 2 ZustG nur vorgesehen, soweit durch den Beschluß „eines Rates“ Recht gesetzt wird; das sog. Verwaltungsausschußverfahren[58] wird nicht erfaßt. Zum anderen kann die Stellungnahme des Bundesrats insofern zu spät kommen, als bereits zu dem Zeitpunkt, in dem die Kommission dem Rat ihren Vorschlag unterbreitet, die Weichen durch vorausgegangene Beratungen mit den Mitgliedstaaten[59] gestellt sind.

Um diesen Schwierigkeiten zu begegnen, hat der Bundesrat wiederholt gefordert, bei der Besetzung der deutschen Delegation für die Verwaltungsausschüsse und für beratende Ausschüsse bei der Kommission die Länder zu beteiligen.

a) Die Verwaltungsausschüsse[60] dienen vor allem dazu, Maßnahmen durchzuführen, die die Grundverordnungen der europäischen Agrarmarktorganisation erfordern. Diese Verordnungen regeln den jeweiligen Marktordnungsbereich nur allgemein und überlassen die Festlegung der Einzelheiten dem Verwaltungsausschußverfahren, indem sie bestimmen:

„Es wird ein Verwaltungsausschuß ... aus Vertretern der Mitgliedstaaten unter dem Vorsitz eines Vertreters der Kommission eingesetzt.

In diesem Ausschuß werden die Stimmen der Mitgliedstaaten nach Art. 148 Abs. 2 des Vertrages gewogen ...

Der Vertreter der Kommission unterbreitet einen Entwurf der zu treffenden Maßnahmen. Der Ausschuß nimmt zu diesen Maßnahmen innerhalb einer Frist, die der Vorsitzende entsprechend der Dringlichkeit der zu prüfenden Fragen bestimmen kann, Stellung. Die Stellungnahme kommt mit einer Mehrheit von zwölf Stimmen zustande.

Die Kommission erläßt Maßnahmen, die sofort anwendbar sind. Entsprechen jedoch diese Maßnahmen nicht der Stellungnahme des Ausschusses, so werden sie dem Rat von der Kommission alsbald mitgeteilt; in diesem Fall kann die Kommission die Anwendung der von ihr beschlossenen Maßnahmen bis zur Dauer von höchstens einem Monat nach dieser Mitteilung aussetzen. Der Rat kann mit qualifizierter Mehrheit binnen einer Frist von einem Monat anders entscheiden[61].“

---

[58] Dazu sogleich unter a.

[59] s. u. unter 3 b.

[60] Zur Vorgeschichte, Arbeitsweise und rechtlichen Würdigung dieser Einrichtung ist auf *Bertram*, Das Verwaltungsausschußverfahren, zu verweisen.

[61] Seit VO Nr. 19 (Getreide) Art. 25, 26 (ABl. Nr. 30 vom 20. 4. 1962 S. 933 ff.) gleichlautende Regelung. Dazu ist anzumerken, daß ablehnende Stellung-

Angesichts der unberechenbaren Änderungen des Marktgeschehens unterliegen dem Verwaltungsausschußverfahren keinesfalls nur technische Detailregelungen, sondern auch politische Maßnahmen, die sehr merkbar in das Wirtschaftsgeschehen der Mitgliedstaaten und damit auch der deutschen Bundesländer eingreifen. Von der Art und Weise, wie Abschöpfungsregeln an eine veränderte Weltmarktlage anzupassen sind, wie die Gemeinschaft vor billigen Einfuhren aus Drittländern geschützt werden soll oder wie die Ausfuhr mit Hilfe von Erstattungen zu fördern ist, kann letzten Endes das Schicksal eines Landwirtschaftszweiges abhängen[62].

Der Bundesrat bat daher die Bundesregierung, die deutschen Bundesländer bei der Tätigkeit der deutschen Delegation in den Verwaltungsausschüssen zu beteiligen. Dafür wurde ins Feld geführt, daß die Länder bei der Durchführung der deutschen Marktgesetze maßgeblich mitgewirkt hätten und die dabei gewonnene Verwaltungserfahrung nutzbar gemacht werden sollte[63]. Die Bundesregierung lehnte es ab, die Länder an der Ausschußarbeit unmittelbar zu beteiligen, da bei dem beschränkten zulässigen Umfang der Delegationen der Mitgliedstaaten die Zahl der Sitze gerade noch für die Experten aus den verschiedenen zuständigen Bundesressorts ausreiche. Sie erklärte sich aber bereit, die Bundesländer über die in den Verwaltungsausschüssen zur Verhandlung kommenden entscheidenden Fragen jeweils zu unterrichten und ihnen Gelegenheit zur Stellungnahme zu geben. Sie empfahl hierzu, über den Bundesrat einen ständigen Beamten zu ernennen, der für die erforderlichen Erörterungen zur Verfügung stehen könne[64].

Der Bundesrat erachtete diesen Vorschlag zwar als unbefriedigend, da der Bundesrepublik immerhin fünf Sitze zuständen[65], und behielt sich die Weiterverfolgung seines Anliegens vor. Er griff aber die Anregung der Bundesregierung, einen Verbindungsmann zu stellen, „als die zur Zeit optimale Lösung für eine Mitwirkung der Länder" auf[66], wobei

---

nahmen kaum vorkommen. Vom 1. 5. 1968 bis 30. 6. 1969 gab es in den Verwaltungsausschüssen 992 befürwortende Stellungnahmen, in 111 Fällen keine Stellungnahme, 1 ablehnende Stellungnahme — vgl. die Antwort der Kommission auf die schriftliche Anfrage Nr. 148/69 in ABl. Nr. C 124 vom 23. 9. 1969 S. 2.

[62] Zu dem umfangreichen Katalog der Kommissionsbefugnisse im Verwaltungsausschußverfahren s. *Bertram*, S. 29—36.

[63] Stellungnahme des Bundesrates zu den Folgen der Brüsseler Beschlüsse vom 14. 1. 1962 zur Verwirklichung einer gemeinsamen Agrarpolitik, BR-Drucks. 103/62; 244. Sitzung des Bundesrates vom 13. 4. 1962, StenBer. S. 67.

[64] Erklärung der BReg vom 30. 8. 1962, *zu* BR-Drucks. 103/62 (Beschluß).

[65] Die von der BReg mit je einem Vertreter aus dem Wirtschafts-, Ernährungs- und Finanzministerium, der Einfuhr- und Vorratsstelle sowie der Außenhandelsstelle für Erzeugnisse der Ernährung und Landwirtschaft besetzt wurden, vgl. *Bertram*, Verwaltungsausschußverfahren, S. 45 Fn. 13.

[66] 249. Sitzung des Bundesrates vom 26. 10. 1962, StenBer. S. 198.

nicht zuletzt die Erwägung eine Rolle gespielt haben dürfte, daß die in den Verwaltungsausschüssen zu behandelnden Fragen des Marktes und des Preises in die Bundeszuständigkeit fallen. In dem Bewußtsein, daß mit dieser Institution eine neue Form der Zusammenarbeit zwischen Bund und Ländern geschaffen worden sei und daß das Gelingen dieses Versuches entscheidend vom guten Willen aller Beteiligten, insbesondere der Bundesregierung, abhängen werde, sprach der Bundesrat die Erwartung aus, daß die Unterrichtung „umfassend, laufend und rechtzeitig" erfolge[67].

Diese Erwartung ist von der Bundesregierung nicht enttäuscht worden. Sie erstattet dem von den Ländern benannten Beamten regelmäßig Bericht und steht für einen Erfahrungs- und Gedankenaustausch zur Verfügung, obwohl die Zahl der Verwaltungsausschüsse beträchtlich zugenommen hat und insbesondere auch die Tagungsfolge stark angestiegen ist.

b) Der Bundesrat forderte erneut eine Beteiligung der Länder, als gemäß dem vierten Grundsatz des Ratsbeschlusses vom 2. April 1963 über die Aufstellung allgemeiner Grundsätze für die Durchführung einer gemeinsamen Politik der Berufsausbildung[68] ein Beratender Ausschuß für die Berufsausbildung eingesetzt wurde.

Dieser dreigliedrige Ausschuß umfaßt unter dem Vorsitz der Kommission 36 Mitglieder, und zwar je Mitgliedstaat zwei Regierungsvertreter, zwei Vertreter der gewerkschaftlichen Arbeitnehmerverbände und zwei Vertreter der Berufsorganisation der Arbeitgeber, wobei für jede Gruppe zusätzlich ein Stellvertreter ernannt wird[69]. Die Aufgaben sind in Art. 10 der Satzung umschrieben:

„Der Ausschuß unterbreitet der Kommission auf deren Anforderung oder von sich aus begründete Stellungnahmen zu allgemeinen oder grundsätzlichen Fragen der Berufsausbildung. Die Kommission stellt dem Ausschuß alle erforderlichen Unterlagen zur Verfügung und unterrichtet ihn über ihre Vorhaben."

Ein derartiger institutionalisierter Dialog zwischen Kommission und Mitgliedstaaten hat großes Gewicht. Es wurde bereits darauf hingewiesen[70], daß die Kommission schon bei der Vorbereitung ihrer Vorschläge für einen Ratsbeschluß intensiv mit den Sachverständigen der Mitgliedstaaten Fühlung aufnimmt. Sicher wird man es der Kommission nicht versagen können, „sich frühzeitig ein realistisches Bild davon zu

---

[67] BR-Drucks. 103/62 (Beschluß 2); 249. Sitzung des Bundesrates vom 26. 10. 1962, StenBer. S. 199.

[68] ABl. Nr. 63 vom 20. 4. 1963 S. 1338; vgl. auch o. 1. Teil bei Fn. 9.

[69] Art. 1 und 2 der Satzung des Ausschusses, ABl. Nr. 190 vom 30. 12. 1963 S. 3090.

[70] s. o. I 2 b (1) mit Fn. 32.

machen, wie die Chancen sind, daß das, was sie im Kopfe hat, vom Rat und von den Mitgliedsregierungen angenommen werden kann"[71]. Doch kann die vorverlagerte Klärung der gegenseitigen Positionen dazu führen, daß schon in diesem Stadium der Kommissionsentwurf nicht nur vorbereitet, sondern kompromißmäßig ausgehandelt wird[72]. Später vorgetragene Gesichtspunkte passen nicht mehr in das mühsam erarbeitete Konzept.

Die Forderung des Bundesrates, an der Arbeit im Beratenden Ausschuß für Berufsausbildung beteiligt zu werden, wurde erfüllt. Angesichts der für den Bund unentbehrlichen Fachkenntnisse und Erfahrungen der Kultusverwaltungen der Länder betonte die Bundesregierung, „größten Wert auf eine enge und fruchtbare Zusammenarbeit" zu legen, „insbesondere auch, weil die in dem Ausschuß vorzubereitenden Maßnahmen der Organe der EWG in erheblichem Maße Bereiche berühren können, die innerstaatlich nach der Zuständigkeitsverteilung des Grundgesetzes den Ländern zugewiesen sind"[73].

Die Stelle des „Stellvertretenden Mitgliedes" der Regierung der BRD wurde mit einem Fachbeamten aus dem Länderbereich besetzt. Nach Art. 2 der Satzung des Ausschusses kann er auch bei Anwesenheit der beiden Regierungsmitglieder[74] den Sitzungen des Ausschusses beiwohnen. Er hat in diesem Fall zwar kein Stimmrecht, kann sich aber an der Aussprache beteiligen, wenn er vom Vorsitzenden im Einvernehmen mit den beiden Vertretern der Bundesregierung hierzu aufgefordert wird. Im übrigen bestimmte die Bundesregierung für Stellung und Auftreten des Fachbeamten aus dem Länderbereich folgende Richtlinien[75]: Der Länderbeamte müsse vom Bund förmlich mit der *Vertretung des Bundes* beauftragt werden. Er könne nicht als Vertreter der Länder zugleich auch für den Bund auftreten, sondern nur — mit Einverständnis der Länder — als Person dem Bund zur Verfügung gestellt und in vollem Umfang den Weisungen des Bundes unterstellt werden. In dieser Eigenschaft sei er nicht mehr an Weisungen der

[71] *Hallstein*, EP, Verhandlungen 1961, Sitzung vom 17. 1. 1961 S. 48 und in Bull. EWG 1965 Nr. 8 S. 30.

[72] s. dazu Bericht des Präsidialausschusses („*Deringer*-Bericht") vom 5. 10. 1962, EP, Sitzungsdokument Nr. 74/1962—63 S. 38 f. *Bruns*, Staat und Wirtschaft im nationalen und übernationalen Recht, S. 122; *Knöpfle*, EuR 1968 S. 57.

[73] Schreiben des Bundesministers des Innern vom 5. 6. 1964 (*zu* BR-Drucks. 250/62) auf die Entschließung des Bundesrates vom 26. 10. 1962 (BR-Drucks. 250/62 — Beschluß —). Zur Erörterung dieses Schreibens in den Ausschüssen des Bundesrates vgl. *Schmitz-Wenzel*, Die deutschen Länder, S. 32 ff.

[74] Je ein Referent aus dem Bundesministerium für Wirtschaft und für Arbeit und Sozialordnung, vgl. die Bekanntmachung der Zusammensetzung des Ausschusses in ABl. Nr. 97 vom 26. 5. 1967, S. 1870.

[75] Schreiben des Bundesministers des Inneren, a.a.O., S. 3.

Länder gebunden. Zwar könne er von den Ländern den Auftrag erhalten, innerhalb der Delegation der Bundesrepublik zur Vorbereitung von Verhandlungen über die Auffassungen der Länder zu berichten. Nach außen hin aber sei es ihm versagt, Länderinteressen entgegen den ihm für die Ausschußsitzungen erteilten Weisungen zu verfolgen.

Diese Regelung war zunächst nur als Versuch gedacht, sie hat sich jedoch so zufriedenstellend bewährt, daß sie beibehalten werden soll. Eine für die Länder günstige Veränderung hat sich in der Praxis insofern eingespielt, als die Bundesregierung darauf verzichtet, eines der ordentlichen Mitglieder in die Sitzungen des Beratenden Ausschusses zu entsenden. Der Länderbeamte nimmt dadurch mit Stimm- und Mitspracherecht an den Ausschußsitzungen teil.

c) Eine unmittelbare Mitwirkung der Länder konnte der Bundesrat auch im Ständigen Agrarstrukturausschuß durchsetzen[76]. Dieser Ausschuß wurde auf Grund der Entscheidung des Rates vom 4. Dezember 1962 über die Koordinierung der Agrarstrukturpolitik[77] eingesetzt. Unter Vorsitz der Kommission besteht er aus Vertretern der Mitgliedstaaten und hat „die Behandlung der Strukturpolitik der Mitgliedstaaten sowie der von diesen vorgesehenen Maßnahmen und Programme zur Verbesserung der Agrarstruktur" zur Aufgabe. Hierzu hat der Ausschuß einerseits eine beratende Stellung; er sorgt für die gegenseitige Unterrichtung der Mitgliedstaaten und der Kommission auf dem Gebiet der Agrarstrukturpolitik, die Kommission zieht ihn bei agrarstrukturellen Fragen zu Rate[78].

Auf der anderen Seite hat er auch die Rechte eines Verwaltungsausschusses, nämlich im Bereich der Verordnung 17/64 EWG des Rates vom 5. Februar 1964 über die Bedingungen für die Beteiligung des Europäischen Ausrichtungs- und Garantiefonds für die Landwirtschaft (EAGFL)[79]. Soweit Zuschüsse aus der Abteilung Ausrichtung[80] dieses Fonds gewährt werden sollen, beschließt darüber der Ständige Agrarstrukturausschuß gemäß den Vorschriften des Verwaltungsausschuß-

---

[76] Vgl. BR-Drucks. 46/63 (Beschluß) und 257. Sitzung des Bundesrates vom 3. 5. 1963, StenBer. S. 96.

[77] ABl. Nr. 136 vom 17. 12. 1962 S. 2892.

[78] Art. 1 der Ratsentscheidung vom 4. 12. 1962.

[79] ABl. Nr. 34 vom 27. 2. 1964 S. 586; geänd. durch Art. 6 (4) VO 729/70 des Rates vom 21. 4. 1970, ABl. Nr. 94 vom 28. 4. 1970 S. 13.

[80] Nach Art. 11 der VO 17/64 betreffen die Maßnahmen der Abteilung Ausrichtung:
a) die Anpassung und Verbesserung der Produktionsbedingungen in der Landwirtschaft;
b) die Anpassung und Ausrichtung der landwirtschaftlichen Erzeugung;
c) die Anpassung und Verbesserung der Vermarktung landwirtschaftlicher Erzeugnisse;
d) die Förderung des Absatzes landwirtschaftlicher Erzeugnisse.

verfahrens[81]. Über die Finanzierungsmaßnahmen dieser Abteilung wird erheblicher Einfluß auf die Agrarpolitik der Mitgliedstaaten genommen. Diese müssen sich an der Finanzierung für ein bestimmtes Vorhaben auf ihrem Gebiet in der Regel mit 45 % der Gesamtinvestition beteiligen, weil die Zuschüsse des Fonds 25 % nicht überschreiten dürfen und die Eigenbeteiligung desjenigen, dem das Vorhaben zugute kommt, 30 % betragen muß[82]. Da in der Bundesrepublik diese Komplementärfinanzierung nur zum Teil vom Bund getragen wird[83], sind die Länder voll damit ausgelastet, den verbleibenden Finanzierungsblock zu verkraften. Der faktische Zwang zur Annahme von Zuschüssen, dem sich die Länder gerade im Bereich der Agrarsanierung ausgesetzt sehen, droht angesichts des stark angewachsenen Volumens des EAGFL ihre haushaltspolitische Handlungsfreiheit insoweit zu beschneiden[84].

So ist es ein nicht zu unterschätzender Ausgleich, daß ein Sachverständiger der Länder im Ständigen Agrarstrukturausschuß bei der Auswahl der Förderungsvorhaben mitwirken kann. Der Länderbeamte ist ordentliches Mitglied der deutschen Delegation[85]. Die Stimmabgabe erfolgt geschlossen nach einer Vorbesprechung in der Delegation, wobei die Auffassung des Ländervertreters bisher stets berücksichtigt worden ist. Nach jeder Sitzung werden die Länder von ihrem Beamten über den Verlauf und das Ergebnis schriftlich unterrichtet. Die Zusammenarbeit von Bund und Ländern im Ständigen Agrarstrukturausschuß wird von beiden Seiten als besonders eng und vorbildlich gekennzeichnet.

d) Der Bundesrat forderte auch in der Folgezeit stets eine Beteiligung von Sachverständigen aus dem Länderbereich, wenn es um die Besetzung von Ausschüssen ging, die den Aufgabenbereich der Länder berühren. Das zeigen folgende weitere Beispiele:

Durch die Verordnung Nr. 79/65 EWG des Rates vom 15. Juni 1965 zur Bildung eines Informationsnetzes landwirtschaftlicher Buchführungen über die Einkommenslage und die betriebswirtschaftlichen Verhältnisse landwirtschaftlicher Betriebe in der EWG[86] ist bei der

---

[81] Art. 21 i. V. m. Art. 19 der VO 17/64.

[82] Art. 18 VO 17/64.

[83] Nach Art. 91 a Abs. 4 Satz 2 GG mindestens zur Hälfte, nach § 10 des Gesetzes über die Gemeinschaftsaufgabe „Verbesserung der Agrarstruktur und des Küstenschutzes“ vom 3. 9. 1969 (BGBl. I S. 1573) 60 %.

[84] Die Mittel der Abteilung Ausrichtung des Fonds (Kap. LXXX des Haushaltsplans der EWG) betrugen im Haushaltsjahr 1965 25 674 000 Rechnungseinheiten (ABl. Nr. 92 vom 28. 5. 1965 S. 1588) und im Haushaltsjahr 1971 757 830 517 Rechnungseinheiten (ABl. Nr. L 62 vom 15. 3. 1971 S. 196).

[85] Die Länder übertrugen die Aufgaben demjenigen, der auch ihr Verbindungsmann im Rahmen der Verwaltungsausschüsse der Grundverordnungen ist — vgl. o. I 3 a mit Fn. 64.

[86] ABl. Nr. 109 vom 23. 6. 1965 S. 1859.

Kommission ein sog. Gemeinschaftsausschuß eingesetzt worden[87]. Dieser überprüft als Verwaltungsausschuß die Bestimmungen, die die Kommission zur Durchführung der Verordnung erläßt (z. B. Zahl der Buchführungsbetriebe in den jeweiligen Gebieten der Mitgliedstaaten, Zusammensetzung der Gebietsausschüsse, die ihrerseits für die Auswahl der buchführungspflichtigen Betriebe zuständig sind; Art der Buchführungsdaten, die die Betriebe aufnehmen müssen). Der Bundesrat bat die Bundesregierung, den Ländern im Rahmen der deutschen Delegation eine Mitwirkung im Gemeinschaftsausschuß zu ermöglichen, nicht zuletzt wohl deswegen, weil ihm im Interesse der Länderverwaltungen an einfachen Erhebungen gelegen war[88]. Den Ländern wurde zwar keine direkte Beteiligung an der deutschen Delegation eingeräumt; sie konnten jedoch zwei Verbindungsleute benennen, die ständigen Kontakt mit dem Bundesernährungsministerium halten und insbesondere vor jeder Sitzung des Gemeinschaftsausschusses von den Delegationsmitgliedern zu Rate gezogen werden. Im Ergebnis — so jedenfalls die Meinung der beteiligten Kreise — haben die Länder lediglich auf die Fahrt nach Brüssel verzichtet.

Noch nicht entschieden ist über eine Mitwirkung von Ländersachverständigen im Beratenden Ausschuß für öffentliche Bauaufträge[89] und im Ständigen Ausschuß für regionale Entwicklung[90].

II. Gesamt- und Einzelmaßnahmen der Länder

1. Der Beobachter der Länder bei den Europäischen Gemeinschaften

Um über alle in den Europäischen Gemeinschaften angeschnittenen Fragen insoweit lückenlos informiert zu werden, als Interessen der Länder betroffen sein könnten, haben sich diese eine besondere Einrichtung geschaffen, deren Ursprung sich bis zu den Verhandlungen über die Römischen Verträge zurückverfolgen läßt. Die Länder erreichten seinerzeit die Entsendung von zwei Vertretern in die deutsche Delegation für die Regierungsvertreterkonferenz von Val Duchesse bei Brüssel, die vom 26. Juni 1956 an mit der Ausarbeitung der Verträge zur Errichtung eines Gemeinsamen Marktes und einer Atomgemein-

---

87 Art. 17 der VO 79/65.

88 Vgl. BR-Drucks. 218/63 (Beschluß).

89 s. dazu BR-Drucks. 381/64 (Beschluß) unter II 2 und 455/65 unter III 1.

90 Vorschlag der Kommission für eine Entscheidung des Rates über die Mittel eines Vorgehens der Gemeinschaft auf dem Gebiet der regionalen Entwicklung, ABl. Nr. C 152 vom 28. 11. 1969 S. 6.

schaft betraut war[91]. Als nach Unterzeichnung der Verträge ab Oktober 1957 im Rahmen des sog. Maudling-Komitees über eine Freihandelszone zwischen den sechs Unterzeichnerstaaten und den restlichen Mitgliedern der Organisation für Europäische Wirtschaftliche Zusammenarbeit (OEEC) beraten wurde[92], war in der deutschen Delegation wiederum ein Vertreter der Länder beteiligt. Nachdem diese Verhandlungen im Dezember 1958 gescheitert waren und die Organe der EWG mit dem Inkrafttreten des Vertrages ihre Arbeit aufgenommen hatten, wollten die Länder die direkte Verbindung zu den Geschehnissen nicht mehr abreißen lassen. Sie forderten, auch bei der Verwirklichung der Ziele des EWG-Vertrages ihre Belange durch eine unmittelbare Verbindungsstelle zu den Gemeinschaftsorganen verfolgen zu können. Auf einer Konferenz der Ministerpräsidenten der Länder und des Wirtschafts- und Außenministers des Bundes kam es — mit Genehmigung des Bundeskanzlers — zu einem Kompromiß, demzufolge die Länder zu Informationszwecken einen Beobachter für EWG-Fragen bestellen konnten[93].

Die Formlosigkeit, die dieses „Gentlemen's Agreement" zwischen Bund und Ländern kennzeichnet, bestimmte auch die Ausgestaltung der Arbeitsweise des Beobachters der Länder in Brüssel. Da die Länder für diese Stelle denjenigen benannten, der schon im Maudling-Komitee ihre Vertretung wahrgenommen hatte, war seine Einarbeitung erleichtert. Nach dem Verfahren, das sich auf seine Initiative hin nunmehr eingespielt hat, kann der Beobachter der Länder an den — nicht öffentlichen — Sitzungen des Rates[94], des Ausschusses der Ständigen Vertreter und der Arbeitsgruppen als Begleitperson der deutschen Delegation mit strikt passiver Rolle teilnehmen. Zu den Sitzungen der Kommission hat er seiner Stellung und Aufgabe entsprechend keinen Zugang, ihm werden aber gleichzeitig mit der Zuleitung an den Rat alle Dokumente der Kommission über das Sekretariat des Rates übermittelt.

---

[91] Vgl. 176. Sitzung des Bundesrates vom 3. 5. 1957, StenBer. S. 613.

[92] Näheres dazu in *Siegler*, Dokumentation, S. 147 ff.; *Robertson*, European Institutions, S. 78 und 205 ff.; *Lindberg*, Political Dynamics, S. 117 ff. — Zur Bedeutung einer Großen Freihandelszone für die Wirtschaftsräume der nord- und süddeutschen Bundesländer vgl. 218. Sitzung des Bundesrates vom 6. 5. 1960, StenBer. S. 369 f.

[93] Der Länderbeobachter wurde seinerzeit von der Konferenz der Ministerpräsidenten gewählt. Seine Bestellung erfolgt nunmehr durch Wahl der Konferenz der Wirtschaftsminister der Länder, die durch die Ministerpräsidentenkonferenz bestätigt und der Bundesregierung zur Unterrichtung mitgeteilt wird.

[94] Vgl. Art. 3 Buchst. a der Vorläufigen Geschäftsordnung des Rates der EWG (Fundst.: s. o. Fn. 34). Nach Art. 3 Buchst. c können die Mitglieder des Rates jedoch zu ihrer Unterstützung Beamte hinzuziehen, sofern der Rat dies einstimmig genehmigt.

Die Informationsmöglichkeiten, die den Ländern durch ihren Beobachter eingeräumt sind, haben nicht etwa dadurch ihre eigenständige Bedeutung eingebüßt, daß sich das Verfahren nach Art. 2 Satz 2 ZustG zufriedenstellend entwickelt hat. Zum einen sind dem Beobachter der Länder, der an den Sitzungen des Bundesratsausschusses für Fragen der Europäischen Gemeinschaften regelmäßig teilnimmt, sämtliche Dokumente, die die Kommission an den Rat leitet, zugänglich, also auch Arbeitsprogramme, Memoranden oder sonstige politische Absichtserklärungen, die nicht immer zu Verhandlungen oder Beschlüssen im Rat führen müssen und daher nicht der Unterrichtungspflicht des Art. 2 Satz 2 ZustG unterliegen[95]. Zum anderen kann der Beobachter der Länder bisweilen auch innerhalb des Verfahrens nach Art. 2 Satz 2 ZustG eine wichtige Rolle spielen. Indem er dem Bundesrat und den einzelnen Länderministerien direkt und beschleunigt die Kommissionsvorschläge für Beschlüsse des Rates übermittelt, wird eine Stellungnahme des Bundesrates auch dann noch möglich, wenn die Fristen bis zur Beschlußfassung des Rates außergewöhnlich kurz sind, etwa weil die Kommission ihren Vorschlag auf Grund der Beratungen in den Arbeitsgruppen der Ständigen Vertreter abändert[96]. Von hervorragender Bedeutung dürfte schließlich der Erfahrungsschatz sein, den der Beobachter der Länder durch die Einsichtnahme aller Dokumente sammeln kann[97]. Hinzu kommen die vielfältigen Informationsmöglichkeiten, die ihm durch die Teilnahme an den Sitzungen des Rates und der Ständigen Vertreter offenstehen. So kann er die Länder nicht nur schneller und umfassender als gemäß Art. 2 ZustG möglich über die jeweils ablaufenden Ereignisse informieren, sondern auch Entwicklungslinien aufzeigen, die sich noch nicht in Dokumentationen niedergeschlagen haben. Wie wichtig es ist, möglichst frühzeitig von Vorhaben der Kommission Kenntnis zu erlangen, wurde bereits erwähnt[98].

2. EWG-Arbeitskreise und Fachministerkonferenzen

Das ihnen zugeleitete Informationsmaterial diskutieren die Länder in gemeinschaftlichen Beratungen. Die Hauptlast der Arbeit tragen sog.

[95] Die Kommission tendiert neuerdings verstärkt dazu, ihre eigentlichen Vorschläge für Beschlüsse des Rates durch Memoranden vorzubereiten. — Zwar unterrichtet die Bundesregierung von sich aus entsprechend dem Verfahren nach Art. 2 Satz 2 ZustG von Fall zu Fall auch über solche Dokumente (vgl. z. B. BR-Drucks. 167/68, 218/68, 11/69, 567/70, 621/70); daß diese Unterrichtung aber doch Lücken läßt, zeigen die Beispiele in BR-Drucks. 133/61, 170/64.

[96] Vgl. BR-Drucks. 524/63, 519/66, 232/67.

[97] In Stuttgart ist eine gemeinsame Zentrale eingerichtet worden, die alle Dokumente der Europäischen Gemeinschaften archiviert und auf Anforderung den Länderbehörden zur Verfügung stellt.

[98] s. o. I 3 b mit Fn. 72.

EWG-Arbeitskreise, die sich aus den EWG-Referenten der Landesministerien zusammensetzen. Sie sind formal von denjenigen Arbeitskreisen zu unterscheiden, die im Rahmen des Unterrichtungsverfahrens nach Art. 2 Satz 2 ZustG eingeschaltet werden, also in der Art eines Unterausschusses des Bundesrates die betreffende Drucksache beraten[99]. Die hier erwähnten Arbeitskreise beschäftigen sich vielmehr gerade mit solchen EWG-Fragen, die nicht aktueller Gegenstand der Bundesratsarbeit sind: Behandlung von Vorentwürfen der Kommission, auf die die Länder möglichst frühzeitig Einfluß nehmen wollen; allgemeine Beratung über die zukünftige Entwicklung; Beobachtung und Diskussion der laufenden Anwendung des EWG-Vertrages[100].

Es bestehen zur Zeit drei solcher Arbeitskreise: Die Grundsatzfragen werden im Arbeitskreis Wirtschaft diskutiert, in dem der Beobachter der Länder den Vorsitz führt. Zur Behandlung der Spezialfragen stehen die Arbeitskreise der EWG-Referenten für Landwirtschaft und der EWG-Verkehrsreferenten[101] zur Verfügung. Die Gründung weiterer Arbeitskreise für Sozialpolitik und Finanzen wird erwogen. Entsprechend dem derzeitigen Stand der europäischen Integration tritt der Arbeitskreis Landwirtschaft am häufigsten, etwa alle ein bis zwei Monate, zusammen. Angesichts des Arbeitsanfalls ist die Berichterstattung nach Materien auf die einzelnen Länder verteilt, z. B. Baden-Württemberg: Gemüse, Obst- und Gartenbau, Tabak; Bayern: Milch- und Fettwirtschaft, Forst- und Holzwirtschaft, Hopfen.

Die EWG-Arbeitskreise dienen nicht nur der Koordination der Länder untereinander. Bei allen Sitzungen nimmt ein Referent aus dem zuständigen Bundesministerium teil. Die Verflechtung der Ministerialbürokratien von Bund und Ländern, eine den deutschen Föderalismus kennzeichnende Erscheinung[102], dürfte auch im Bereich der EWG-Fragen sehr eng sein. Die Kommission der Europäischen Gemeinschaften ist ebenfalls in den Dialog einbezogen. Die Teilnahme von Beamten aus Brüssel im Direktoren- oder Generaldirektorenrang ist keine Seltenheit.

Bei Fragen von erheblichem politischem Gewicht beschränken sich die Arbeitskreise (ihrer Ebene entsprechend) darauf, vorbereitende Arbeit für sog. Länderfachministerkonferenzen zu leisten. Diese Konferenzen,

---

99 Vgl. o. I 2 b (2).

100 Es besteht allerdings meist Personenidentität zwischen beiden Arten von Arbeitskreisen, wie auch oft der eine im unmittelbaren zeitlichen Anschluß an den anderen tagt.

101 *Beine*, Staat und Wirtschaft im nationalen und übernationalen Recht, S. 72, 91.

102 Eine eingehende Darstellung zu den engen Kontakten zwischen Landes- und Bundesministerien im allgemeinen gibt *Kunze*, Kooperativer Föderalismus in der Bundesrepublik, S. 18, 21 ff., 32 f., 111 ff., 127 ff.

die meistens auch unter Beteiligung des zuständigen Bundesministers tagen, beschäftigen sich zunehmend mit EWG-Fragen. So hatten z. B. Konferenzen der Ernährungs-, Wirtschafts- und Verkehrsminister in den Jahren 1963 und 1964 jeweils beinahe die Hälfte der Tagesordnungspunkte für Fragen des Gemeinsamen Marktes reserviert[103].

Soweit schließlich Fragen des Erziehungs- und Ausbildungswesens sowie des Berufsrechts anstehen, wird die Ständige Konferenz der Kultusminister (KMK) mit ihrer umfangreichen Organisation als Koordinierungsstelle tätig. Das Sekretariat der KMK wird vom Beobachter der Länder mit allen einschlägigen Dokumenten versorgt. Eine 1965 gegründete „Arbeitsgruppe für Angelegenheiten der EWG" befaßt sich insbesondere mit den Äquivalenzproblemen im Niederlassungsrecht und Dienstleistungsverkehr[104].

Damit stehen für alle gemeinschaftsrechtlichen Materien, die den Aufgabenbereich der Länder berühren, institutionalisierte Besprechungen für eine gemeinsame Meinungs- und Willensbildung zur Verfügung. Die Länder können dem Bund abgestimmte Konzeptionen vorlegen, um ihre Anliegen verstärkt zur Geltung zu bringen.

3. EWG-Anpassungsprogramme

Eine fortschreitende wirtschaftliche Integration der Mitgliedstaaten wird dazu führen, daß in vielen Fragen einheitliche Maßnahmen der deutschen Bundesländer keine Lösung bieten. Jedes einzelne Land wird sich zunehmend vor verschiedenartige Aufgaben gestellt sehen, wenn es sich möglichst reibungslos in den neuentstehenden Großwirtschaftsraum eingliedern will. Schon jetzt, am Beginn dieser Entwicklung, haben einige Länder EWG-Anpassungsprogramme aufgestellt, um einer geordneten Umstrukturierung ihrer Wirtschaft den Weg zu ebnen.

Als erste hat die Landesregierung von Schleswig-Holstein ein Programm erstellt, das in seiner Gesamtkonzeption hauptsächlich den Schwierigkeiten zu begegnen versucht, die aus der nachteiligen Randlage bei einer „Gemeinschaft der Sechs" entstehen. Daneben wird aber Schleswig-Holsteins Stellung als „Brücke zum europäischen Norden" für den Fall einer Erweiterung des Gemeinsamen Marktes durch den — im Programm nachdrücklich geforderten — Beitritt der skandinavischen Länder vorbereitet. Ein Katalog detaillierter Maßnahmen zur Förderung

---

[103] Vgl. die Aufzählung bei *Kunze*, S. 119 f.

[104] Vgl. *Schmitz-Wenzel*, Die deutschen Länder, S. 246 ff.

der einzelnen Wirtschaftszweige und zur Verbesserung der Energieversorgung und Verkehrsinfrastruktur soll beiden Möglichkeiten Rechnung tragen. Für die Aufbringung der erforderlichen Mittel rechnet das Land nicht nur mit Hilfe seitens des Bundes, sondern auch der EWG. Schleswig-Holstein wird gleichermaßen als „ein deutsches Bundesland und eine Region des Gemeinsamen Marktes der Europäischen Wirtschaftsgemeinschaft“ gekennzeichnet[105].

Dem Beispiel Schleswig-Holsteins sind 1964 Niedersachsen[106] und 1967 Bayern[107] gefolgt. Auch diese beiden Länder heben vor allem ihre Standortnachteile als Randgebiete der EWG hervor[108]. Die Tatsache, daß die Nachteile der Randgebietslage der Länder Schleswig-Holstein, Niedersachsen und Bayern in dem vergrößerten Wirtschaftsraum des Gemeinsamen Marktes sich stärker bemerkbar machen werden, ist wohl auch der einzige Anhaltspunkt, um die Auswirkungen der Integration auf die Wirtschaftsräume einzelner Bundesländer schon jetzt volkswirtschaftlich zu quantifizieren. Die anderen Länder haben sich dementsprechend darauf beschränkt, die Aussagen, die sich über die Auswirkungen des Gemeinsamen Marktes machen lassen, in ihre allgemeinen Vorstellungen oder Strukturprogramme einzuordnen[109].

4. Direkte Kontakte mit der Kommission

Die Länder haben es nicht dabei bewenden lassen, nur rezeptiv ihre wirtschaftspolitischen Pläne an die Bestimmungen der Verträge und die Kompetenzen der Europäischen Gemeinschaften anzupassen. Schon bald nach Gründung der EWG haben sie direkte Kontakte mit der Kommission aufgenommen. Von der Ebene der Fachreferenten bis zu „Staatsbesuchen“ der Ministerpräsidenten mit protokollarischen Empfängen durch den Präsidenten der Kommission sind Besuche von

---

105 Die Wirtschaft Schleswig-Holsteins in der europäischen Integration. Ein Arbeitsprogramm der Landesregierung, Kiel 1963, S. 3, 26 f., 177.

106 Wirtschaft und Verkehr des Landes Niedersachsen im Übergang zum Gemeinsamen Markt. Stand November 1964. Der Niedersächsische Minister für Wirtschaft und Verkehr.

107 Die Anpassung Bayerns an die EWG. Chancen, Probleme und Aufgaben. Bayerisches Staatsministerium für Wirtschaft und Verkehr — Landesplanungsstelle, 1967.

108 S. 5, 10, 35 des niedersächsischen und S. 5, 9, 13 ff. des bayerischen Programms.

109 Vgl. z. B. für Baden-Württemberg, Programm zur Förderung der gewerblichen Wirtschaft — Strukturentwicklungsprogramm, 1966, S. 4; „Leitlinien der Hamburger Wirtschaftspolitik“, 1965, Nr. 333 (dazu *Ipsen*, Festschrift Schack, S. 60); Große Hessenplan, Heft 2, Wiesbaden 1968, S. 52; Denkschrift: Notwendige Maßnahmen zur Verbesserung der Landesstruktur in Nordrhein-Westfalen, 2. Teil, 1966, S. 8 ff., 21, 26.

Ländervertretern in Brüssel zu einer regulären Erscheinung geworden[110].

Ob diese Kontakte die Grenzen gegenseitiger Information überschreiten und regionalpartikularistische Interessen der Länder eine Berücksichtigung über den von vornherein festgelegten Umfang hinaus finden[111], läßt sich insgesamt schwer beurteilen. Offizielle Verlautbarungen sprechen meist nur davon, der Besuch habe der wechselseitigen Unterrichtung über die besonderen Probleme des Landes im Gemeinsamen Markt gedient[112]. Es lassen sich jedoch konkrete Beispiele dafür geben, daß die Länder in direkten Verhandlungen mit der Kommission Forderungen stellen, bisweilen wohl nicht ohne Erfolg.

Die schleswig-holsteinische Landesregierung hat 1963 und 1964 in Brüssel verhandelt, um für die Maßnahmen ihres EWG-Anpassungsprogramms finanzielle Unterstützung zu erhalten; der Ministerpräsident hat diese Verhandlungen als erfolgreich bezeichnet[113]. Bayern ist wiederholt an die Kommission mit der Forderung herangetreten, daß die konzipierte liberale Verkehrspolitik nicht die regionalpolitischen Belange des Landes gefährden dürfe; es hat für seinen Standpunkt wachsendes Verständnis gefunden[114]. Der niedersächsische Landwirtschaftsminister suchte im Dezember 1968 das Kommissionsmitglied Mansholt zu einem Gespräch über das Memorandum der Kommission zur Reform der Landwirtschaft in der EWG auf und erklärte anschließend vor der Presse, der Mansholt-Plan brauche die niedersächsische Landwirtschaft in keiner Weise zu beunruhigen. Mansholt habe sich erstmalig zur Notwendigkeit der Nebenerwerbslandwirtschaft bekannt[115]. Als die Kommission Anfang 1968 den Vorschlag für eine Richtlinie des Rates über die Harmonisierung der Rechts- und Verwaltungsvorschriften über Freizonen ausarbeitete, vertrat sie ursprünglich die Auffassung, daß das Hamburger Freihandelsprivileg aus

---

[110] Vgl. *Kölble*, DÖV 1965 S. 145 m. Fn. 3; *Ipsen*, Festschrift Hallstein, S. 258 m. Fn. 32; *Schmitz-Wenzel*, Die deutschen Länder, S. 113 f., 147 ff.

[111] Wie es *Ipsen*, ebd., S. 258 anzunehmen scheint.

[112] Vgl. z. B. Bull. EWG 11 — 1963, S. 44 zum Besuch des Hamburger Ersten Bürgermeisters am 19. 9. 1963; Bull. 9/10 — 1965, S. 60: Besuch des stellv. Ministerpräsidenten von Schleswig-Holstein am 2. 7. 1965; Bull. 12 — 1965, S. 65: Besuch des bayerischen Landwirtschaftsministers am 4. und 5. 11. 1965.

[113] Die Welt vom 1. 11. 1963, S. 2; *Lemke*, Tendenzen wirtschaftlicher Entwicklung im nördlichen Landesteil, Informationsdienst, S. 190; ders., Schleswig-Holstein in Europa, S. 3 f.

[114] Vgl. Die Anpassung Bayerns an die EWG, S. 24, wo insbesondere auf ein bayerisches Memorandum zur Frage der EWG-Verkehrstarifpolitik an den Präsidenten der Kommission vom 14. 7. 1966 eingegangen wird.

[115] FAZ vom 14. 12. 1968, S. 19.

dem Jahre 1881 mit einer Zollunion nicht vereinbar sei[116]. Der Hamburger Erste Bürgermeister führte in Brüssel Gespräche mit dem Präsidenten sowie den für Regionalpolitik und Verkehr zuständigen Mitgliedern der Kommission. Die Kommission erklärte sich daraufhin bereit, ihren Standpunkt zu überprüfen[117]. Die vom Rat verabschiedete Neufassung des Vorschlags enthält eine Ausnahmeklausel zugunsten des Hamburger Freihafens[118]. Der schleswig-holsteinische Ministerpräsident wurde ebenfalls bei der Kommission vorstellig und konnte sie davon überzeugen, daß die Zollfreiheit Helgolands ökonomische Belange der EWG nicht berühren würde, für die ausschließlich vom Fremdenverkehr existierende Insel aber eine Lebensvoraussetzung sei[119].

Bei ihren Kontakten mit der Kommission scheinen die Länder häufig ohne vorherige Abstimmung mit der Bundesregierung vorzugehen und sie auch nicht über das Ergebnis zu unterrichten. *Von Meibom* hat auf die Folgen hingewiesen: Die den Ländern gebotene Möglichkeit, ihren Standpunkt zu geplanten Gemeinschaftsmaßnahmen mit den zuständigen Stellen der Gemeinschaft vorzubesprechen, kann dazu führen, daß die spätere Stellungnahme des Bundes in den eigentlichen EWG-Verhandlungen gewissermaßen „unterlaufen" wird, vor allem, wenn die Einstellung anderer Mitgliedstaaten den selbständigen Vorstellungen einzelner Länder entgegenkommt[120].

III. Bund-Länder-Vereinbarungen

Die Zusammenarbeit von Bund und Ländern ist in der Staatspraxis durch eine Vielzahl von Vereinbarungen gekennzeichnet, die von

---

116 FAZ vom 29. 3. 1968, S. 4 und vom 7. 5. 1968, S. 6. Zum Verhältnis des Freihafenstatuts zum Gemeinschaftsrecht vgl. *Ipsen*, Festschrift Schack, S. 62 ff.

117 FAZ vom 7. 5. 1968 S. 6.

118 Art. 4 Abs. 2 der Richtlinie des Rates vom 4. 3. 1969, ABl. Nr. L 58 vom 8. 3. 1969 S. 12.

119 FAZ vom 29. 3. 1968 S. 4. Im Vorschlag der Kommission vom 3. 4. 1968 (ABl. Nr. C 44 vom 9. 5. 1968 S. 50) heißt es dementsprechend in den Gründen: „Die für Helgoland geltenden Zollvorteile bestehen ausschließlich in der Möglichkeit, frei von Zöllen, Abschöpfungen und Abgaben gleicher Wirkung Waren einzuführen, die dazu bestimmt sind, auf der Insel verbraucht zu werden; die Insel ist in der Tat klein; die Bevölkerung ist gering; die Insel hat keinen Hafen und keine Industrie; ferner ist die Insel weit vom Festland entfernt; die Auswirkungen, die diese Zollvorteile auf den Gemeinsamen Markt haben können, sind aus diesen Gründen nicht erwähnenswert. Die Insel Helgoland braucht daher nicht in den Anwendungsbereich dieser Richtlinie unter der Voraussetzung aufgenommen zu werden, daß die jetzige wirtschaftliche Lage nicht verändert wird."

120 Zur Stellung der Mitgliedstaaten im Europarecht, S. 161 f.

unverbindlichen Absprachen bis zu förmlichen Abkommen reichen[121]. Auch im Bereich der internationalen Beziehungen ist eine grundsätzliche Klärung versucht worden.

1. Lindauer Abkommen

Die Frage, wie weit die Befugnis des Bundes zum Abschluß und zur Ratifikation völkerrechtlicher Verträge reicht, wenn diese Gegenstände der ausschließlichen Landesgesetzgebung regeln, ist im sog. Lindauer Abkommen behandelt, das einen Kompromiß der entgegengesetzten Standpunkte enthält. Während die Länder meinten, daß es dem Bund entweder überhaupt verwehrt sei, solche Verträge abzuschließen (sog. süddeutsche Auffassung), oder daß er jedenfalls diese Verträge nicht in innerstaatliches Recht transformieren könne (sog. norddeutsche Auffassung), beanspruchte der Bund unter Berufung auf Art. 32 GG die Kompetenz für beides, Abschluß wie Transformation[122].

Ohne Präjudiz für ihre Auffassung erklärten sich die Länder im Lindauer Abkommen bereit, dem Bund durch eine extensive Auslegung der Art. 73 Nr. 1 und 5 und 74 Nr. 4 GG entgegenzukommen. Bei Abschluß von Verträgen, die darüber hinausgehen, ist wie folgt zu verfahren:

„Soweit völkerrechtliche Verträge auf Gebieten der ausschließlichen Zuständigkeit der Länder eine Verpflichtung des Bundes oder der Länder begründen sollen, soll das Einverständnis der Länder herbeigeführt werden. Dieses Einverständnis soll vorliegen, bevor die Verpflichtung völkerrechtlich verbindlich wird. Falls die Bundesregierung einen solchen Vertrag dem Bundesrat gemäß Art. 59 Abs. 2 GG zuleitet, wird sie die Länder spätestens zum gleichen Zeitpunkt um die Erteilung des Einverständnisses bitten ...

Es wird weiter vereinbart, daß bei Verträgen, welche wesentliche Interessen der Länder berühren, gleichgültig, ob sie die ausschließliche Kompetenz der Länder betreffen oder nicht

a) die Länder möglichst frühzeitig über den beabsichtigten Abschluß derartiger Verträge unterrichtet werden, damit sie rechtzeitig ihre Wünsche geltend machen können,

b) ein ständiges Gremium aus Vertretern der Länder gebildet wird, das als Gesprächspartner für das Auswärtige Amt oder die sonst zuständigen Fachressorts des Bundes im Zeitpunkt der Aushandlung internationaler Verträge zur Verfügung steht ...[123]."

Dieses Gremium, die sog. Ständige Vertragskommission der Länder, ist 1958 eingerichtet worden. Entsprechend dem Lindauer Abkommen

---

[121] Dazu insbes. *Kölble*, DÖV 60 S. 650 ff.; *Grawert*, Verwaltungsabkommen zwischen Bund und Ländern in der BRD.

[122] Siehe dazu den Bericht des Rechtsausschusses in der 176. Sitzung des Bundesrates vom 3. 5. 1957, StenBer. S. 643.

[123] Der volle Wortlaut findet sich bei *Bräutigam*, ZaöRV 20 S. 116 Fn. 102 und *Maunz* in: Maunz - Dürig - Herzog, Art. 32 Rdnr. 45.

ist bei mehreren Europäischen Kulturabkommen verfahren worden[124]. Dagegen hat es, soweit ersichtlich, für die Anwendung der Verträge der Europäischen Gemeinschaften keine Bedeutung gewonnen.

2. Absprache der „Kramer-Heubl-Kommission"

Die Ministerpräsidenten der Länder beschlossen auf einer Konferenz vom 10./12. Juni 1963 in Saarbrücken, eine Kommission einzusetzen, die mit der Bundesregierung neben allgemeinen Fragen der Zusammenarbeit von Bund und Ländern im auswärtigen Bereich die Möglichkeit einer Ländermitwirkung an der Arbeit in den Europäischen Gemeinschaften erörtern sollte. Als Vorsitzender der Kommission wurde zunächst Senator Kramer (Hamburg) bestellt, 1966 trat Staatsminister Heubl (Bayern) an seine Stelle. Von seiten des Bundes wurden die Staatssekretäre des Auswärtigen Amtes und des Bundesministers des Inneren mit der Verhandlungsleitung betraut. Nach jahrelangen Referentenbesprechungen konnte im Sommer 1968 das Ergebnis in einer Vorlage zusammengefaßt werden, die allseitige Billigung fand und den zuständigen Ressorts der Bundesregierung und der Landesregierungen mit der Bitte zugeleitet wurde, danach zu verfahren.

Die erarbeitete Lösung unterteilt den Fragenkreis der Ländermitwirkung in den Europäischen Gemeinschaften in drei Komplexe: Anwendungsfälle unmittelbarer Länderbeteiligung, Verfahren bei der Heranziehung von Ländervertretern sowie deren Stellung und Aufgaben[125].

Die Frage, in welchen Fällen Länderbeamte beteiligt werden sollen, erwies sich als besonders schwierig. Bund und Länder konnten sich insoweit nicht auf einen gemeinsamen rechtlichen Ausgangspunkt einigen. Die Länderseite meinte, das Handeln eines Mitgliedstaates im Rahmen der Europäischen Gemeinschaften könne „nicht mehr im Sinne der Wahrnehmung von Beziehungen eines Staates zu anderen Völkerrechtssubjekten, sondern als ein solches integrierter Träger dieser Gemeinschaften verstanden werden". Eine unmittelbare Länderbeteiligung erscheine mit Rücksicht darauf geboten, daß den Europäischen Gemeinschaften auch Kompetenzen der Länder übertragen und unmittelbare Rechtsetzungsbefugnisse eingeräumt seien. Die Bundesseite meinte demgegenüber, daß sich aus dem Grundgesetz in dieser Beziehung nichts ergebe, im Gegenteil Art. 32 Abs. 2 GG dahin auszulegen sei, daß die Mitwirkung der Länder hierin abschließend geregelt sei. Es bestehe mithin kein Rechtsanspruch der Länder auf unmittelbare Beteiligung;

---

124 Vgl. z. B. die BR-Drucks. 516/63, 437/64, 277/65, 381/66, 326/68.

125 Vgl. die auszugsweise Wiedergabe der Referentenvorlage bei *von Meibom*, NJW 1968 S. 1608 f.

ausgehend vom Grundsatz der gegenseitigen Bundestreue müsse darüber fallweise entschieden werden, wobei die innerstaatliche Zuständigkeit hierfür nur mittelbar eine mehr allgemeine Grundlage bilde. Innerhalb der Europäischen Gemeinschaften könne lediglich bei gewissen Fachausschüssen eine Hinzuziehung in Betracht gezogen werden. Dabei spiele der faktische Zwang eine Rolle, die deutsche Delegation in einem etwa adäquaten Größenverhältnis zu anderen Delegationen zu halten.

Unbeschadet der unterschiedlichen Rechtsauffassung zu Art. 32 GG einigte man sich aber wenigstens in einem grob umrissenen Rahmen auf eine Abgrenzung für die Mitwirkung der Länder. Eine Beteiligung von Persönlichkeiten aus dem Länderbereich kommt in Betracht, wenn

a) der Bund wegen der innerstaatlichen Zuständigkeitsverteilung keine eigenen Fachkräfte besitzt,
b) zur Erreichung eines optimalen Verhandlungsergebnisses eine Ergänzung der Fachkunde notwendig erscheint,
c) der Verhandlungsgegenstand wesentliche Belange der betroffenen Länder berührt.

Für das Verfahren bei der Benennung von Ländervertretern ist eine Kontaktstelle bei dem Vorsitzenden der Ständigen Vertragskommission der Länder[126] eingerichtet worden. Soweit eine Mitwirkung von Länderbeamten erfolgen soll, wendet sich der Bund (Fachressort) an die Kontaktstelle mit dem Ersuchen, ihm Fachkräfte aus dem Länderbereich namhaft zu machen. Der Bund ist dabei berechtigt, seinerseits Hinweise auf geeignete Persönlichkeiten zu geben. Die Länder werden solche Hinweise prüfen und bei Zweifeln an ihrer Zweckmäßigkeit sich bemühen, in Gesprächen mit dem Bund eine Übereinstimmung herbeizuführen.

Für die Stellung und Aufgaben des benannten Ländervertreters dürfte die Regelung Pate gestanden haben, die bei der Mitwirkung eines Länderbeamten im Beratenden Ausschuß für Berufsausbildung getroffen worden war[127]. Es kehrt hier die Aufspaltung wieder zwischen dem Auftreten nach außen in den Verhandlungen selbst und der Stellung innerhalb der deutschen Delegation bei der Vorbereitung der Verhandlungslinie. Nach außen hat die Persönlichkeit aus dem Länderbereich als Regierungsvertreter des verhandelnden Völkerrechtssubjektes BRD aufzutreten und nimmt eine ihr ad personam anvertraute Aufgabe gegenüber dem Verhandlungspartner auf Grund einer Ermächtigung des Bundes wahr. Die nach außen zu vertretende Konzeption ist die für die Verhandlung erarbeitete Auffassung der Bundesre-

---

126 s. o. III 1 a. E.

127 s. o. I 3 b.

gierung. Die eigentliche Mitwirkung der Länder greift nur staatsintern bei der Vorbereitung der Verhandlungslinie Platz. Hier vermittelt der Beamte der Länder als deren weisungsgebundener Vertreter und als Gesprächspartner des Bundes die fachlichen und politischen Belange der Länder. Die jeweiligen Vorstellungen der Länder und der Bundesregierung sollen unter dem übergeordneten Gesichtspunkt der Bundestreue einander angepaßt werden. Die Pflicht zum bundesfreundlichen Verhalten der Länder verlangt von diesen, ihren Vertreter mit Weisungen zu versehen, die es ihm ermöglichen, den Länderbeitrag in die auswärtige Gesamtinteressenlage der Bundesrepublik einzufügen. Im Sinne länderfreundlichen Verhaltens hat der Bund den Länderbeitrag sorgfältig zu prüfen und ihn in die Gesamtkonzeption des nach außen Vorzutragenden einzufügen. Dabei kann gesamtpolitisch bei sinnvoller Interessenabwägung sich ein Vorrang der Argumente, die den auswärtigen Beziehungen der BRD Rechnung tragen, als notwendig erweisen.

Die Absprache der Kramer-Heubl-Kommission wird in den kommenden Jahren Grundlage für die Stellung der Länder im Bereich der Europäischen Gemeinschaften sein. Sie wird zunächst in der Praxis erprobt, damit nicht vorzeitig unvollkommene Regelungen mit verbindlicher Wirkung geschaffen werden. Für den Fall, daß sich die vorgeschlagenen Lösungen nicht bewähren oder nicht eingehalten werden sollten, ist eine erneute Einschaltung der Kommission vorgesehen.

IV. Bundesregierung

Für die grundsätzliche Haltung der Bundesregierung zur Stellung der Bundesländer in der europäischen Integration ist die Antwort auf eine Große Anfrage „betr. Weiterentwicklung des föderativen Systems" kennzeichnend[128]. Die Regierung wurde gefragt, ob sie der Auffassung sei, daß das Grundgesetz nach Verabschiedung der Finanzreform den Anforderungen genüge, die in unserer Zeit an einen demokratischen und sozialen Rechtsstaat in einem sich zusammenschließenden Kontinent gestellt werden müßten. Insbesondere wollten die Abgeordneten wissen, ob die Bundesregierung die Zuständigkeit des Bundes für ausreichend erachte, um die Erfüllung der durch den Beitritt zu den Europäischen Gemeinschaften übernommenen Verpflichtungen zu gewährleisten.

In ihrer Antwort unterschied die Bundesregierung[129]:

---

[128] BT-Drucks. V/3099 (neu).

[129] BT-Drucks. V/4002 unter 7.

Die innerstaatlich gültige Zuständigkeitsverteilung werde sich für die Ausführung des Gemeinschaftsrechts als nicht allzu störend auswirken. Die verwaltungsmäßige Ausführung könne mit einer entsprechenden Anwendung der Art. 84 ff. GG gewährleistet werden. Soweit gesetzgeberische Maßnahmen notwendig würden, könnten sie den Landesgesetzgebern in den ihrer ausschließlichen Zuständigkeit unterliegenden Bereichen überlassen bleiben. Die Bundesregierung sehe bis jetzt keinen Grund zu der Annahme, daß sich die Länder ihren Verpflichtungen in dieser Beziehung entziehen würden.

Eine verfassungsrechtliche Strukturschwäche unserer bundesstaatlichen Ordnung sei aber darin zu sehen, daß das Verhältnis zwischen Bund und Gliedern im Hinblick auf die Wahrnehmung der auswärtigen Beziehungen nicht klar genug im Sinne des Bundes geregelt sei. Die Entscheidungs- und Aktionsfähigkeit des Gesamtstaates sei hierdurch beeinträchtigt. In diesem Zusammenhang wies die Bundesregierung darauf hin, daß die Zusammenarbeit bei Auslandsreisen von Repräsentanten der Länder, die in laufend steigender Zahl stattfänden, zu wünschen übrig lasse. Auf die Dauer erscheine eine befriedigende Regelung durch den Verfassungsgeber erstrebenswert.

In der Praxis versucht die Bundesregierung dem beklagten selbständigen Auftreten der Länder über den innerstaatlichen Bereich hinaus vor allem dadurch entgegenzutreten, daß sie deren Verlangen nach Information und Mitwirkung möglichst weitgehend erfüllt. Neben der Notwendigkeit, die Erfahrung der Länderbürokratie zu nutzen, dürfte dies der Grund dafür sein, daß sich die Länder mit vielen ihrer Forderungen durchsetzen konnten[130]. Die Bundesregierung hat sich nicht nur darauf beschränkt, Forderungen entgegenzukommen; sie hat auch ihrerseits die Initiative zur Zusammenarbeit ergriffen, um den Ländern die Gewißheit zu geben, daß sie ihre Interessen in Zusammenarbeit mit der Bundesregierung verfolgen können und nicht den direkten Weg nach Brüssel einschlagen müssen.

Institutionalisiert hat sich diese Zusammenarbeit in Form von sog. Länderreferentenbesprechungen. Auf Einladung und unter der Leitung des jeweiligen Fachreferenten der Bundesministerien werden mit den entsprechenden Referenten aus den Ländern in periodischen Besprechungen die allgemeine Entwicklung in den Europäischen Gemeinschaften ebenso diskutiert wie Detailfragen zu bevorstehenden Rechtsakten und deren Durchführung. Die Länderreferenten können die Wünsche und Bedenken ihrer Regierungen verfechten, der Bundesreferent berichtet über die Haltung der anderen Mitgliedstaaten. In gemeinsamer Erörterung wird versucht, eine Lösung zu erarbeiten,

[130] Vgl. dazu auch *von Meibom*, Zur Stellung der Mitgliedstaaten im Europarecht, S. 160.

die sich sowohl mit dem Gesamtinteresse des Bundes als auch mit dem Standpunkt der anderen Mitgliedstaaten vereinbaren läßt. Entsprechend dem Stand der Integration treten die Agrarreferenten besonders häufig zusammen[131]. Ähnliche Besprechungen finden, wenn auch wesentlich seltener, auf der Ebene der Abteilungsleiter statt. Zweimal im Jahr tagt auf Einladung des Bundeswirtschaftsministers der Ausschuß für Fragen der Europäischen Gemeinschaften des Bundesrates auf Ministerebene.

Von Fall zu Fall zieht die Bundesregierung Ländervertreter zu den Expertengesprächen in den Arbeitsgruppen beim Rat hinzu. Ein Abgesandter der Kultusministerkonferenz nimmt z. B. neben Vertretern des Bundeswirtschaftsministeriums in einigen der Arbeitsgruppen teil, die sich mit den Vorschlägen der Kommission zu Richtlinien für die gegenseitige Anerkennung der Diplome, Prüfungszeugnisse und sonstigen Befähigungsnachweise gemäß Art. 57 Abs. 1 EWGV befassen[132].

Es bleibt abzuwarten, wie weit die Bundesregierung die Länder dazu bewegen kann, die Zusammenarbeit auch bei den unmittelbaren Kontakten mit der Kommission zu pflegen. Daß die Länder auf diese Kontakte verzichten könnten, erscheint zweifelhaft. Der Grund dafür ist auch im Verhalten der Kommission zu suchen.

V. Kommission der Europäischen Gemeinschaften

Die Kontakte der deutschen Bundesländer mit der Kommission verlaufen keineswegs einseitig, sondern werden mit ständigen Gegenbesuchen in den Landeshauptstädten erwidert[133]. Insbesondere auf dem Gebiet der Regionalpolitik ist der Kommission an unmittelbaren Beziehungen sehr gelegen. Daß es ihr dabei nicht um einen bloßen Erfahrungsaustausch geht, hat das mit den Fragen der Regionalpolitik betraute Kommissionsmitglied vor dem Europäischen Parlament unmißverständlich zu erkennen gegeben:

> „Es muß ein Gespräch zwischen den verschiedenen Stellen, die sich mit den regionalen Fragen beschäftigen, zustandekommen. Ich denke hier z. B. für die Bundesrepublik Deutschland an die Regierungen der Länder ... Es handelt sich nicht nur um Kontakte, sondern um eine Zusammenarbeit[134]."

---

[131] Nach einer Auskunft des Bundesernährungsministeriums ergaben sich 1968/69 für die einzelnen Fachgebiete folgende Sitzungszahlen:
Fleisch: 12, Geflügel: 6, Getreide: 11, Milch: 16, Zucker: 4.

[132] Vgl. *Bruns*, Diskussionsbeitrag in Staat und Wirtschaft im nationalen und übernationalen Recht, S. 155; *Fuß*, VVDStRL 23 S. 229.

[133] Vgl. die Beispiele bei *Schmitz-Wenzel*, Die deutschen Länder, S. 150 ff.

[134] *Marjolin* in der Sitzung vom 22. 1. 1964, EP, Verhandlungen 1963—64, StenBer. S. 116.

So fanden die EWG-Anpassungsprogramme der Länder seitens der Kommission besondere Anerkennung und die Versicherung, daß die vorgeschlagenen Lösungen sorgfältig beachtet würden[135]. Auch zu einzelnen Strukturmaßnahmen hat die Kommission mit den Landesbehörden Verbindung aufgenommen. Als Bremen 1961 die Borgward-Automobilwerke durch Zuschüsse vor dem Zusammenbruch bewahren wollte, wurde die Kommission nicht nur bei der Bundesregierung vorstellig, sondern wies auch den zuständigen Senatsdirektor auf ihre Kontroll- und Entscheidungsbefugnisse nach Art. 93 EWGV hin[136]. Als Nordrhein-Westfalen 1965 dem Landkreis Unna Kredithilfe für die Ansiedlung eines Zweigwerkes des amerikanischen Chemiekonzerns Du Pont gewähren wollte, ersuchte zwar die Kommission zunächst die Bundesregierung um Auskunft und teilte dieser ihre ablehnende Haltung mit[137]. Die eigentlichen Verhandlungen wurden jedoch unmittelbar zwischen der Generaldirektion Wettbewerb und der Landesregierung geführt. Die für die Fragen Wettbewerb und Regionalpolitik zuständigen Kommissionsmitglieder gaben bei einem Besuch in Düsseldorf schließlich ihre Einwilligung.

Die Kommission hat die volle Unterstützung des Europäischen Parlamentes gefunden; dieses „erachtet die Aufnahme ständiger enger Kontakte zwischen den Gemeinschaftsinstanzen und den die Regionen vertretenden Persönlichkeiten als wesentlich für eine wirklich demokratische Zusammenarbeit in diesem Bereich"[138]. Weniger zustimmend ist die Haltung der Regierungen der Mitgliedstaaten, sie halten es für wünschenswert, daß die Kommission „in geeigneter Weise über die Ständigen Vertreter mit den Regierungen der Mitgliedstaaten Fühlung nimmt"[139]. Die Kommission hat jedoch diesem Wunsch nie Folge gelei-

---

[135] *Marjolin*, S. 50. Darüber hinaus hat die Kommission verschiedentlich mit Bundesländern Untersuchungen zu den Verbesserungsmöglichkeiten der Wirtschaftsstruktur bestimmter Gebiete in Auftrag gegeben, z. B. im Fall Hunsrück-Eifel mit, im Fall Ostbayern ohne Einschaltung der Bundesregierung. Vgl. 7. Gesamtbericht der EWG-Kommission, 1964, S. 163 und 10. Gesamtbericht, 1967, S. 193.

[136] Diskussionsbeitrag *Springstub*, Staat und Wirtschaft im nationalen und übernationalen Recht, S. 149.

[137] Vgl. FAZ Nr. 139 vom 19. 6. 1965 S. 9; VWD Nr. 96 und 97 vom 24. und 25. 4. 1966.

[138] Entschließung zur Ersten Mitteilung der EWG-Kommission über die Regionalpolitik in der EWG (II/SEK — 65 — 1170/endg.) zu Nr. 16, ABl. Nr. 130 vom 19. 7. 1966 S. 2427.

[139] Beschlüsse der außerordentlichen Tagung des EWG-Rates in Luxemburg vom 29. 1. 1966 zur Zusammenarbeit zwischen Rat und Kommission (sog. Heptalog) unter Nr. 1, Bull. EWG 3—1966 S. 8. Die zitierte Wendung zielte zwar primär darauf ab, die Kommission vor Erlaß eines Vorschlages mit den Wünschen der Mitgliedsregierungen zu konfrontieren; zugleich aber sollten damit alle Kontakte der Kommission kanalisiert werden. Vgl. die gegen diesen Versuch gerichtete Erklärung der Kommission in Bull. EWG

stet und ist stets bei ihrer Auffassung geblieben, daß „für die Art und Herstellung derartiger Kontakte eine gewisse Elastizität und ein bestimmtes Maß an Bewegungsfreiheit“ gewährleistet sein müsse[140].

Was die BRD anbetrifft, hat dies zur Folge, daß die Kommission Besprechungen und Verhandlungen mit den Ländern führt, ohne die Bundesregierung hiervon in Kenntnis zu setzen[141].

VI. Zusammenfassung

Die Darstellung der Staatspraxis dürfte gezeigt haben, daß die befürchtete Liquidierung der Länder durch die auswärtige Politik nicht stattgefunden hat. Die Länder haben sich für die Beschneidung ihrer Rechte mannigfaltige Kompensationen errungen. Zwar führen sie bisweilen Klage darüber, der Bund verwerte ihre Wünsche und Bedenken nur dann, wenn sie seinem Konzept entsprächen und er sie dann gegenüber den anderen Mitgliedstaaten als Vorwand benutzen könne; doch dürfte diese Sicht nicht frei von Zweckpessimismus sein. Den Ländern steht jedenfalls für alle Fragen der Europäischen Gemeinschaften ein Informationssystem zur Verfügung, das kaum Lücken lassen kann. Im innerstaatlichen Rahmen wurden ihnen vielfältige Mitwirkungsmöglichkeiten eingeräumt; in denjenigen Bereichen, die ihnen nach der innerstaatlichen Kompetenzregelung zustehen, wurden sie auch zu der Arbeit in den Fachausschüssen und Arbeitsgruppen in Brüssel hinzugezogen.

Es ist nicht bei einem Föderalismus der Bürokratie geblieben. In der prima facie als Kuriosum anmutenden Dekorierung des Präsidenten der EWG-Kommission mit der Bayerischen Verdienstmedaille wegen besonderer Verdienste um den Freistaat Bayern auf dem Gebiet der EWG-Regionalpolitik sieht *Ipsen* sinnfällig demonstriert, „daß die Länder der Bundesrepublik im Wirkungsbereich europäischer Integration nicht nur staatsrechtlich gestaltlose Wirtschaftsräume und Objekte gemeinschaftskompetenter Regionalpolitik sein können, sondern Gebilde hinreichend staatlicher Hoheit und Dignität sind“[142].

4—1966 S. 9 f. sowie die Stellungnahmen von *Illerhaus*, *Terrenoire* und *Levi Sandri*, EP, Verhandlungen 1966—67, Sitzung vom 9. 3. 1966, StenBer. S. 116, 122 und 131.

[140] Bull. EWG 4—1966 S. 10. Die Behauptung *Wagners*, Grundbegriffe des Beschlußrechts, S. 205, die Kommission wende sich vor der Vorschlagsausarbeitung stets an den Ausschuß der Ständigen Vertreter, um den Standpunkt der Mitgliedstaaten kennenzulernen, ist für die Zeit vor wie nach den Luxemburger Beschlüssen unrichtig. Vgl. auch *Everling*, AWD 1966 S. 460; *Noël*, EuR 1967 S. 31.

[141] Vgl. *von Meibom*, Zur Stellung der Mitgliedstaaten im Europarecht, S. 161.

[142] Festschrift Hallstein, S. 248.

In der Tat beanspruchen die Länder eine solche Stellung, wenn sie insbesondere auf dem Gebiet der Regionalpolitik der Kommission gegenüber mit eigenen Konzeptionen als selbständige Verhandlungspartner auftreten. Dieser Anspruch muß auch bei fortschreitender Integration nicht zwangsläufig illusorisch werden. Kommission und Europäisches Parlament treten jedenfalls für eine intensive Beteiligung der regionalen Körperschaften ein[143]; für die Zukunft ist eine stärkere Zentralisierung auf die europäischen Institutionen hin und umgekehrt eine weitgehende Dezentralisierung innerhalb der Mitgliedstaaten zugunsten der Regionen gefordert worden[144].

---

143 Vgl. z. B. die Erste Mitteilung der EWG-Kommission über die Regionalpolitik in der EWG — II/SEK (65) 1170 endg., S. 26 ff.; den dazu erstatteten Bericht des Wirtschafts- und Finanzausschusses des EP, Sitzungsdokument Nr. 58/1966—67, Nr. 38 ff. sowie EP, Verhandlungen 1966—67, Sitzung vom 27. 6. 1966, StenBer. S. 25 ff.

144 *Dehousse*, EP, Verhandlungen 1963—64, Sitzung vom 22. 1. 1964, StenBer. S. 98.

Dritter Teil

Rechtliche Würdigung des Konfliktes zwischen Gemeinschaftsrecht und bundesstaatlicher Ordnung

In ihrer Eigenstaatlichkeit durch das Gemeinschaftsrecht herausgefordert, haben die deutschen Bundesländer starke Positionen bezogen. Ob diese einer rechtlichen Beurteilung standhalten, ist nunmehr die Frage. Die Beantwortung kann von zwei Standpunkten aus gewonnen werden: aus der Sicht des Gemeinschaftsrechts und aus der Sicht des Grundgesetzes. Wenn zunächst versucht werden soll, allgemeine Grundsätze für die Rechtslage der deutschen Bundesländer in den Gemeinschaften zu erarbeiten, bedeutet das:

1. Welche Stellung wird den Bundesländern vom Vertragsrecht[1] zugewiesen?
2. Verträgt sich diese Zuweisung mit der bundesstaatlichen Ordnung des Grundgesetzes?

I. Vertragsrecht

1. Ausdrückliche Berücksichtigung der föderativen Struktur der Bundesrepublik Deutschland?

Partner der Verträge von Paris und Rom ist die völkerrechtliche Einheit Bundesrepublik Deutschland, die als „Hohe Vertragspartei" durch den Bundespräsidenten vertreten wurde[2]. Das bundesstaatliche Prinzip des Grundgesetzes, wonach die Länder „als Glieder des Bundes Staaten mit eigener — wenn auch gegenständlich beschränkter — nicht vom Bund abgeleiteter, sondern von ihm anerkannter staatlicher Hoheitsmacht" sind[3], ist nicht in die Gemeinschaftsebene projiziert worden

[1] Auf eine Prüfung des sekundären Gemeinschaftsrechts kann im Rahmen der Grundsatzerörterung verzichtet werden, da dieses in seiner Gültigkeit vom primären Vertragsrecht abhängt (Art. 3 I, 5 I, 8, 14 I, 20 26 I EGKSV; Art. 2, 3 I, 107, 115, 124, 161 EAGV; Art. 4 I, 137, 145, 155, 189 EWGV; Art. 1, 8, 9, 29 FusV).

[2] Vgl. jeweils Art. 1 und die Präambel der Verträge.

[3] BVerfGE 1, 14, 34.

— ungeachtet der Tatsache, daß auch (gegenständlich beschränkte) Landeshoheitsmacht von den Verträgen ergriffen wird. Die Gemeinschaften sind insoweit — mit der anschaulichen Wendung *Ipsens* gesprochen — „mit Landesblindheit geschlagen"[4]. Der Begriff „Länder" wird in den Verträgen nur im Sinne „dritter Länder", d. h. Drittstaaten verwandt[5]. Auf die Gliedstaaten der BRD wird auch nicht etwa hingewiesen, wenn im EAGV bisweilen von den „Hoheitsgebieten eines Mitgliedstaates" gesprochen wird[6]; die Verwendung des Plurals bezieht sich auf die außereuropäischen Gebiete einzelner Mitgliedstaaten[7].

Soweit sich die Vertragsbestimmungen berechtigend oder verpflichtend an die „Mitgliedstaaten" wenden, ist also deutscherseits der Bund als der durch Zusammenschluß der Länder gebildete Gesamtstaat gemeint. Nichts anderes gilt, wenn in einzelnen Vorschriften von „Staat" oder „Staaten" die Rede ist; dieser Ausdruck steht synonym für Mitgliedstaaten[8]. Als Ausnahme dieser Regelung könnte man auf den ersten Blick die Vorschrift des § 92 (1) EWGV ansehen, die „staatliche oder aus staatlichen Mitteln gewährte Beihilfen gleich welcher Art" unter bestimmten Voraussetzungen für unzulässig erklärt; hiervon werden nach allgemeiner Meinung auch Beihilfen der Länder der BRD erfaßt[9]. Eine Bestätigung der Haushaltsautonomie der deutschen Gliedstaaten auch vor den Gemeinschaftsorganen ist damit jedoch nicht verbunden: Das in Art. 93 EWGV festgesetzte Verfahren zur Überwachung des Beihilfeverbotes geht allein von der Verantwortlichkeit der Mitgliedstaaten aus; auch insoweit genießen die deutschen Bundesländer auf der Gemeinschaftsebene keine Sonderstellung gegenüber den Gebietskörperschaften der anderen Mitgliedstaaten. Dieser Grundsatz wiederholt sich in Art. 68 (3) EWGV, der einzigen Bestimmung der Verträge, die von Gebietskörperschaften („collectivités publiques territoriales, enti locali, territoriale publiekrechtelijke lichamen") der Mitgliedstaaten spricht: Der Mitgliedstaat BRD hat dafür einzustehen, daß Anleihen der Länder in einem anderen Mitgliedstaat nur nach dessen Einverständnis aufgelegt oder untergebracht werden. Von einer eigenverantwortlichen Stellung der Bundesländer auf der Gemeinschaftsebene kann schließlich erst recht nicht die Rede sein, wenn sich einige

---

[4] Festschrift Hallstein, S. 256; DÖV 1968 S. 443.

[5] *Ipsen*, Festschrift Hallstein, S. 256. In Art. 67 § 3 EGKSV findet sich der Ausdruck „desselben Landes" gleichbedeutend für Mitgliedstaat; der (allein maßgebliche) französische Text spricht von „même pays".

[6] Art. 24 Nr. 3, 25 (2) Abs. 1, 81 Abs. 1 Satz 2, 223 Abs. 1 EAGV.

[7] Vgl. Art. 198 EAGV und Art. 131 EWGV.

[8] s. z. B. Art. 20 i. V. m. 21 (1), 53 (2), 56 Nr. 1 Abs. 2, 67 EGKSV; Art. 26, 27 Abs. 1, 38 Abs. 3, 103 Abs. 3, 107 i. V. m. 108 (1) EAGV; Art. 2, 48 (3) c, 53 Abs. 1, 108 (1), 109 (3), 137 i. V. m. 138 (1), 169 Abs. 1 EWGV.

[9] Vgl. o. 1. Teil I 5 b.

Vorschriften des EWG-Vertrages — nämlich Art. 39 (2) Buchst. a, 49 Buchst. d, 80 (2), 130 Buchst. a — mit dem unterschiedlichen Entwicklungsstand in einzelnen „Gebieten" („regions, regioni, gebieden") der Mitgliedstaaten befassen. Diese „Gebiete" sind insoweit nur Objekt gemeinschaftsrechtlicher Strukturpolitik; ob sie zufällig im innerstaatlichen Bereich als Körperschaften Rechtspersönlichkeit besitzen, ist unerheblich.

2. Unmittelbare Mitwirkungsmöglichkeiten der Länder

Wenn die Länder in den Verträgen ausdrücklich weder als Träger eigenstaatlicher Hoheit anerkannt, noch als Gebietskörperschaften in eigenverantwortlicher Stellung beteiligt werden, muß das nicht eine Abriegelung von jeglicher Teilnahme bei der Verwirklichung der Gemeinschaftsziele zur Folge haben. Die Rechtsordnung der Europäischen Gemeinschaften ist durch die Besonderheit gekennzeichnet, daß sie in einem Umfang, wie er dem klassischen Völkerrecht unbekannt ist, in den Binnenbereich der Mitgliedstaaten eindringt und keineswegs nur diese als Rechtssubjekte kennt[10]. Dieser Vorgang, der den Staatsangehörigen der Vertragspartner auf den von der Integration erfaßten Gebieten zum „citoyen communautaire"[11], zum „Marktbürger"[12] hat werden lassen, legt die Annahme nahe, daß auch den Ländern im Durchgriff eigene gemeinschaftsvertragliche Rechte zugewiesen und sie unmittelbar an den Aufgaben der Europäischen Gemeinschaften beteiligt werden.

Eine Durchsicht der Verträge kann allerdings diese Vermutung nur sehr eingeschränkt bestätigen. Außerhalb des Rats und unterhalb der Regierungsebene bleibt für eine Zusammenarbeit der Verwaltungen der Mitgliedstaaten untereinander oder mit der Kommission nur wenig Raum. Ansatzpunkte für eine unmittelbare Teilnahme von Länderbehörden verbleiben nur im Rahmen des Art. 49 Buchst. a (Zusammenarbeit zwischen den einzelstaatlichen Arbeitsverwaltungen zur Herstellung der Freizügigkeit), des Art. 54 (3) Buchst. b (Zusammenarbeit zwischen den zuständigen Verwaltungen der Mitgliedstaaten zur Aufhebung der Beschränkungen der Niederlassungsfreiheit) und möglicherweise des Art. 105 (1) EWGV (Zusammenarbeit zwischen den zuständigen Verwaltungsstellen der Mitgliedstaaten zur Koordinierung

---

[10] Vgl. z. B. EuGH (Rs 26/62) AS IX, 5, 25; (Rs 28/67) AS XIV, 216, 230. *Alder*, Koordination und Integration als Rechtsprinzipien, S. 304 ff.; *Constantinesco*, Die unmittelbare Anwendbarkeit von Gemeinschaftsnormen; *Zuleeg*, Recht der Europäischen Gemeinschaften, S. 16 ff., 43 ff., 173 ff.

[11] *Ophüls*, CdDE 1966 S. 3.

[12] *Ipsen*, NJW 1964 S. 340.

der Wirtschaftspolitik)[13]. Durchführung und Umfang des unmittelbaren Verkehrs der unteren Behörden hängen auch in diesen Bereichen von der näheren Bestimmung der Zentralstellen der Mitgliedstaaten ab[14].

Inhaber eigener gemeinschaftsvertraglicher Rechte und Pflichten und insoweit den „Marktbürgern" gleichgestellt können die Länder nach den Vorschriften der Verträge nur sein, wenn sie Träger von Wirtschaftsunternehmen sind — sei es in privatrechtlicher oder öffentlichrechtlicher Form — und dadurch berechtigend oder verpflichtend Adressaten der Vertragsbestimmungen werden. Zu denken wäre vor allem an die Art. 85, 86 EWGV[15]. Eine besondere Stellung ist den deutschen Bundesländern damit nicht zugewiesen, die einschlägigen Bestimmungen treffen gleichermaßen alle juristischen Personen des öffentlichen Rechts der Mitgliedstaaten[16].

3. Pflicht zur Rücksichtnahme auf die deutsche Bundesstaatlichkeit?

So deutlich die bisherige Untersuchung gezeigt hat, daß die Vertragsbestimmungen den deutschen Bundesländern keine Sonderstellung auf der Gemeinschaftsebene zusprechen, bedarf dieses Ergebnis doch noch einer Überprüfung. Eine Verpflichtung der Gemeinschaften zur Rücksichtnahme auf den föderativen Aufbau der Bundesrepublik ließe sich nämlich aus der Erwägung herleiten, daß mitgliedstaatliche Verfassungsgrundsätze die Gemeinschaftsorgane bei der Ausübung ihrer Befugnisse beschränken.

In der Tat fehlt es nicht an Ansatzpunkten, mit denen versucht wird, eine Bindung der Gemeinschaftsorgane an die Verfassung der Einzelstaaten herzustellen. Im Vordergrund steht dabei das Bemühen, den innerstaatlich verbürgten Grundrechtsschutz auch gegenüber der Gemeinschaftsgewalt zu bewahren; doch ist dieser Aspekt im Grunde nur ein Anwendungsfall der Forderung, daß die verfassungsmäßige Grund-

---

13 Nach *Ipsen*, Festschrift Hallstein, S. 259 wird auch in Art. 10 Abs. III EWGV (gemeint ist 10 [2] Abs. 1) „auf die Amtsorganisation der Länder gezielt"; die Zollverwaltung ist jedoch gem. Art. 108 Abs. 1 GG Bundesverwaltung. Bundesbehörden sind auch die in Art. 89 (1) Satz 2, 208 Abs. 1 Satz 1 EWGV und Art. 21 Abs. 1 EAGV angesprochenen Behörden oder zuständige Stellen der Mitgliedstaaten.

Ob im Rahmen des Auskunftsrechts nach Art. 213 EWGV die Landesorganisation selbst angesprochen wird — so *Ipsen*, ebd., — wird unten, 4. Teil I, im speziellen Zusammenhang untersucht.

14 Nach Art. 105 (1) Abs. 1 Satz 2 EWGV richten die Mitgliedstaaten die Zusammenarbeit ein. Vgl. im übrigen *Knolle* in: Groeben - Boeckh, Handbuch, I A 45 S. 19 (Anm. 6 zu Art. 49); *Everling*, BB 1961 S. 422.

15 Vgl. *Deringer*, EWG-Wettbewerbsrecht, Art. 85 Rdnr. 8.

16 s. dazu *Huth*, Die Sonderstellung der öffentlichen Hand in den Europäischen Gemeinschaften.

ordnung der Mitgliedstaaten auch im Rahmen des Gemeinschaftsrechts beachtet werden müsse.

Die rechtlichen Konstruktionen, auf die sich eine Bindung der Gemeinschaftsorgane an nationales Verfassungsrecht stützen ließe, beruhen auf einem gemeinsamen Ausgangspunkt: eine *unmittelbare* Geltung innerstaatlicher Normen in der Gemeinschaftsrechtsordnung kann nicht in Betracht kommen. Wie der Gerichtshof der Europäischen Gemeinschaften in ständiger Rechtsprechung hervorgehoben hat, sind allein die Verträge Grundlage allen Handelns der Gemeinschaftsorgane[17].

Auch in der Literatur wird, soweit ersichtlich, eine unmittelbare Gebundenheit an nationales Recht bei der Anwendung und Auslegung der Verträge nicht vertreten[18]. Wie immer man die Rechtsnatur der Europäischen Gemeinschaften qualifizieren will, Gemeinschaftsrecht und innerstaatliches Recht bilden „zwei selbständige, voneinander verschiedene Rechtsordnungen"[19]; für die Gemeinschaftsorgane kann allein der Grundsatz der Vertragsmäßigkeit gelten. Die Verträge enthalten keinen ausdrücklichen Vorbehalt zugunsten der mitgliedstaatlichen Verfassungen[20]. Ein entsprechender Vorschlag der deutschen Delegation bei den Verhandlungen zu den Verträgen von Rom wurde mit der Begründung abgelehnt, daß die Gemeinschaftsorgane zur Prüfung der Übereinstimmung ihres Handelns mit den Verfassungen der Mitgliedstaaten weder in der Lage noch befugt sein würden und daß durch eine solche Einschränkung die allgemeine und gleichmäßige Geltung der Rechtsakte der Gemeinschaft in Frage gestellt würde[21].

Eine Berücksichtigung einzelstaatlicher Verfassungsgrundsätze kann also von vornherein nicht qua nationale Normen, sondern nur qua Gemeinschaftsrecht erfolgen.

Wohlfarth versucht eine Pflicht der Gemeinschaften zur Respektierung der Rechtsordnung, die in den Mitgliedstaaten besteht, aus dem Grund-

---

[17] s. z. B. EuGH (Rs 1/58) AS V, 43, 63 f.; (Rs 36, 37, 38 und 40/59) AS VI—2, 885, 920 f. Vgl. auch die Ausführungen von GA *Roemer* zu Rs 29/69 in AS XV, 428.

[18] Vgl. z. B. *Münch*, BdGVR 2 S. 80; *Erler*, VVDStRL 18 S. 33 f.; *Thieme*, VVDStRL 18 S. 51 f.; *Friauf*, AöR 85 S. 227; *Ehle*, AWD 1963 S. 159; *Reuter*, Organisations européennes, S. 258, 260 f.; *Badura*, VVDStRL 23 S. 83 f.

[19] EuGH (Rs 13/61) AS VIII, 97, 110; (Rs 6/64) AS X, 1251, 1270; (Rs 14/68) AS XV, 1, 14. BVerfGE 22, 293, 296.

[20] Wie es etwa der Vertragsentwurf zur Gründung der Europäischen Verteidigungsgemeinschaft vom 27. 5. 1952 (abgedruckt in BT-Drucks. I 3501 Anl. 1) in seinem Art. 3 § 1 Satz 2 insoweit vorsah, als die Gemeinschaft bei der Erfüllung ihrer Aufgabe die staatsbürgerlichen Rechte und die Grundrechte des einzelnen wahren sollte.

[21] Vgl. *Wohlfarth*, der in den Vertragsverhandlungen den deutschen Vorschlag vorgetragen hatte, in: Wohlfarth - Everling, Vorb. 4 vor Art. 189.

satz der Loyalität gegenüber den Mitgliedstaaten herzuleiten. Aus den Vorschriften der Art. 86 EGKSV, 5 EWGV und 192 EAGV, nach denen die Mitgliedstaaten alle geeigneten allgemeinen oder besonderen Maßnahmen zu treffen haben, um ihre Verpflichtungen aus dem Vertrag oder den Beschlüssen der Organe zu erfüllen, nach denen sie der Gemeinschaft die Erfüllung ihrer Aufgaben zu erleichtern und alle Maßnahmen zu unterlassen haben, welche die Verwirklichung der Vertragsziele gefährden könnten, sei als Grundregel eine Pflicht zu gemeinschaftsfreundlichem Verhalten zu entnehmen. Dieser Pflicht der Mitgliedstaaten entspreche eine nicht ausdrücklich niedergelegte Pflicht der Organe der Gemeinschaft, die Interessen der einzelnen Mitgliedstaaten zu berücksichtigen und zu wahren[22].

Diese Konstruktion, die nichts anderes als eine Übertragung des im deutschen Bundesstaatsrecht entwickelten Grundsatzes der Bundestreue auf die Gemeinschaftsrechtsordnung ist, stößt auf das grundsätzliche — insbesondere von *Ipsen*[23] aufgezeigte — Bedenken, ob sich Ordnungsprinzipien des deutschen Föderalismus zur Nutzanwendung für die Gemeinschaften eignen. Es erscheint wohl angemessener, eine Bestimmung wie Art. 5 EWGV als Ausdruck einer allgemeinen völkerrechtlichen Pflicht der *Gründerstaaten* aufzufassen, ihr Verhalten den Vertragszielen und den Gemeinschaftsakten anzupassen[24] und nicht umgekehrt aus der Aufhebung dieser Pflicht in einem Grundsatz der Gemeinschaftstreue die entgegengesetzte Rechtsfolge einer Anpassungspflicht der Gemeinschaftsorgane zu folgern. Die Rechtsfigur der gegenseitigen Bund-Länder-Treue ist zu sehr auf die engen Bindungen zwischen Zentral- und Gliedstaaten im Bundesstaat zugeschnitten. Aber selbst wenn man die föderalen Züge, die die Europäischen Gemeinschaften sicher aufweisen, in den Vordergrund stellen wollte, aus ihrer „präföderalen Struktur die Verpflichtung der Gemeinschaft zur Rücksichtnahme auf die Eigenstaatlichkeit und die verfassungsmäßige Grundordnung in den Mitgliedstaaten" folgern wollte[25], gibt dieser Ansatzpunkt für eine Rechtspflicht der Gemeinschaftsorgane, den bundesstaatlichen Aufbau der BRD zu achten, nichts her. Ordnet man die Gemeinschaften und ihre Mitgliedstaaten bundesstaatlichen Strukturprinzipien unter, trifft man zugleich auch auf den Grundsatz der Homogenität. Dieser würde es aber gerade erfordern, daß der Mitgliedstaat

---

[22] JJahrb 3 S. 252 f., 270; Europäische und deutsche Rechtsordnung, S. 172 f. Der These Wohlfarths stimmen zu: *Ehle*, AWD 1963 S. 159; *Zweigert*, RabelsZ 28 S. 620; *von der Groeben*, Festschrift Hallstein, S. 233; *von Meibom*, DVBl 1969 S. 439.

[23] Festschrift Hallstein, S. 249—253. Vgl. auch *Münch*, Actes off. II, S. 276 f.

[24] *Scheuner*, Festschrift Verdross, S. 239 f. Dagegen *Hay*, Federalism, S. 196 ff.

[25] *Bülow*, Aktuelle Fragen, S. 57 f.

BRD sich an dem zentralstaatlichen Aufbau der übrigen Mitglieder orientiert, seine Sonderstellung als Bundesstaat auf der Gemeinschaftsebene so wenig wie möglich in Erscheinung tritt.

Weil die deutsche Bundesstaatlichkeit gegenüber den Rechtsordnungen der anderen Mitgliedstaaten eine Besonderheit darstellt, braucht auch nicht der — vielleicht fruchtbarste — Ansatz verfolgt zu werden, der die den Mitgliedstaaten gemeinsamen Rechtsgrundsätze als von der Gemeinschaftsrechtsordnung rezipiert ansieht und auf diesem Weg eine mittelbare Bindung der Gemeinschaftsorgane an nationales Recht erreicht[26].

Um die Gemeinschaftsorgane zur Beachtung der föderativen Struktur der BRD anzuhalten, bleibt als letzte Möglichkeit eine insbesondere von *Friauf* verfochtene These. Friauf kommt zu dem Schluß, daß die Organe der Europäischen Gemeinschaften die Verfassung der Mitgliedstaaten zwar nicht als für sich unmittelbar verbindliche Rechtsnormen anzuwenden haben, wohl aber sie bei der Auslegung und Anwendung des Gemeinschaftsrechts beachten müssen, indem er den Grundsatz der sog. verfassungskonformen Auslegung auf die Gemeinschaftsrechtsordnung überträgt[27]. Da diese von den Mitgliedstaaten abgeleitet sei, „aus der nationalen Sphäre herrührt", könnten ihr nur diejenigen Rechte und Befugnisse zukommen, die nach der Verfassung der Mitgliedstaaten übertragen werden durften. Es dürfe den Mitgliedstaaten als den Gründern der Gemeinschaft nicht eine Auslegung der Verträge aufgezwungen werden, die sie nicht gewollt haben und auf Grund ihrer verfassungsrechtlichen Bindungen nicht einmal wollen konnten[28]. Im Wege der Auslegung müsse daher die Übereinstimmung der Verträge mit den zur Gründungszeit geltenden Verfassungen sämtlicher Mitgliedstaaten erreicht werden, so daß im Ergebnis die Verfassungsordnung des Mitgliedstaates Maßstab sei, die die strengsten Anforderungen stellt. So müsse etwa hinsichtlich der Übertragung rechtsetzender Gewalt auf Exekutivorgane die Bestimmung des Art. 80 Abs. 1 GG beachtet werden[29]. Friauf geht nicht etwa nur von der verfassungskonformen Auslegung der deutschen Zustimmungsgesetze aus[30], sondern meint darüber hinaus, es könne nicht zulässig sein, im Außenverhältnis eine Auslegung als verbindlich anzusehen, die die Ratifikationsgesetze für den

---

[26] Vgl. dazu *Thieme*, VVDStRL 18 S. 53 f.; *Ehle*, AWD 1963 S. 159; *Steiger*, Staatlichkeit und Überstaatlichkeit, S. 107 ff.; *Badura*, VVDStRL 23 S. 85; *Pescatore*, Integration 1969 S. 115 ff.

[27] Staatenvertretung, S. 95 ff.; AöR 85 S. 232. Zust. *Ehle*, AWD 1963 S. 159 mit Fn. 38; *Wagner*, Grundbegriffe des Beschlußrechts, S. 249 mit Fn. 28; *Gorny*, Verbindlichkeit der Bundesgrundrechte, S. 163.

[28] Staatenvertretung, S. 97; AöR 85 S. 226 f., 231 f.

[29] Staatenvertretung, S. 100; AöR 85 S. 233 f.

[30] Zu dieser Problematik vgl. *Friesenhahn*, VVDStRL 18 S. 105 ff.

internen Bereich eines Mitgliedstaates als verfassungswidrig erscheinen lassen müßten[31].

Wenn die von Friauf verfochtene These unter dem Gesichtspunkt nachzuprüfen ist, ob die Gemeinschaftsorgane bei der Anwendung der Verträge sich um eine Auslegung bemühen müssen, die der deutschen Bundesstaatlichkeit gerecht wird, sind zwei grundsätzliche Gesichtspunkte auseinanderzuhalten:

Zum einen müßte die Nichtbeachtung der innerstaatlich gültigen Kompetenzverteilung zwischen Bund und Ländern bei der Gründung der Gemeinschaften durch die BRD verfassungswidrig gewesen sein, eine Frage, die noch im folgenden ausführlich zu untersuchen ist[32].

Zum anderen müßte der Grundsatz der mit den Verfassungen der Mitgliedstaaten konformen Auslegung selbst dann noch für die Gemeinschaftsorgane verbindlich sein, wenn es um die Berücksichtigung so besonderer Anforderungen geht, wie sie die deutsche Bundesstaatlichkeit mit sich bringt. Diese Forderung aufzustellen, erscheint kaum vertretbar.

Friauf ist zunächst entgegenzuhalten, daß er vor der Übertragung des im deutschen Rechtskreis anerkannten Grundsatzes der verfassungskonformen Auslegung auf die Gemeinschaftsrechtsordnung wohl zunächst den Nachweis der Geltung dieses Grundsatzes in den fünf anderen Mitgliedstaaten hätte führen müssen[33]. Die Berufung darauf, es handele sich bei diesem Prinzip nicht lediglich um einen juristischtechnischen Kunstgriff, sondern um einen „teleologischen Auslegungsgrundsatz von allgemeiner Bedeutung"[34], rechtfertigt jedenfalls schwerlich eine Bindung der Gemeinschaftsorgane an die Verfassungen der Mitgliedstaaten. Auch der Hinweis auf die Herkunft der Gemeinschaftsgewalt aus der nationalen Sphäre überzeugt kaum angesichts der Argumente, die für eine Eigenständigkeit der Gemeinschaftsrechtsordnung sprechen[35]. Weiter setzt sich Friauf in Gegensatz zu völkerrechtlichen Regeln, wenn er der — einmal unterstellten — Verfassungswidrigkeit

---

31 AöR 85 S. 231 f.

32 s. u. 3. Teil III.

33 Vgl. *Rabe*, Verordnungsrecht, S. 127; *Steiger*, Staatlichkeit und Überstaatlichkeit, S. 106 f.

34 *Friauf*, AöR 85, 230 im Anschluß an *Dürig*, JZ 1953 S. 463. Vgl. dagegen die kritische Stellungnahme von *Lerche*, DVBl 1961 S. 698, zu dem „weithin ganz zu Unrecht als unproblematisch empfundenen Prinzip der verfassungskonformen Auslegung".

35 In DVBl 1964 S. 785 stimmt *Friauf* selbst der Lehre von der originären Entstehung der Gemeinschaftsgewalt zu; die Kompetenzen der Gemeinschaften seien von den Mitgliedstaaten durch einen einheitlichen Akt geschaffen, nicht aber stückweise mit allen „rechtsstaatlichen Hypotheken" aus der jeweiligen einzelstaatlichen Zuständigkeit „übertragen" worden.

der Ratifikationsgesetze so unbeschränkt Außenwirkung zumißt[36]. Völkerrechtlich hat primär der Vertragschließende die Verpflichtung, seine Rechtsordnung so zu gestalten, daß er die eingegangenen Verträge erfüllen kann[37].

Die Undurchführbarkeit der These von Friauf — jedenfalls im Rahmen der hier zu untersuchenden Fragestellung — zeigt sich aber vor allem, wenn man von seinem Argument ausgeht, daß den Mitgliedstaaten keine Auslegung aufgezwungen werden dürfe, die sie weder gewollt haben, noch überhaupt wollen konnten. Die Gemeinschaftsorgane an die deutsche Bundesstaatlichkeit zu binden, würde bedeuten, den anderen Mitgliedstaaten Strukturprinzipien aufzuzwingen, die zu akzeptieren sie wohl kaum bereit sein werden oder können. Nicht an Besonderheiten einzelner mitgliedstaatlicher Verfassungen haben sich die Gemeinschaftsorgane bei Ausübung ihrer Befugnisse zu orientieren, sondern an dem Grundsatz der allgemeinen und gleichförmigen Geltung der von ihnen erlassenen Rechtsakte.

4. Ergebnis

Die Gemeinschaftsrechtsordnung trägt dem bundesstaatlichen Aufbau des deutschen Mitgliedstaates keine Rechnung. Die Organe der Europäischen Gemeinschaften sind nach den Verträgen gehalten, die Bundesrepublik Deutschland wie alle anderen zentralistisch organisierten Mitgliedstaaten grundsätzlich als Einheit zu behandeln. Alleinverantwortlicher Partner der Gründungsverträge und alleinverantwortlicher Teilnehmer bei der Verwirklichung der Vertragsziele ist der Bund als Gesamtstaat. Ausschließliche Verantwortung aber setzt ausschließliche Befugnis voraus. Auf der Ebene der Gemeinschaft verbleibt den Ländern neben dem Bund kein Spielraum, sie werden „durch die Bundesrepublik gemeinschaftsrechtlich mediatisiert“[38].

---

[36] Vgl. *Mosler*, Festschrift Thoma, S. 167 f. Abw. *Geck*, Die völkerrechtlichen Wirkungen verfassungswidriger Verträge, S. 219, der zugleich für eine „vertragskonforme Verfassungsauslegung“ und eine „verfassungskonforme Vertragsauslegung“ eintritt; vgl. demgegenüber aber seine Darstellung des Streitstandes, ebd., S. 23 ff.

[37] BVerfGE 6, 309, 365 f.; *Thieme*, VVDStRL 18 S. 52. Dieser Grundsatz dürfte gerade auch für die Europäischen Gemeinschaften gelten, s. die Deutung der Loyalitätsklauseln o. bei Fn. 24.

[38] *Ipsen*, Festschrift Hallstein, S. 257 f.

II. Grundgesetz als Prüfungsmaßstab

1. Lehre vom unbeschränkten Vorrang des Gemeinschaftsrechts im innerstaatlichen Bereich

„Zum Unterschied von gewöhnlichen internationalen Verträgen hat der EWG-Vertrag eine eigene Rechtsordnung geschaffen, die bei seinem Inkrafttreten in die Rechtsordnung der Mitgliedstaaten aufgenommen und von ihren Gerichten anzuwenden ist. Durch die Gründung einer Gemeinschaft für unbegrenzte Zeit, die ... mit echten, aus der Beschränkung der Zuständigkeit der Mitgliedstaaten oder der Übertragung von Hoheitsrechten der Mitgliedstaaten auf die Gemeinschaft herrührenden Hoheitsrechte ausgestattet ist, haben die Mitgliedstaaten ihre Souveränitätsrechte beschränkt und so einen Rechtskörper geschaffen, der für ihre Angehörigen und sie selbst verbindlich ist ... Dem vom Vertrag geschaffenen, somit aus einer autonomen Rechtsquelle fließenden Recht können wegen dieser seiner Eigenständigkeit keine wie immer gearteten innerstaatlichen Rechtsvorschriften vorgehen, wenn ihm nicht sein Charakter als Gemeinschaftsrecht aberkannt und wenn nicht die Rechtsgrundlage der Gemeinschaft selbst in Frage gestellt werden soll[39]."

Diese Feststellungen hat der Europäische Gerichtshof ohne Rückgriff auf einzelne Vorschriften des Verfassungsrechts der Mitgliedstaaten getroffen[40]. Könnten aber „keine wie immer gearteten innerstaatlichen Rechtsvorschriften vorgehen" und wäre die Gemeinschaftsrechtsordnung für die Mitgliedstaaten und ihre Angehörigen mit diesem Vorgang verbindlich, ließe sich daraus nur folgern, daß auch aus innerstaatlicher Sicht dem nationalen (Verfassungs-)Recht insoweit keine Bedeutung zuzumessen sei. Im Gegensatz zu seiner früheren Rechtsprechung hat sich der Gerichtshof damit nicht mehr auf die Feststellung beschränkt, daß für ihn als Gemeinschaftsorgan allein das Gemeinschaftsrecht maßgeblich ist[41] — womit er einen von allen völkerrechtlichen Gerichten angewandten Grundsatz bestätigte[42] —, sondern der Gemeinschaftsrechtsordnung vorrangige Verbindlichkeit für die innerstaatlichen Organe zugemessen[43].

Von diesem Standpunkt aus wäre es sinnlos, die vom Gemeinschaftsrecht den Ländern zugewiesene Stellung an den Normen des Grundgesetzes zu messen. Hält das Gemeinschaftsrecht — mit Verbindlichkeit für den innerstaatlichen Bereich — schon die Konfliktregelung zu-

---

[39] (Rs 6/64) AS X 1251, 1256 f. und 1269 f. Vgl. auch (Rs 14/68) AS XV 1, 14; (Rs 40/69) AS XVI, 69; (Rs 11/70) AS XVI, 1125, 1135.

[40] Der Generalanwalt *Lagrange* war demgegenüber in der Rechtssache 6/64 in seinen Schlußanträgen auf die nationalen Verfassungen eingegangen, AS X, 1288 ff.

[41] So noch (Rs 26/62) AS IX, 1, 23 f.

[42] Vgl. die Nachweise bei *Verdross*, Völkerrecht, S. 114.

[43] Vgl. auch die Würdigung der Wende in der Rspr. des EuGH bei *Frowein*, AWD 1964 S. 233 ff.; *Reuter*, Hommage Guggenheim, S. 678 ff.

gunsten seiner Ordnung bereit, braucht keine Mühe auf die Untersuchung verschwendet zu werden, ob ein Konflikt zwischen Gemeinschaftsrecht und deutscher Bundesstaatlichkeit besteht.

Der Auffassung des Europäischen Gerichtshofes entsprechen zahlreiche Stimmen in der Literatur. In dem unübersehbar gewordenen Streit um das Verhältnis zwischen Gemeinschaftsrecht und nationalem Recht[44] sind vor allem die Eigenart des Gründungsaktes der Gemeinschaften und ihre daraus folgende Rechtsnatur zur Begründung eines Gemeinschaftsrechtsvorrangs ohne Rücksicht auf Bestimmungen der nationalen Verfassungen ins Feld geführt worden.

Ophüls, Hauptrepräsentant dieser Auffassung, meint[45], die Staaten hätten mit Gründung der Gemeinschaften auf bestimmten Sachgebieten Hoheitsrechte aufgegeben und der Gemeinschaft übertragen; dies sei mit dinglicher Wirkung geschehen, vergleichbar der Übertragung einer Sache zu Eigentum oder einer Gebietsabtretung. Das Ergebnis sei ein bundesstaatsähnliches Gebilde jenes Typs, wie er in den Vereinigten Staaten vom Federalist entworfen und von Toqueville und Waitz nach Europa übertragen worden sei: keine Überordnung im Verhältnis von Zentral- und Gliedstaaten, aber nach Sachgebieten getrennte Bereiche eigener Zuständigkeit und unmittelbarer Hoheitsrechte. Daher wären nationale Verfassungsbestimmungen, die dem Gemeinschaftsrecht innerhalb des nationalen Systems einen Rang zuwiesen, ohne Bedeutung: entweder deklaratorisch (wenn sie dem Gemeinschaftsrecht auf seinen Gebieten Vorrang gäben) oder unwirksam (wenn sie das nicht täten). Andere Autoren benutzen bundesstaatliche Assoziationen, um daraus — oft unter Hinweis auf die Bestimmung des Art. 31 GG — den Satz „Gemeinschaftsrecht bricht nationales Recht" abzuleiten[46]. Schließlich wird schon die Eigenständigkeit der Gemeinschaftsrechtsordnung als ausreichende Grundlage für einen Vorrang angesehen. Die originäre und einheitliche öffentliche Gewalt der Europäischen Gemeinschaften verbiete es, auf nationales Verfassungsrecht zurückzugreifen, da es anders zu einer unterschiedlichen Geltungskraft des Gemeinschaftsrechts in den Mitgliedstaaten kommen könnte[47]. Oder es wird aus der

---

[44] Vgl. die Zitatenflut bei *Emrich,* Das Verhältnis des Rechts der Europäischen Gemeinschaften zum Recht der BRD, S. 39—92.

[45] NJW 1951 S. 289 f.; Landesbericht, S. 221—224, 232 f.; Festschrift Riese, S. 23 f.; JJahrb 4 S. 155 f.; Festschrift Carl Heymanns Verlag, S. 570 f.

[46] Vgl. z. B. *Much,* Amtshaftung, S. 22; *Alder,* Die Befugnisse der Organe der EWG, S. 75 f.; *Cartou,* Organisations européennes, S. 398 f.; *Reuter,* La CECA, S. 100 und *Wohlfarth,* JIR 9 S. 29 f. mit Fn. 49 ziehen den Vergleich mit der konkurrierenden Gesetzgebung gem. Art. 72 GG.

[47] z. B. *Badura,* VVDStRL 23 S. 61; *Furler,* NJW 1965 S. 1405 mit dem Hinweis, das Gemeinschaftsrecht gehe bei föderalistisch organisierten Mitgliedstaaten selbstverständlich auch dem Recht der Länder oder ähnlicher Formationen vor.

Eigenständigkeit der Gemeinschaftsrechtsordnung lediglich gefolgert, daß das nationale Recht über den Konflikt mit dem Gemeinschaftsrecht keine Bestimmung treffen könne und dann ein Vorrang aus einzelnen Vertragsbestimmungen abgeleitet, etwa den Loyalitätsklauseln, den Bestimmungen über die Gültigkeitskontrolle im Vorabentscheidungsverfahren gem. Art. 41 EGKSV, Art. 177 EWGV, Art. 150 EAGV oder aus dem Geltungsumfang der Gemeinschaftsverordnung gem. Art. 189 II EWGV, 161 II EAGV[48].

2. Bindung des Bundes an das Grundgesetz bei Errichtung der Gemeinschaften

So zutreffend es ist, die Gemeinschaftsrechtsordnung als eigenständig in dem Sinne zu kennzeichnen, daß ihre Organe nur nach dem Grundsatz der Vertragsmäßigkeit zu handeln haben[49], so wenig zwingt diese Charakterisierung zu dem Schluß, daß deswegen die Rechtsordnungen der Mitgliedstaaten keine Bestimmung über die Geltung des Gemeinschaftsrechts in ihrem Bereich treffen könnten. Auch die Rechtsordnungen der Mitgliedstaaten sind eigenständig, warum sollten dann also nicht sie die Konfliktsregel für ihren Bereich aufstellen können[50]? Die Feststellung „Gemeinschaftsrecht bricht nationales Recht" in Abwandlung des Satzes „Bundesrecht bricht Landesrecht" läßt sich aus der Gemeinschaftsrechtsordnung kaum herleiten. Sie entspricht nicht einer allgemein gültigen Regelung für bündische Gestaltungen[51] und bleibt ein Schlagwort, wenn es an der Voraussetzung fehlt, daß im gleichen Rechtskreis geltende Normen höheren und niederen Ranges in ihrem Inhalt aufeinandertreffen[52]. Geht man von der Unteilbarkeit der Staatsgewalt der Gründerstaaten bei Vertragsschluß aus, kann der Satz „Gemeinschaftsrecht bricht nationales Recht" nur als mitgliedsstaatliche Norm begriffen werden, die damit die Verpflichtung der Mitgliedstaaten zur Übernahme des Gemeinschaftsrechts ausspricht; der Satz müßte als Bestandteil ihrer Rechtsordnung nachgewiesen werden.

Wohl läßt sich kaum bestreiten, daß Begriffe wie „unbegrenzte staatliche Souveränität" oder „Omnipotenz der Staatsgewalt" unter dem Gesichtspunkt einer zunehmenden allgemeinen Interdependenz der Staaten mit der besonderen Zuspitzung im Rahmen der — oft supra-

---

48 So vor allem *Grabitz*, Gemeinschaftsrecht bricht nationales Recht, S. 56, 89 ff.

49 Vgl. o. I 3 mit Fn. 19 und 20.

50 Ähnlich *Wagner*, Grundbegriffe des Beschlußrechts, S. 282 mit Fn. 81.

51 Vgl. *Thieme*, VVDStRL 18 S. 69; *Wagner*, Grundbegriffe des Beschlußrechts, S. 351.

52 Vgl. *Friesenhahn*, Handbuch des Deutschen Staatsrechts II, S. 540.

national genannten — Europäischen Gemeinschaften Skepsis hervorrufen[53]. Aber der Grundsatz, daß jeder Staat neue, in sein Gebiet hineinwirkende Gewalten an seiner Rechtsordnung mißt und ihnen die Wirksamkeit versagt, wenn sie mit diesem Maßstab nicht übereinstimmen, gilt nach wie vor. Wenn die Mitgliedstaaten der Europäischen Gemeinschaften sich Maßnahmen ausgesetzt sehen, die im staatlichen Bereich — aus der Gemeinschaftsrechtsordnung hergeleitete — Gültigkeit beanspruchen, muß sicher eine Anpassung an diese neuartige Erscheinung erfolgen. Solange diese Anpassung aber in den Bahnen des Rechts erfolgt, kann sie — da durch die Mitgliedstaaten vorgenommen — nur nach ihrer Rechtsordnung bewertet werden. Auch die Begründung „eigener Zuständigkeiten" oder „unmittelbarer Hoheitsrechte" der Gemeinschaften konnte als rechtlicher Vorgang nur wirksam erfolgen, wenn die Rechtsordnung der Mitgliedstaaten ihn zuließ. *Ophüls* selbst sieht diese Voraussetzung, wenn er feststellt: „Ein Staat, der Hoheitsrechte übertragen hat, kann sie nicht mehr ausüben. Sein innerstaatliches Recht ist in diesem Fall nur maßgebend dafür, ob und in welcher Form Hoheitsrechte übertragen werden können[54]."

Selbst wenn man also einen Vorrang aus Bestimmungen des Gemeinschaftsrechts ableiten oder die Möglichkeit eines Normenkonfliktes überhaupt leugnen wollte, könnte dies nur im Rückgriff auf die Verfassungen der Mitgliedstaaten geschehen. Unterlag die Errichtung der Gemeinschaften den Vorschriften der (späteren) Mitgliedstaaten, kann auch das Ergebnis dieser Errichtung im innerstaatlichen Bereich nur dann rechtliche Wirkung entfalten, wenn es einer Prüfung an Hand der Verfasung des Gründerstaates standhält[55].

Gerade für die hier zu erörternde Problematik erscheint das besonders deutlich. Die Bundesrepublik Deutschland ist ein betont föderativ gestalteter Staat, dem die Anerkennung der Verfassungsautonomie der Gliedstaaten zugrunde liegt. Das Bundesverfassungsgericht hat wiederholt festgestellt, daß „die Verfassungsräume des Bundes und der Länder grundsätzlich selbständig nebeneinander" stehen[56]. Sollte ver-

[53] Dazu *Dahm*, Völkerrecht I, S. 156 ff.; *Kaiser*, ÖZfÖR X S. 412 ff.; *Doehring*, Festgabe Forsthoff, S. 105, 111, 114 ff.; *Huber*, Weltweite Interdependenz; *Ermacora*, Allgemeine Staatslehre, S. 1157 ff.

[54] NJW 1963 S. 1751; ähnlich in AWD 1964 S. 67. Auch der EuGH spricht in Rs 6/64 im Anschluß an die o. II 1 mit Fn. 49 zitierten Feststellungen von der „Aufnahme der Bestimmungen des Gemeinschaftsrechts in das Recht der Mitgliedstaaten" (S. 1269). Vgl. weiter *Badura*, VVDStRL 23 S. 61 f., 68.

[55] Das Bundesverfassungsgericht hat sich — für die Frage der Grundrechtsnormen — die Prüfung, ob Gemeinschaftsrecht am Grundgesetz gemessen werden kann, ausdrücklich vorbehalten; vgl. BVerfGE 22, 293, 298 f.

[56] BVerfGE 4, 178, 189; 6, 376, 382; 22, 267, 270. Vgl. auch *Friesenhahn*, Verfassungsgerichtsbarkeit, S. 19, 33.

sucht worden sein, den Europäischen Gemeinschaften durch den Bund als Gründungsmitglied einen Bereich zu öffnen, der dem Verfassungsraum der Länder zugehört, wäre dieses Unternehmen ohne Wirksamkeit geblieben, wenn nicht dem Bund nach der Bundesverfassung die Rechtsmacht zur Öffnung dieses Bereiches eingeräumt war. Nur wenn die Verfassungsautonomie der Gliedstaaten vor der Beeinträchtigung durch das Gemeinschaftsrecht nicht schützt — weil sie insoweit von der überwölbenden Bundesverfassung her freigegeben werden konnte — kann sich Gemeinschaftsgewalt im Länderbereich entfalten. Anders wären vom Bund ihm verschlossene Zuständigkeiten oder Hoheitsrechte übertragen worden — ein Vorgang, der unwirksam gewesen wäre und bliebe.

Diese Feststellung läßt sich selbst dann aufrechterhalten, wenn man die Errichtung der Europäischen Gemeinschaften als endgültigen Verlust der Ausschließlichkeit und Souveränität der Staatsgewalt der Mitgliedstaaten zugunsten eines neu entstehenden europäischen Bundesstaates deuten wollte. Mag von dieser Voraussetzung her bei den anderen einheitlich organisierten Mitgliedstaaten, in denen die gesamte Fülle originärer Staatsgewalt auf einer zentralen Ebene zusammengefaßt ist, der Sprung über die eigene Verfassung noch rechtlich vorstellbar sein[57]; bei der Bundesrepublik Deutschland steht dem entgegen, daß auch die Länder „Staaten mit eigener — wenn auch gegenständlich beschränkter — nicht vom Bund abgeleiteter staatlicher Hoheitsmacht" sind[58]. Wäre bei der allein unter Beteiligung des Bundes erfolgten Gründung der Gemeinschaften die den Ländern nach der Verfassung vorbehaltene Staatlichkeit einzuschränken versucht worden, wäre das — um in dem von *Ophüls* gezogenen Vergleich zu sprechen[59] — nicht „Abtretung von Territorialgebiet" sondern „Annexion".

3. Partielle Staatlichkeit der Europäischen Gemeinschaften?

Im Grundgesetz die Lösung für den Konflikt zwischen deutscher Bundesstaatlichkeit und Gemeinschaftsrechtsordnung zu suchen, wäre nach alledem nur dann der falsche Ansatzpunkt, wenn es überhaupt verfehlt erscheint, an die Fragestellung die Maßstäbe des Rechts an-

[57] Nach *Krüger*, DÖV 1959 S. 724, steckt in der Staatsgewalt ohne weiteres die staatsbildende Gewalt, unabhängig davon, ob sie als besondere Ermächtigung in einer Verfassung bestätigt und geregelt ist oder nicht. Das gelte ebenso für die Errichtung eines Bundesstaates wie die Begründung einer supranationalen Organisation. Dabei erkennt Krüger aber die Möglichkeit an, daß eine Verfassung — konstitutiv — auch die Staatsgewalt als staatsbildende Gewalt einer Beschränkung unterwerfen könne.

[58] BVerfGE 1, 14, 34.

[59] s. o. II 1 mit Fn. 45.

legen zu wollen. Auf eine präjuristische Betrachtungsweise findet man sich in der Tat verwiesen, soweit es um die Entstehung eines Staates geht; weder das Völkerrecht noch das Staatsrecht ist fähig, den Staatenbildungsprozeß zu erklären[60]. Der Staatsschöpfungsakt mag von der Rechtsordnung der durch ihn betroffenen Staaten mißbilligt werden. Hat er sich vollendet, kann der entstandene Staat nicht mehr nach dem Recht eines anderen beurteilt werden, „denn das Recht kann nur das werten, was seiner möglichen Herrschaft unterliegt“[61]. An diesen Befund ist schon bei der Errichtung der ersten der drei Europäischen Gemeinschaften, der Montanunion, erinnert worden, verbunden aber mit dem Hinweis, daß erst die weitere tatsächliche Entwicklung zeigen werde, ob mit einer Verlagerung der staatlichen Gewalt von den Mitgliedstaaten auf die Gemeinschaft begonnen worden sei[62]. Mittlerweile ist die Wirtschaftsintegration von der sektoralen Beschränkung auf den Montanbereich durch die Gründung der EAG und EWG befreit worden, die in Art. 8 (1) Abs. 1 EWGV vorgesehene Übergangszeit zur schrittweisen Verwirklichung des Gemeinsamen Marktes abgelaufen. Sollten nunmehr die ursprünglichen Mitglied-„Staaten“ in ihrer Existenz berührt worden sein, ihre die Gründung der Gemeinschaften unter Umständen mißbilligende Rechtsordnung nicht mehr gelten? Die Frage läßt sich zwar möglicherweise nicht mit dem Hinweis abtun, die Europäischen Gemeinschaften könnten nicht als Staaten angesehen werden, da ihre Gewalt nicht allumfassend, sondern auf den wirtschaftlichen Bereich beschränkt sei[63]. Es läßt sich — hält man dem Grundsatz der Unteilbarkeit der Staatsgewalt die „Modellwidrigkeit“ des Bundesstaates[64] entgegen — nicht von vornherein ausschließen, daß sich auch in einem partiellen Bereich Strukturen ausbilden, deren faktisches Eigengewicht die Bezeichnung „Staatlichkeit“ verdient[65].

Für die Europäischen Gemeinschaften aber zwingt gerade eine Beurteilung der tatsächlichen Entwicklung zu der Aussage, daß von einer teilweisen Beseitigung der Staatlichkeit der Gründer und damit ihrer Rechtsordnung bislang nicht ausgegangen werden kann. So wie

---

60 Vgl. z. B. *Jellinek*, Allgemeine Staatslehre, S. 266 ff., 775; *Nawiasky*, Allgemeine Staatslehre III, S. 132 f. — a. A. neuerdings *Krüger*, vgl. o. Fn. 57 und Allgemeine Staatslehre, S. 919 f.; s. dazu die Kritik von *Ruppert*, Integrationsgewalt, S. 103 f.

61 *G. Jellinek*, S. 274.

62 *Mosler*, Recht-Staat-Wirtschaft III, S. 255 ff.; ZaöRV 14 S. 37—39, 44.

63 Vgl. z. B. *Wagner*, Grundbegriffe des Beschlußrechts, S. 67; *Badura*, VVDStRL 23 S. 49; *Sattler*, Prinzip der „funktionellen Integration“, S. 22 f. mit Fn. 3; *Gorny*, Verbindlichkeit der Bundesgrundrechte, S. 84 f.

64 *Krüger*, Allgemeine Staatslehre, S. 848; *Frowein*, AWD 1964 S. 236 mit Fn. 52.

65 Vgl. *Erler*, VVDStRL 18 S. 71 f.; *Frowein*, AWD 1964 S. 236; *Zweigert*, RabelsZ 28 S. 604 f.

allgemein anerkannt ist, daß der Bestand des Staates von einer ihn tragenden Gesellschaft abhängig ist[66], müßten auch für die Europäischen Gemeinschaften entsprechende partielle Gesamtgesellschaftsstrukturen nachgewiesen werden. Das dürfte kaum gelingen. Gewiß wird der „Marktbürger" als Produzent, Händler und Konsument von Gemeinschaftsmaßnahmen unmittelbar betroffen, doch erscheinen sie ihm wohl eher als Ausflüsse eines technokratischen Apparates — ein wirklicher Integrationseffekt bleibt aus. Zölle für Rollmöpse, phytosanitäre Maßnahmen für Blumenzwiebeln oder Etikettierungsvorschriften für Mayonnaisegläser können kein europäisches Bewußtsein erzeugen. Zwar darf der lange Marsch durch diese ökonomischen Details nicht darüber täuschen, daß auch auf diesem Wege die politische Teilverwirklichung eines größeren Ganzen stattfindet — bislang wird dieser Prozeß aber als im ökonomisch-technischen Bereich bleibend empfunden. „Europäische Parteien", die die Grenzen der Mitgliedstaaten überschreiten, haben sich bisher nicht gebildet und können es auch nicht, solange das Vorhaben eines unmittelbar gewählten Europäischen Parlaments[67] unverwirklicht bleibt. Bislang existieren nur die „Völker der in der Gemeinschaft zusammengeschlossenen Staaten"[68], nicht ein Volk des Gemeinsamen Marktes[69].

Dieser soziologische Befund wird ergänzt durch eine politische Bewertung der bisherigen Entwicklung. Der Machtverfall der Kommission — bewirkt durch das Verhalten der Mitgliedstaaten — ist kaum mehr mit der ihr von den Verträgen her zugedachten Stellung vereinbar. Das in den Verträgen verankerte Mehrheitsprinzip der Beschlußfassung im Rat, sicher einer der stärksten Ansatzpunkte für die Durchsetzung des Integrationsprozesses, ist von den Mitgliedstaaten im Grunde nie als Unterordnung unter eine Gemeinschaftsgewalt praktiziert worden, sondern als Ausspielen jeweiliger nationaler Interessen im Rahmen wechselnder Koalitionen[70]. Seit den Luxemburger Beschlüssen vom 29. Januar 1966, die nach wie vor bei der Beschlußfassung im Rat beachtet werden, kann auf keinen Fall mehr gegen „sehr wichtige Interessen" eines Mitgliedstaates — und was das ist, bestimmt dieser — gehandelt werden[71]. Mit der Einführung dieses Vetorechts

---

[66] s. z. B. *Ehmke*, Festgabe Smend (1962), S. 42 ff.; *Krüger*, Allgemeine Staatslehre, S. 619 ff.; *Ruppert*, Integrationsgewalt, S. 46 ff. m. w. N.

[67] Art. 21 (3) und (4) EGKSV, Art. 138 (3) und (4) EWGV, Art. 108 (3) und (4) EAGV.

[68] Art. 20 EGKSV, 137 EWGV, 107 EAGV.

[69] Vgl. z. B. auch *Ophüls*, AWD 1964 S. 68; *Ipsen*, VVDStRL 23 S. 129 (Diskussionsbeitrag); *Sattler*, Prinzip der „funktionellen Integration", S. 168 ff.; *Axline*, European Community Law, S. 12.

[70] Vgl. die Darstellung des „package deal" bei *Sattler*, S. 138 ff.

[71] Vgl. Ziff. I—III des Beschlusses der außerordentlichen Tagung des EWG-Rates in Luxemburg vom 29. 1. 1966 zur Frage der Mehrheitsentschei-

verliert auch die unmittelbare Rechtsetzungsbefugnis der Gemeinschaften, die ja im wesentlichen dem Rat überlassen ist, ihre politische Bedeutung.

Diese Andeutungen dürften genügen, sie sollen den Europäischen Gemeinschaften auch nicht etwa die in ihnen angelegten präföderalen Elemente absprechen; der Europäische Gerichtshof ist z. B. nach wie vor ein wichtiger Faktor; es steht, wenn auch kein Gemeinschaftszwang, so doch der Zwang gegen die Staatsbürger zur Verfügung[72]. Auch kann es durchaus sein, daß die in den Verträgen angelegten Zielsetzungen im Sinne eines „spill-over"-Effektes, einer „epigenesis" schließlich doch den Weg zum Europäischen Bundesstaat bahnen[73]. Nur in der gegenwärtigen Lage ist die faktische Entwicklung noch nicht so weit fortgeschritten, daß den Mitgliedstaaten „ein Stück Staatlichkeit"[74] und damit Geltungskraft ihrer eigenen Rechtsordnung verloren gegangen ist. Konflikte zwischen dieser und der Gemeinschaftsrechtsordnung können im innerstaatlichen Bereich nur im Rückgriff auf die Verfassung des jeweiligen Mitgliedstaates gelöst werden. Dem Grundgesetz muß die Antwort auf die Frage entnommen werden, ob die deutschen Bundesländer sich mit der ihnen vom Gemeinschaftsrecht zugewiesenen Stellung abzufinden haben.

III. Regelung des Grundgesetzes

1. Zuständigkeit zur Übertragung von Hoheitsrechten der Länder

a) Bund-Länder-Verhältnis im völkerrechtlichen Verkehr

Zur Gründung der Europäischen Gemeinschaften haben die Mitgliedstaaten völkerrechtliche Verträge abgeschlossen. Deswegen könnte die Frage der Vereinbarkeit der Gemeinschaftsverträge mit der bundesstaatlichen Ordnung des Grundgesetzes zunächst unter dem Gesichtspunkt untersucht werden, ob der Bund auch insoweit Verträge abschließen und innerstaatlich anwendbar machen kann, als sie Gegenstände der ausschließlichen Gesetzgebungshoheit der Länder betreffen.

dungen, Bull. EWG 3-1966 S. 9. Soweit ersichtlich wurde bislang lediglich am 17. 7. 1969 einmal versucht, wieder einen Mehrheitsbeschluß zu fassen, indem der amtierende niederländische Ratspräsident feststellte, der Rat habe gegen die Stimme der Niederlande beschlossen, eine zusätzliche Beihilfe für in Italien verarbeitete Raps- und Rübensamen einzuführen; Die Welt vom 19. 7. 1969 S. 10.

[72] Art. 64, 91, 92 EGKSV; Art. 192 EWGV; Art. 83, 164 EAGV.

[73] Vgl. *Haas,* International Organisation XV S. 375 ff.; *Lindberg,* Political Dynamics, S. 8—13; *Axline,* European Community Law, S. 83; *Ipsen,* Verfassungsperspektiven, S. 8.

[74] *Thieme,* VVDStRL 18 S. 71.

Die Verfassung der Bundesrepublik Deutschland weist insofern eine „bundesstaatliche Anomalie" auf[75], als sie die Länder nicht völlig von jeder Aktivität nach außen abriegelt. Zwar bestimmt Art. 32 Abs. 1 GG die Pflege der Beziehungen zu auswärtigen Staaten zur Sache des Bundes, aber im Abs. 3 heißt es:

„Soweit die Länder für die Gesetzgebung zuständig sind, können sie mit Zustimmung der Bundesregierung mit auswärtigen Staaten Verträge abschließen."

Diese Regelung stellt nicht klar, ob die den Ländern eingeräumte Befugnis ihnen zur ausschließlichen Wahrnehmung übertragen ist oder nur neben die nach Abs. 1 grundsätzlich unbeschränkte Abschlußkompetenz des Bundes tritt. Auch Art. 73 Nr. 1 GG, wonach der Bund die ausschließliche Gesetzgebung über die auswärtigen Angelegenheiten hat, gibt für die Frage wenig her. Hier ist wohl nur die Gesetzgebung über die Gestaltung des nach Art. 87 Abs. 1 GG in bundeseigener Verwaltung geführten auswärtigen Dienstes angesprochen. Die Abschlußgewalt des Bundes kann in Art. 73 Nr. 1 kaum geregelt sein. Wenn einerseits die Vertragsschließungskompetenz der Länder nach der Gesetzgebungskompetenz ausgerichtet ist (Art. 32 Abs. 3 GG), dann andererseits dem Bund nach Art. 73 Nr. 1 GG die ausschließliche Gesetzgebungskompetenz zustehen würde, wäre es den Ländern grundsätzlich verwehrt, überhaupt völkerrechtliche Verträge zu schließen. Art. 32 Abs. 3 GG enthielte lediglich eine Ermächtigung der Länder nach Art. 71 GG, im Bereich ausschließlicher Bundeskompetenz tätig zu sein[76]. Schließlich gibt auch Art. 59 GG keine Antwort auf die Verteilung der Vertragsabschlußgewalt zwischen Bund und Ländern. Art. 59 Abs. 1 GG, der dem Bundespräsidenten die völkerrechtliche Vertretung des Bundes zuweist, braucht keine Bundeskompetenzen zu begründen, sondern könnte sie voraussetzen[77]. Die Bestimmung des Art. 59 Abs. 2 — wonach Verträge, welche die politischen Beziehungen des Bundes regeln oder sich auf Gegenstände der Bundesgesetzgebung beziehen, der Zustimmung oder der Mitwirkung der jeweils für die Bundesgesetzgebung zuständigen Körperschaften in der Form eines Bundesgesetzes bedürfen — trifft ebenfalls keine eindeutige Aussage über das Bund-Länder-Verhältnis im Rahmen der völkerrechtlichen Vertragsgewalt. Die Vorschrift grenzt nicht zwischen Bundes- und Landesgesetzgebung ab, sondern zwischen Gesetzgebung und Verwaltung auf Bundesebene; die Betonung liegt auf „... gesetzgebung"[78].

---

75 *Mosler*, Festschrift Thoma, S. 138 mit Fn. 2; ähnlich *Bernhardt*, Abschluß völkerrechtlicher Verträge, S. 12 f.

76 *Mosler*, Festschrift Bilfinger, S. 266 f.; *Bernhardt*, Abschluß völkerrechtlicher Verträge, S. 145, 149 mit Fn. 636.

77 So z. B. *Bernhardt*, S. 128.

Angesichts dieser wenig klaren Regelung des Grundgesetzes ist der Umfang der Vertragsgewalt des Bundes nach wie vor umstritten. Für den Bereich der Staatspraxis wurde bereits auf die unterschiedliche Auffassung von Bund und Ländern zur Abschluß- und Transformationskompetenz völkerrechtlicher Verträge im Bereich ausschließlicher Landeskompetenz hingewiesen[79]. Auch in der Literatur hat sich zu dieser Frage noch keine einheitliche Auffassung gebildet[80].

b) Bund-Länder-Verhältnis im Bereich der Übertragung von Hoheitsrechten nach Art. 24 Abs. 1 GG

Es wurde bereits darauf hingewiesen, daß mit den Europäischen Gemeinschaften eine Rechtsordnung geschaffen wurde, die sich nicht mit den hergebrachten Kategorien völkerrechtlicher Staatenverbindungen erfassen läßt[81]. Wenn auch zur Gründung der Gemeinschaften die Form des völkerrechtlichen Vertrages gewählt wurde, könnte doch der Gegenstand des Vertragsabschlusses Besonderheiten aufweisen, die es rechtfertigen, die Frage der Vereinbarkeit der Gemeinschaftsverträge mit der föderalen Kompetenzverteilung losgelöst von dem Streit über die Auslegung derjenigen Bestimmungen zu beantworten, die allgemein die völkerrechtliche Vertragsgewalt von Bund und Ländern regeln. Auszugehen wäre demnach von Art. 24 Abs. 1 GG, der Vorschrift, die eigens dafür geschaffen wurde, der Bundesrepublik die Mitgliedschaft in so neuartigen Organisationen, wie es die Europäischen Gemeinschaften sind, zu ermöglichen.

Dabei kann allerdings nicht erwartet werden, daß sich dem Wortlaut der Bestimmung ohne weiteres eine Antwort auf die Frage entnehmen läßt, ob das Grundgesetz hier eine Sonderregelung gegenüber der allgemeinen Kompetenzverteilung von Bund und Ländern im Rahmen der auswärtigen Gewalt getroffen hat. Wenn es heißt: „Der Bund kann durch Gesetz Hoheitsrechte auf zwischenstaatliche Einrichtungen übertragen", so ist zwar bemerkenswert, daß eine Beschränkung auf Bundeshoheitsrechte fehlt; daraus ließe sich — insbesondere bei einem Vergleich mit dem nachfolgenden Absatz der Bestimmung (Beschränkung „seiner" Hoheitsrechte) — ein Anhaltspunkt dafür entneh-

---

[78] Vgl. BVerfGE 1, 372, 389 f.; *v. Mangoldt - Klein*, Art. 59 Anm. II 2 a; *Maunz* in: Maunz - Dürig - Herzog, Art. 59 Rdnr. 17 (anders in Staatsrecht, S. 329).

[79] s. o. 2. Teil III 1.

[80] Vgl. *Rudolf*, Völkerrecht und deutsches Recht, S. 184 ff.; *Reichel*, Die auswärtige Gewalt nach dem Grundgesetz, S. 154 ff.; *Dreher*, Die Kompetenzverteilung zwischen Bund und Ländern im Rahmen der Auswärtigen Gewalt, S. 27 ff., 93 ff. (jeweils mit Darstellung des Streitstandes).

[81] s. o. I 2 mit Fn. 10 und II 1.

men, daß der Bund alle Hoheitsrechte, auch die der Länder, übertragen kann. Dem steht jedoch entgegen, daß dem Bund im Zweifel nur die Rechtsmacht zur Verfügung über eigene Hoheitsrechte eingeräumt sein kann, eine Zugriffsmöglichkeit auf die Länderrechte besonderer Hervorhebung bedurft hätte.

Die — in der Literatur häufig gerügte[82] — sprachlich ungenaue Formulierung des Art. 24 Abs. 1 verlangt auch für die Beantwortung der Frage, ob diese Vorschrift einen besonderen in die Ausübung herkömmlicher auswärtiger Gewalt nicht einzuordnenden Gegenstand regelt, eine vertiefte Untersuchung. Art. 24 Abs. 1 umschreibt den von ihm geregelten Gegenstand mit „Hoheitsrechte auf zwischenstaatliche Einrichtungen übertragen". Die rechtliche Besonderheit dieses Vorgangs zu erfassen und daraus, wenn möglich, Rückschlüsse auf die Kompetenzverteilung von Bund und Ländern in diesem Bereich zu ziehen, ist Aufgabe der folgenden Untersuchung.

(1) Wenn als Übertragungsgegenstand „Hoheitsrechte" genannt werden, bedeutet das — wie allgemein anerkannt ist — nicht etwa eine Anspielung auf die Regalienlehre der mittelalterlichen Staatsvorstellung. In einer Verfassung der Neuzeit umschreibt der Ausdruck vielmehr die „Richtung der Staatsgewalt auf ein bestimmtes Gebiet"[83], „Ausstrahlungen der ihrem Begriff und Wesen nach allumfassenden Hoheitsgewalt des modernen Staates"[84]. „Hoheitsrechte" i. S. des Art. 24 Abs. 1 müssen — solange man nicht von einer Fehlbezeichnung der Vorschrift ausgeht — als gegenstandsmäßig bestimmte Staatsgewalt angesehen werden. K. H. *Klein* definiert dementsprechend: „Hoheitsrechte sind die dem jeweiligen Gegenstand nach bezeichneten (materiellen) Befugnisse des Staates, den in ihm zusammengeschlossenen Personen oder Personenverbänden ein Verhalten zu befehlen und es mit Zwang durchzusetzen[85]." Gegen diese Definition, der vielfach zugestimmt wird[86], läßt sich nur einwenden, daß eine Festlegung auf bestimmte Mittel der auch insoweit umfassenden Staatsgewalt nicht mit dem Begriff Hoheitsrechte verbunden ist. Es geht allein um die Aufgabenseite der Staatsgewalt[87], so daß es genügt zu sagen: Hoheitsrechte

---

[82] Vgl. z. B. *v. Mangoldt - Klein*, Art. 24 Anm. II 3 a; *Vogel*, Verfassungsentscheidung, S. 3; *Ruppert*, Integrationsgewalt, S. 70.

[83] *Jellinek*, Allgemeine Staatslehre, S. 598.

[84] *Thoma*, Wehrbeitrag II, S. 166.

[85] Übertragung von Hoheitsrechten, S. 22.

[86] z. B. *Kruse*, Festschrift Kraus, S. 118; *v. Mangoldt - Klein*, Art. 24 Anm. III 3; *Küchenhoff*, DÖV 1963 S. 165; *Lenz* in: Hamann - Lenz, Art. 24 Anm. B 3.

[87] s. auch *Badura*, VVDStRL 23 S. 56; *Emrich*, Verhältnis des Rechts der Europäischen Gemeinschaften zum Recht der BRD, S. 114; *Ruppert*, Integrationsgewalt, S. 56.

sind die dem jeweiligen Gegenstand nach bezeichneten Befugnisse des Staates.

Als Teile der Staatsgewalt sind Hoheitsrechte notwendig originärer Natur, der Staat entnimmt seine Befugnisse seiner eigenen Rechtsordnung. Sollen nun Hoheitsrechte „auf zwischenstaatliche Einrichtungen" übergehen, müssen sie auch auf dieser Ebene originär sein — anders läßt sich von Hoheitsrechten nicht sprechen. Der Ausdruck „übertragen", mit dem üblicherweise die Vorstellung derivaten Erwerbs (vom Rechtsvorgänger) verbunden wird, erweist sich dann als Fehlbezeichnung.

Darauf ist häufig hingewiesen worden; Erich *Kaufmann* hat z. B. den Vergleich zur französischen und englischen Ausdrucksweise gezogen, nicht „transférer" und „to transfer" würden den Vorgang der Übertragung von Hoheitsrechten kennzeichnen, sondern „conférer" und „to confer"[88]; andere sprechen davon, es werde mit konstituierender Wirkung eine gemeinschaftliche Hoheitsgewalt geschaffen[89]; eine neue und eigenartige öffentliche Gewalt trete an die Stelle der nationalen Staatsgewalt[90]. Gerade die letztgenannte Formulierung macht deutlich, worum es bei einer „Übertragung" von Hoheitsrechten geht: Die Konstituierung einer neuen originären Gewalt trifft auf den Grundsatz der Ausschließlichkeit der Staatsgewalt. „Übertragung" von Hoheitsrechten bedeutet: Der Staat verzichtet auf seine Ausschließlichkeit und verschafft dadurch einer fremden originären Gewalt Geltung in seinem Bereich[91]. Der Verzicht des Staates erstreckt sich allerdings nur auf seine „aktualisierte" Ausschließlichkeit; er kann grundsätzlich durch Rechtsakt rückgängig gemacht werden und ist scharf von einem auch die „potentielle" Ausschließlichkeit berührenden Verlust der Staatlichkeit zu unterscheiden, der nur durch eine elementare soziale Umwälzung bewirkt werden kann[92].

Daß eine Verfassung dem Staat den Verzicht auf „aktualisierte" Ausschließlichkeit gestatten kann, läßt sich kaum bestreiten. Bedenken ergeben sich für die Gegenseite, die Schaffung originärer Gewalt des fremden Verbandes. Im strengen Sinne des Wortes ist originär nur die

---

[88] Wehrbeitrag II, S. 54 f.; vgl. z. B. auch *Scheuner*, Wehrbeitrag II, S. 139; *Münch*, Actes off. II, S. 280 und BdGVR 2 S. 78; *Wohlfarth*, JJahrb 3 S. 260; *Emrich*, Verhältnis des Rechts der Europäischen Gemeinschaften zum Recht der BRD, S. 114.

[89] *Erler*, VVDStRL 18 S. 22.

[90] *Badura*, VVDStRL 23 S. 57.

[91] Ebenso insbes. *Maunz* in: Maunz - Dürig - Herzog, Art. 24 Rdnr. 4 ff.; *Ruppert*, Integrationsgewalt, S. 101 ff., 110 ff. Auch das BVerfG stellt in seinem Beschluß vom 9. 6. 1971 (31, 145, 174) fest, Art. 24 Abs. 1 besage, daß die Hoheitsakte der Organe der zwischenstaatlichen Einrichtung vom „ursprünglich ausschließlichen" Hoheitsträger anzuerkennen seien.

[92] s. dazu *Ruppert*, S. 122 ff.

Gewalt, die ihre Rechtsmacht nicht von einer fremden Rechtsordnung empfängt, sondern aus ihrer eigenen schöpft. Das Entstehen originärer Hoheit erinnert an das Problem der Staatenentstehung. Kann originäre Gewalt überhaupt durch Rechtsakt geschaffen werden oder bedarf es hierzu nicht präjuristischer Voraussetzungen?

Auf diese Problematik ist gerade im Zusammenhang mit der Gründung der Europäischen Gemeinschaften häufig hingewiesen worden[93]. In letzter Zeit hat vor allem *Ruppert* in allgemeinem Zusammenhang das soziologische Moment bei der Entstehung originärer Gewalt stark hervorgehoben[94]. Nach seiner Auffassung gewinnt die Hoheit des neuen Gebildes ihre Normativität nicht, weil ein Staat zustimmt; diese Zustimmung begünstigte allenfalls die sozialen normativierenden Vorgänge, so daß sie ohne „Geburtswehen" ablaufen würden. Diese Feststellung dürfte zwar die Tatsache vernachlässigen, daß die staatliche Zustimmung sicher das Entstehen der neuen Gewalt initiieren kann, solange es an den sozialen Voraussetzungen fehlt; die Staaten spielen dann die entscheidende Rolle, sind — um im Bild zu bleiben — die „Erzeuger" der originären Gewalt. Es bleibt aber der Zweifel, ob Erzeugung und Geburt zusammenfallen, nicht vielmehr ein — bei ungünstigen Vorgegebenheiten recht langwieriger — Entwicklungsprozeß für die Ausbildung neuer originärer Gewalt nötig ist. Der Streit um die Rechtsnatur der Europäischen Gemeinschaften ist dafür bezeichnend, die Lehre von der originären Gemeinschaftsgewalt brauchte lange Zeit, um sich durchzusetzen[95].

(2) Die Zweifel daran, daß es überhaupt möglich ist, durch eine Rechtsnorm den Erwerb originärer Gewalt zu bestimmen, nötigen zu der Frage, ob in Art. 24 Abs. 1 wirklich Hoheitsrechte als „Übertragungs"-gegenstand gemeint sind. In der Tat wird in der Literatur stattdessen häufig von Zuständigkeiten oder Kompetenzen gesprochen[96]. In Anlehnung an die Terminologie von *Wolff*[97] gelangt z. B. *Ruppert*[98] zu dem Schluß, daß für Art. 24 Abs. 1 auch sog. Gliedzuständigkeiten in Betracht kämen. Bei Gliedzuständigkeiten sei nicht der Staat Endzu-

---

[93] Vgl. z. B. *Meyer-Cording*, Festgabe Müller-Armack, S. 291 ff.; *Everling*, Aktuelle Fragen, S. 90.

[94] S. 103 f. gegen *Krüger*, DÖV 1959 S. 724. Vgl. auch *Hoffmann*, DÖV 1967 S. 435 f.

[95] Im deutschen Rechtsbereich hat erst die Entscheidung des Bundesverfassungsgerichts vom 18. 10. 1967 (BVerfGE 22, 293, 296) die entscheidende Wende herbeigeführt, wobei auch hier die EWG als „eine im Prozeß fortschreitender Integration" stehende Gemeinschaft bezeichnet wird.

[96] z. B. *Mosler*, Festschrift Wehberg, S. 294; *Scheuner*, Festschrift Verdross, S. 232 mit Fn. 16; *Roselieb*, ÖZfÖR XII S. 471 f.

[97] Verwaltungsrecht II, § 74.

[98] Integrationsgewalt, S. 67 f., 91 ff., 101, 107 ff.

ständigkeitsträger, er handele durch Gebilde mit rechtlicher Eigenständigkeit, denen rechtstechnisch ihr eigenes Handeln zugerechnet werde. Übertragung von Gliedzuständigkeiten auf zwischenstaatliche Einrichtungen bedeute, daß die bestehende staatliche Zuständigkeitsordnung geändert werde. Den bisherigen staatlichen Organen würden Zuständigkeiten genommen, die den zwischenstaatlichen Einrichtungen in eigener, allerdings nur rechtstechnischer Trägerschaft zugewiesen würden. Das Ergebnis, zu dem diese Konstruktion führt, ist für die juristische Qualifizierung der zwischenstaatlichen Einrichtung von essentieller Bedeutung: Sie könnten nie Träger originärer Gewalt werden, sondern würden stets nur delegierte Hoheitsgewalt der Mitgliedstaaten ausüben[99].

Vom Wortlaut des Art. 24 Abs. 1 her läßt sich dieser These wenig entgegenhalten. Zwar sind Zuständigkeiten qualitativ etwas anderes als Hoheitsrechte, aber dafür erweist sich der Ausdruck „übertragen" in diesem Zusammenhang als treffend. *Ruppert*[100] hat darauf hingewiesen, daß das Grundgesetz an verschiedenen Stellen von Übertragung spricht, wenn Zuständigkeiten von ihren bisherigen Trägern auf einen neuen verlagert werden. Ob Art. 24 Abs. 1 wirklich Hoheitsrechte oder (auch) Zuständigkeiten als Übertragungsgegenstand meint, läßt sich nur durch eine Interpretation klären, die über den bloßen Wortlaut hinausgeht und insbesondere den Gesamtzusammenhang, in dem die Vorschrift eingebettet ist, sowie die ihr zugrundeliegende politische Sinngebung berücksichtigt.

Art. 24 Abs. 1 steht in einem Abschnitt des Grundgesetzes, in dem fundamentale Prinzipien der Verfassung Aufnahme gefunden haben[101]. Auch die Möglichkeit, Hoheitsrechte auf zwischenstaatliche Einrichtungen zu übertragen, ist Ausfluß einer Verfassungsentscheidung von grundsätzlicher Tragweite, die in den weiteren Absätzen des Art. 24 zur Wahrung des Friedens die Einordnung in ein System gegenseitiger kollektiver Sicherung bejaht, die zur Sicherung friedlicher und dauerhafter Ordnung in Europa und zwischen den Völkern der Welt Beschränkungen deutscher Hoheitsrechte vorsieht, die die Bundesrepublik einer umfassenden obligatorischen internationalen Schiedsgerichtsbarkeit unterwerfen will, die in Art. 25 die allgemeinen Regeln des Völkerrechts vorrangig in das Bundesrecht aufnimmt und schließlich in Art. 26 mit dem Aggressionsverbot nochmals für ein friedliches Miteinanderleben der Völker eintritt. Ohne den jeweiligen spezialgesetzlichen Normgehalt zu verkennen, läßt sich doch als gemeinsamer Grundge-

---

99 *Ruppert*, S. 92. Ähnlich schon *Jaenicke*, Festschrift Bilfinger, S. 96; Wörterbuch des Völkerrechts III, S. 426 unter 4.

100 S. 134 f.

101 Vgl. *Scheuner*, Wehrbeitrag II, S. 138.

danke der Art. 24 bis 26 GG die Verfassungsentscheidung für eine „offene“ Staatlichkeit herausschälen[102], d. h. nicht nur für eine Zusammenarbeit mit anderen Staaten, sondern auch für eine gliedschaftliche Einordnung der Bundesrepublik in eine internationale Gemeinschaft der Staaten. Damit hat das Grundgesetz eine Entscheidung von grundlegender Bedeutung getroffen[103], die es rechtfertigt, Art. 24 Abs. 1 in einem möglichst integrationsfördernden Sinn anzulegen: Verzicht auf die Ausschließlichkeit der Staatsgewalt und originäre Hoheitsgewalt der zwischenstaatlichen Einrichtung entsprechen der Vorschrift mehr als Übertragung derivater Befugnisse.

Diese Feststellung kann durch ein weiteres Argument bestätigt werden, soweit es um die Anwendung des Art. 24 Abs. 1 im Rahmen der Gründung der Europäischen Gemeinschaften geht. In der Präambel des Grundgesetzes, die nicht als „rhetorischer Vorspruch“, vielmehr als „wesentliches Element“ der Verfassung, von der aus sie die „eigentliche politische und juristische Qualifikation“ erhalten sollte, gedacht war[104], wird der Wille des deutschen Volkes bekundet, „als gleichberechtigtes Glied in einem vereinten Europa dem Frieden der Welt zu dienen“. Die Wiedererlangung der Souveränität des deutschen Volkes sollte dazu dienen, Deutschland in Europa aufgehen lassen zu können[105]. Auf den engen Zusammenhang dieses Teils der Präambel mit Art. 24 ist immer wieder hingewiesen worden: Die Möglichkeit, Hoheitsrechte auf zwischenstaatliche Einrichtungen zu übertragen, soll das politische Ziel eines vereinten Europas erfüllen helfen[106].

Das Ziel einer Eingliederung in ein vereintes Europa kann die Bundesrepublik aber nur dann wirksam anstreben, wenn einer zwischenstaatlichen Einrichtung — als Station auf dem Weg zu diesem Ziel — nicht nur delegierte Zuständigkeiten eingeräumt werden, sondern ihr darüber hinaus die Möglichkeit gegeben wird, eigenständige Gewalt auszubilden. Nur so kann sich ein Prozeß entfalten, der kraft seiner Eigengesetzlichkeit den Weg zu einem europäischen Bundesstaat bahnt. Es mag sein, daß mangels soziologischer Voraussetzungen die Errichtung der Europäischen Gemeinschaften zunächst aus tatsächlichen Gründen nur zum Erwerb delegierter Zuständigkeiten führen konnte. Selbst

---

102 Vgl. *Vogel*, Verfassungsentscheidung, S. 35 ff., 46; *Ipsen*, Verhandlungen 45. DJT, Schlußvortrag, S. 10.

103 Vgl. *Thoma*, Wehrbeitrag II, S. 164; *Grewe*, VVDStRL 12 S. 147; *Mosler*, Völkerrecht in der Praxis der deutschen Gerichte, S. 9; *Vogel*, Verfassungsentscheidung, S. 42 f.; *Ruppert*, Integrationsgewalt, S. 240.

104 Abg. *Schmid*, PR, StenBer. S. 70.

105 Abg. *Schmid*, S. 71.

106 Vgl. z. B. *Grewe*, DRZ 1949 S. 315; *Kaufmann*, Gesammelte Schriften II, S. 408; *v. Mangoldt - Klein*, Art. 24 Anm. II 3 c; *Thieme*, VVDStRL 18 S. 57; *Everling*, NJW 1971 S. 1486.

wenn man auch noch im gegenwärtigen Stadium den Gemeinschaftsorganen die Ausübung originärer Gewalt absprechen wollte, läßt sich dies doch nur mit einer wesentlichen Einschränkung vertreten: Der Erwerb von Zuständigkeiten kann nur als Mittel zu dem Zweck begriffen werden, im Rahmen der Europäischen Gemeinschaften die Ausbildung originärer Strukturen zu ermöglichen. Art. 24 Abs. 1 ließ also auch die schwächere Ausstattung der Gemeinschaften mit abgeleiteten Befugnissen zu; dies aber nur, wenn dahinter die Intention stand, dadurch einen Prozeß einzuleiten, dessen Ergebnis originäre Gemeinschaftsgewalt ist. Ob eine zwischenstaatliche Einrichtung abgeleitete Befugnisse oder originäre Gewalt ausübt, läßt sich im Einzelfall oft nur schwer feststellen — es sei wiederum an den Streit um die Rechtsnatur der Europäischen Gemeinschaften erinnert. Originäre und abgeleitete Strukturen können in der jeweiligen Organisation miteinander vermischt sein, und der tatsächlichen Entwicklung muß es überlassen bleiben, welche Strukturen schließlich die Überhand gewinnen[107]. In diesem Dilemma entspricht es der politischen Sinngebung des Art. 24 Abs. 1 — besonders bei den Bemühungen um die Europäische Integration — den Ansätzen zu originärer Gemeinschaftsgewalt zum Durchbruch zu verhelfen. Die in Anwendung des Art. 24 Abs. 1 getroffenen Maßnahmen müssen so ausgestaltet sein, daß vom innerstaatlichen Bereich her die Ausbildung originärer Strukturen der zwischenstaatlichen Einrichtung gewährleistet ist. Das heißt: Die Bundesrepublik Deutschland hat mit der Gründung der Europäischen Gemeinschaften auf die Ausschließlichkeit ihrer Staatsgewalt verzichtet und Raum für eine Entwicklung originärer Gemeinschaftsgewalt geschaffen.

(3) Folgt man dieser Auslegung des Art. 24 Abs. 1, ergibt sich die zwingende Schlußfolgerung, daß die Gründung der Europäischen Gemeinschaften allein in die Zuständigkeit des Bundes fiel — auch wenn dabei auf Hoheitsrechte der Länder verzichtet wurde. Das Grundgesetz läßt zwar als bundesstaatliche Verfassung den Ländern Bereiche, in denen sie sich — auch nach außen hin — eigenstaatlich entfalten können, aber stets nur als Länder, als Gliedstaaten der Bundesrepublik Deutschland. Könnten die Länder auf die ihnen überlassene Gliedstaatsgewalt zugunsten einer zwischenstaatlichen Einrichtung verzichten, würde nicht nur länder-, sondern auch bundesfremde originäre Gewalt erzeugt werden[108]. Den Ländern ist aber ihr Aufgabenbereich nur zur Wahrnehmung im Gesamtstaat eingeräumt, sie können nicht Teile die-

---

[107] So auch *Ruppert*, Integrationsgewalt, S. 69, 175 ff.

[108] Vgl. *Ruppert*, Integrationsgewalt, S. 274 f., der des weiteren meint, dies liege auf der gleichen Ebene wie die Schaffung von gemeinsamen Ländereinrichtungen. Wieweit diese mit den bundesstaatlichen Ordnungsvorstellungen des Grundgesetzes vereinbar sind, kann dahingestellt bleiben, da im

ses Bereiches einer Gewalt öffnen, die außer-, wenn nicht sogar überhalb des Gesamtstaates herrscht. Die Wahrung der Gesamtverfassung ist Sache der Organe des Bundes. Auch das Bundesverfassungsgericht hat im Neugliederungsurteil darauf hingewiesen, daß Art. 24 einen Bereich betrifft, der der übergeordneten Gesamtgewalt, den Organen des Bundes, zugewiesen ist[109].

c) Als Ergebnis ist festzuhalten: Die in Anwendung des Art. 24 Abs. 1 erfolgte Gründung der Europäischen Gemeinschaften ist aus dem Streit um die Befugnisse von Bund und Ländern im Rahmen der auswärtigen Gewalt herausgenommen. Die Übertragung von Hoheitsrechten des Bundes wie der Länder fiel in die ausschließliche „Integrationskompetenz"[110] des Bundes, auch wenn dazu ein völkerrechtlicher Vertrag abgeschlossen wurde[111].

2. Form der Übertragung von Hoheitsrechten der Länder

Wenn auch allein der Bund bei der Errichtung der Europäischen Gemeinschaften mitwirken konnte — trotz der Tatsache, daß dazu auf Hoheitsrechte der Länder verzichtet werden mußte —, ist damit noch nichts über die Form gesagt, in der dies zu geschehen hatte. Grundsätzlich kann nur im Wege der Verfassungsänderung in die ausschließliche Ländergewalt eingegriffen werden. Ob dies auch im Übertragungsbereich des Art. 24 Abs. 1 gilt, hängt davon ab, wie — unter Berücksichtigung der bisherigen Erörterungen — der Begriff „durch Gesetz" auszulegen ist.

a) Werden Hoheitsrechte auf eine außerhalb des Staates stehende Organisation übertragen, ist damit stets eine Änderung der materiellen Verfassung des jeweiligen Staates verbunden. Die Verfassungen der Neuzeit gehen grundsätzlich von der Vorstellung einer einheitlich und geschlossen organisierten Staatsgewalt aus[112]. Begrenzte Durchbrechun-

---

Bereich des Art. 24 Gewalt erzeugt werden soll, die weder von den Ländern, noch dem Bund, noch einer „dritten Ebene" zwischen Bund und Ländern ausgeübt wird.

109 BVerfGE 13, 54, 78 f.; vgl. auch *Mosler*, ZaöRV 16 S. 21; *Bernhardt*, Abschluß völkerrechtlicher Verträge im Bundesstaat, S. 172 f.

110 Der Begriff wurde von *Grewe*, VVDStRL 12 S. 143 eingeführt.

111 Das Mittel des Vertrages ist nicht etwa das einzige, um Hoheitsrechte zu übertragen. Der Beitritt kann, wenn die Satzung der Organisation das vorsieht, auch durch einseitige Erklärung erfolgen. Denkbar ist selbst, daß die BRD ohne Beitritt ihren staatlichen Bereich der fremden Gewalt öffnet; auch das wäre eine Übertragung von Hoheitsrechten i. S. des Art. 24 Abs. 1 GG.

112 Vgl. z. B. auch *Forsthoff*, Wehrbeitrag II, S. 329 f.; *v. Mangoldt - Klein*, Art. 24 Anm. III 4 b; *Glaesner*, DÖV 1959 S. 653; *Badura*, VVDStRL 23 S. 141; *Ruppert*, Integrationsgewalt, S. 218 f.

gen dieses Organisationsprinzips, wie sie das Völkerrecht in Form von internationalen Schiedsgerichten, Flußkommissionen oder Staatsservituten von jeher gekannt hat, mögen noch nicht als Eingriff in die Verfassung empfunden werden[113]. Die Toleranzschwelle ist aber überschritten, wenn außerstaatlichen Instanzen in einem derartigen Umfang originäre Gewalt eingeräumt werden sollen, wie es die Gemeinschaftsverträge vorsehen.

Soweit es um diese Durchbrechung des Grundsatzes der Ausschließlichkeit der Staatsgewalt geht, ist allgemein anerkannt, daß Art. 24 Abs. 1 sie im Wege des einfachen Gesetzes zuläßt. Zwar zwingt der Wortlaut nicht zu dieser Auslegung, das Grundgesetz verwendet die Bezeichnung Gesetz sowohl für einfache wie verfassungsändernde Gesetze[114]. Doch ist die Entstehungsgeschichte insoweit derart klar, daß man sich hier häufig mit einer subjektiven Interpretationsmethode begnügt[115]. Die eigentliche Problematik des Begriffes „durch Gesetz" beginnt erst bei der Frage, ob nur die in der Ausschließlichkeitsdurchbrechung liegende Verfassungsänderung ohne qualifiziertes Gesetz möglich ist oder ob auch alle sonstigen Verfassungsbindungen durch einfaches Gesetz abgestreift werden können. Vor allem im Bereich der Grundrechtsnormen wird oft eine Bindung des Gesetzgebers in Art. 24 Abs. 1 an die übrigen Bestimmungen des Grundgesetzes angenommen[116]. Auch die Frage, ob der Bund bei der Gründung der Europäischen Gemeinschaften an die bundesstaatliche Kompetenzverteilung gebunden war, hat „keine letzte Klärung gefunden"[117].

b) Für sich betrachtet läßt die Vorschrift des Art. 24 Abs. 1 diese Zweifel kaum als gerechtfertigt erscheinen. Zwar gibt der Wortlaut noch keine eindeutige Lösung[118], doch läßt sich bereits der systematischen Stellung in dem Abschnitt „Bund und Länder" ein Anhalt dafür entnehmen, daß in Art. 24 Abs. 1 eine Kompetenznorm zugunsten des Bundes enthalten ist. *Scheuner* hat darauf hingewiesen, daß im II. Abschnitt verschiedene Vorschriften aufgenommen worden sind, die spezielle Anordnungen über Zuständigkeiten treffen, abweichend von den nachfolgenden Bestimmungen der Art. 70 ff., 83 ff., 92 ff.[119].

---

113 *Kaufmann*, Sondersitzung des Bundesrates vom 15.6.1951, S. 20, spricht in diesem Zusammenhang von der normalen Vertragsgewalt jedes Staates.

114 Vgl. *Maunz*, Wehrbeitrag II, S. 594; *v. Mangoldt - Klein*, Art. 24 Anm. III 4 b. a. A. *Thoma*, Wehrbeitrag II, S. 161; *Ruppert*, Integrationsgewalt, S. 213.

115 Vgl. *Thoma*, a.a.O., S. 158 ff.

116 s. die Darstellung bei *Gorny*, Verbindlichkeit der Bundesgrundrechte, S. 122 ff.

117 *Ipsen*, Festschrift Hallstein, S. 253.

118 Vgl. o. III 1 b mit Fn. 82.

119 Wehrbeitrag II, S. 138.

Dieses Argument gewinnt an Bedeutung, wenn man sich daran erinnert, daß einerseits den Ländern eine Teilhabe an der Integrationsgewalt verwehrt ist[120], andererseits aber — wie im ersten Teil der Arbeit gezeigt — der den Ländern vorbehaltene Bereich staatlicher Befugnisse durchaus von einer Integrationsregelung miterfaßt werden können muß[121]. Es widerspräche dem Zweck der Vorschrift, die Formerleichterung dort ihre Grenze finden zu lassen, wo Hoheitsrechte der Länder zur Übertragung anstehen. Dadurch, daß ein einfaches Gesetz ausreicht, wird vornehmlich die Verwirklichung des Zieles erleichtert, ein Vereintes Europa zu schaffen. Diese Regelung wäre ohne praktische Bedeutung, wenn sie nicht auch von föderativen Fesseln befreit. Das Beispiel der Europäischen Gemeinschaften zeigt es: diese sind kaum mehr als ein erster Schritt auf dem Weg zu einem Europäischen Staat; könnte die Überstaatlichkeit nicht auch auf Kosten der Länderstaatlichkeit gehen, wäre die Hilfestellung, die Art. 24 geben will, wenig wert.

Die Entstehungsgeschichte der Vorschrift bestätigt diese Erwägungen. Abg. *Schmid* erklärte im Parlamentarischen Rat[122] zu Art. 24 Abs. 1 des Herrenchiemseer Entwurfes, der im Wortlaut Art. 24 Abs. 1 GG entsprach, einer solchen Bestimmung bedürfe es, damit nicht in jedem einzelnen Fall ein verfassungsänderndes Gesetz erforderlich werde. „Wir sollten uns statt dessen selber die Tore in eine neugegliederte überstaatliche politische Welt weit öffnen". In den Verhandlungen im Hauptausschuß gab Abg. *Seebohm* zu bedenken, durch die Übertragung von Hoheitsrechten, die der Bund vornehme, würden „natürlich auch die Hoheitsrechte der Länder beeinträchtigt" und stützte (auch) darauf seinen Antrag, den Bund an das Erfordernis der verfassungsändernden Mehrheit oder wenigstens einer Zwei-Drittel-Mehrheit der Bundesratsmitglieder zu binden[123]. Abg. *Eberhard* trat dem entgegen und sprach sich dafür aus, die Form des einfachen Gesetzes beizubehalten, „um unsere Bereitschaft eindeutig festzulegen, in der europäischen Ordnung und in der friedlichen Ordnung der Welt unsere Rolle dadurch zu spielen, daß wir es leicht machen, Hoheitsrechte auf zwischenstaatliche Einrichtungen zu übertragen"[124]. Der Antrag Seebohm wurde im Hauptausschuß mit 15 gegen 2 Stimmen abgelehnt[124], im Plenum wurde Art. 24 nicht mehr erörtert.

---

120 s. o. III 1 b (3).

121 Dem Einwand von *Bernhardt*, Abschluß völkerrechtlicher Verträge, S. 187, der den Ländern überlassene Bereich betreffe Gebiete, bei denen eine Berücksichtigung der regionalen Verhältnisse angemessen und eine räumlich beschränkte Normierung ausreichend sei, kann vom Tatsächlichen her nicht gefolgt werden.

122 StenBer. S. 15.

123 6. Sitzung, Protokolle, S. 69, 70 und 29. Sitzung, Protokolle, S. 346.

124 29. Sitzung, Protokolle, S. 346.

Kann also nach Wortlaut, Sinn und Entstehungsgeschichte der Vorschrift der Bund im Übertragungsbereich durch einfaches Gesetz auch über Materien ausschließlicher Landeszuständigkeit verfügen, darf nicht außer acht gelassen werden, daß bislang der Blick im wesentlichen ausschließlich auf Art. 24 Abs. 1 GG gerichtet war. Es bleibt zu prüfen, ob die zu dieser Vorschrift gefundene Auslegung sich in den Gesamtzusammenhang der Verfassung einfügt.

c) *Schätzel*[125] und *Friedrich Klein*[126] haben in Art. 59 Abs. 2 Satz 1 GG den Ansatzpunkt für eine einschränkende Auslegung des Art. 24 Abs. 1 gesehen. Das Wort „Gesetz" in Art. 24 sei genauso zu verstehen wie das Gesetz in Art. 59 Abs. 2. Da für verfassungsändernde Vertragsgesetze die Erfordernisse des Art. 79 zu beachten seien, versage bei verfassungsändernden Übertragungen das einfache Gesetz[127].

Gegen diese Argumentation ist zunächst einzuwenden, daß man das in Art. 24 angesprochene Gesetz kaum mit dem Zustimmungsgesetz des Art. 59 Abs. 2 gleichsetzen kann[128]. Zwar muß Art. 59 Abs. 2 bei der Frage, in welcher Form der Bund Hoheitsrechte der Länder in die Europäischen Gemeinschaften einbringen konnte, insofern beachtet werden, als die Gründung der Gemeinschaften durch völkerrechtlichen Vertrag vereinbart wurde. Mit dem Vertragsschluß allein war aber noch keineswegs originäre Gemeinschaftsgewalt entstanden, zu ihrer Ausbildung bedurfte es noch der Mitwirkung der Mitgliedstaaten durch Verzicht auf die Ausschließlichkeit der Staatsgewalt. Dieser Verzicht konnte auf deutscher Seite jedenfalls dann nicht durch das Zustimmungsgesetz nach Art. 59 erfolgen, wenn man diesem mit der wohl noch herrschenden Auffassung[129] Transformationswirkung zumißt. Nur die Vollzugslehre[130] wäre ein brauchbarer Ansatzpunkt, da mit ihr erreicht würde, daß Gemeinschaftsrecht als solches im innerstaatlichen Bereich gelten würde. Dafür verlangt allerdings auch diese Lehre einen staatlichen Rechtsanwendungsbefehl und stößt damit auf die Schwie-

---

125 Wehrbeitrag I, S. 347 f., 351.

126 Wehrbeitrag II, S. 463 ff.; *v. Mangoldt - Klein*, Art. 24 Anm. III 4 b. Ebenso z. B. *Hüchting*, Abschluß und Vollzug völkerrechtlicher Verträge, S. 91.

127 *Schätzel* sieht deswegen in Art. 24 GG nur die Besonderheit, daß er stets ein Gesetz erfordere (auch wenn es nach dem Wortlaut des Art. 59 nicht unbedingt nötig wäre), Wehrbeitrag I, S. 346, 350. Nach *Friedrich Klein* ermöglicht Art. 24 nur die in der Übertragung als solcher liegende Verfassungsänderung (Einschränkung der Staatsgewalt) durch einfaches Gesetz, Wehrbeitrag II, S. 473; *v. Mangoldt - Klein*, Art. 24 Anm. III 4 b.

128 Was allerdings häufig geschieht, vgl. z. B. *Kaufmann*, Wehrbeitrag II, S. 49; *Thoma*, Wehrbeitrag II, S. 160; *Hoffmann*, DÖV 1967 S. 437.

129 Vgl. die Nachweise aus Rechtsprechung und Literatur bei *Rudolf*, Völkerrecht und deutsches Recht, S. 205 mit Fn. 88.

130 Vgl. dazu *Partsch*, BdGVR 6 S. 19 ff.

rigkeit, daß die Akte der originären Gemeinschaftsgewalt ihrem Wesen nach ohne Einschaltung eines innerstaatlichen Hoheitsaktes gelten müssen. Allenfalls die Konstruktion eines generellen und antizipierten Vollzugsbefehles hätte den Effekt eines Ausschließlichkeitsverzichts.

Unabhängig von dem Streit um Transformations- und Vollzugslehre geht es hier um das Problem, eine Auslegung zu finden, die der Regelung des Art. 24 und des Art. 59 gleichermaßen gerecht wird. Das führt dazu, das Mittel für die innerstaatlich nötige Anpassung in der Vorschrift zu suchen, die sedes materiae für die Übertragung von Hoheitsrechten ist. Durch das in Art. 24 Abs. 1 genannte Gesetz wird also auf die Ausschließlichkeit der Staatsgewalt verzichtet, nicht durch das Zustimmungsgesetz in Art. 59 Abs. 2[131]. Dann bedurften die Verträge zur Gründung der Europäischen Gemeinschaften nach Art. 59 Abs. 2 deswegen der Zustimmung in Form eines Gesetzes, weil sie sich auf Gegenstände bezogen, die innerstaatlich gemäß Art. 24 Abs. 1 den Erlaß eines Gesetzes verlangten[132]. Konnte dieses von Art. 24 geforderte Gesetz aber als einfaches Gesetz auch dann ergehen, wenn Länderhoheitsrechte übertragen wurden, bedurfte auch das Zustimmungsgesetz deswegen keiner qualifizierten Mehrheit. Denn Art. 59 stellt für die Qualifikation der Zustimmung darauf ab, was innerstaatlich zur Vertragsdurchführung nötig ist.

d) Bleibt die verfahrensmäßige Privilegierung des Art. 24 Abs. 1 GG auch dann maßgebend, wenn zur Gründung einer zwischenstaatlichen Einrichtung (unter anderem) ein völkerrechtlicher Vertrag geschlossen wurde, ist damit allerdings noch nicht die Frage geklärt, wie dieses Ergebnis mit den Vorschriften des Art. 79 Abs. 1 Satz 1 und Abs. 2 GG zu vereinbaren ist. Die Entscheidung des Grundgesetzes, Verfassungsänderungen nur unter bestimmten erschwerten Voraussetzungen zuzulassen, ist vornehmlich das Argument, das für eine einschränkende Auslegung des Art. 24 Abs. 1 vorgebracht wird; Befreiung von dem Erfordernis der Änderung des Verfassungstextes und den besonderen verfassungsändernden Mehrheiten könne es nur für die unumgänglich notwendige Verfassungsänderung (qua Einschränkung der Staatsgewalt), nicht für darüber hinausgehende Eingriffe geben[133].

Diese Differenzierung leuchtet — jedenfalls für die hier zu erörternde Fragestellung — nicht ein. Erkennt man überhaupt die Möglichkeit an, daß im Bereich des Art. 24 die Vorschriften über die Verfassungs-

---

131 Im Ergebnis ebenso *Maunz* in: Maunz - Dürig - Herzog, Art. 24 Rdnr. 15; *Ruppert*, Integrationsgewalt, S. 205.

132 s. auch *Ruppert*, S. 206.

133 Vgl. z. B. *Ballerstedt*, Marktordnung, S. 58 f.; *Forsthoff*, Wehrbeitrag II, S. 331; *Maunz* in: Maunz - Dürig - Herzog, Art. 24 Rdnr. 16 ff.; *Hüchting*, Abschluß und Vollzug völkerrechtlicher Verträge, S. 89.

änderung nicht gelten, läßt sich aus diesen kaum begründen, warum das bei einer Übertragung von Länderhoheitsrechten anders sein soll. Ein unterschiedlicher Rang der einen oder anderen Regelung kann nicht festgestellt werden; eine Vorschrift, die es ermöglicht, Bereiche der Staatsgewalt einer fremden originären Gewalt freizugeben, ist gleichermaßen elementar wie Bestimmungen, die das Grundgesetz über seine Geltung im staatsinternen Raum trifft. Dann aber fällt entscheidend ins Gewicht, daß Art. 79 Abs. 1 Satz 1 und Abs. 2 unmittelbar keine Aussage über das Bund-Länder-Verhältnis macht, während zu Art. 24 Abs. 1 festgestellt wurde, daß er als Mittel zur leichteren Verwirklichung des politischen Zieles eines Vereinten Europas untauglich wäre, wenn der Bund nicht auch Länderhoheitsrechte durch einfaches Gesetz übertragen könnte[134].

Darüber hinaus muß bezweifelt werden, ob es überhaupt richtig ist, die Übertragung von Hoheitsrechten als Änderung des Grundgesetzes zu kennzeichnen. Zwar wird bisweilen behauptet, Art. 24 Abs. 1 lasse eine „Verfassungsänderung" oder „Verfassungsdurchbrechung" durch einfaches Gesetz zu[135]; dem ist jedoch mit der wohl überwiegenden Meinung entgegenzuhalten, daß das Grundgesetz die durch Übertragung von Hoheitsrechten bewirkten Eingriffe gar nicht mehr als Anlaß für eine Änderung des Verfassungsgesetzes betrachtet, diese vielmehr mit der Bestimmung des Art. 24 Abs. 1 vorweggenommen ist[136]. Diese Auslegung läßt sich nicht nur auf die Entstehungsgeschichte stützen[137], sie vermag auch den Vorgang besser einzuordnen, der mit einer Übertragung von Hoheitsrechten verbunden ist. Sobald in einem bestimmten Bereich die originäre überstaatliche Gewalt herrscht, unterliegt dieser eo ipso nicht mehr dem Geltungsbereich des Grundgesetzes. Diese Rechtsfolge ist bereits in Art. 24 Abs. 1 enthalten, einfach deswegen, weil in ihm die Ermächtigung zur Übertragung von Hoheitsrechten gegeben wird; damit hat das Grundgesetz seine Geltung zwangsläufig unter den Vorbehalt dieser Vorschrift gestellt. Das Gesetz ist nur Tat-

---

[134] s. o. III 2 b mit Fn. 120 und 121.

[135] z. B. *v. Mangoldt - Klein*, Art. 24 Anm. III 4 b; *Münch*, BdGVR 2 S. 87; *Glaesner*, DÖV 1959 S. 653; *Badura*, VVDStRL 23 S. 64.

[136] Vgl. z. B. *Menzel*, BK, Art. 24 Anm. II 1; *Scheuner*, Wehrbeitrag II, S. 140; *Bernhardt*, Abschluß völkerrechtlicher Verträge, S. 186; *Erler*, VVDStRL 18 S. 19; *Merk*, VVDStRL 18 S. 81; *K. H. Klein*, DÖV 1964 S. 309; vor allem *Vogel*, Verfassungsentscheidung, S. 6 f.

[137] Vgl. Abg. *Schmid*, Parlamentarischer Rat, Protokolle des Hauptausschusses, S. 69, der gegen den Vorschlag des Abg. *Seebohm*, den Bund bei der Übertragung von Hoheitsrechten an die verfassungsändernde Mehrheit zu binden, ausführte: „Die grundsätzliche Entscheidung, ich möchte sagen, die Entscheidung vom Rang einer Verfassungsbestimmung soll nicht bei den einzelnen Akten, sondern schon in dem Augenblick, in dem wir das Grundgesetz beschließen, als eine Entscheidung allgemeiner und fundamentaler Art getroffen werden."

bestandsausfüllungsakt, Bedingung für den Eintritt der in der Verfassung vorgesehenen Rechtsfolge.

e) Die Deutung des Art. 24 Abs. 1 GG als Selbstrelativierung der Verfassung — *Ipsen* nennt die Vorschrift anschaulich „Integrationshebel"[138] — bestätigt, daß hier eine Entscheidung von fundamentalem Rang getroffen wurde. Nur andere elementare Verfassungsgrundsätze könnten ihr eine Grenze ziehen, zu denken wäre vor allem an die in Art. 79 Abs. 3 GG unverbrüchlich gesicherten Grundwerte. Diese Bestimmung schützt auch die „Gliederung des Bundes in Länder" und „die grundsätzliche Mitwirkung der Länder bei der Gesetzgebung".

Die Frage, ob diese wesentlichen Merkmale deutscher Bundesstaatlichkeit der europäischen Integration eine unüberwindbare Schranke entgegensetzen, braucht hier nicht erörtert zu werden. Die in die Europäischen Gemeinschaften eingebrachten Landeshoheitsrechte sind ihrem Umfang nach zu unbedeutend, als daß mit ihnen auch der Staatscharakter der Länder verloren gegangen wäre. Es geht also nur um die konkrete im Grundgesetz niedergelegte Verteilung der Zuständigkeiten zwischen Bund und Ländern. In dieser Hinsicht sind die Länder dem Bund untergeordnet. So weit, wie der Bund kraft seiner Kompetenz-Kompetenz durch ein verfassungsänderndes Gesetz die Zuständigkeiten umverteilen kann, reicht auch der Integrationsvorbehalt des Art. 24 Abs. 1. Insbesondere kann nicht etwa daraus, daß in Art. 79 Abs. 3 das Bundesstaatsprinzip, nicht aber Art. 24 Abs. 1 erwähnt wurde, auf einen höheren Rang auch der konkret ausgestalteten bundesstaatlichen Gliederung gegenüber der Entscheidung für eine offene Staatlichkeit und Eingliederung in ein Vereintes Europa geschlossen werden[139]. Damit würde die Unterscheidung zwischen Grundsatz und Einzelausgestaltung aufgegeben. Darüber hinaus spricht die Nichterwähnung des Art. 24 Abs. 1 keineswegs dafür, daß er in der Wertskala des Grundgesetzes eine geringere Stelle einnimmt als die in Art. 79 Abs. 3 aufgenommenen Grundsätze. Mit dieser Bestimmung sollte gegen die unter der Weimarer Reichsverfassung herrschende Auffassung, daß bei verfassungsändernden Mehrheiten alle Wertvorstellungen zur Disposition stünden, Stellung bezogen werden[140]. Der Schutz bestimmter Werte ist das Anliegen. Diese Funktion versagt aber bei dem Verfassungsziel des Art. 24 Abs. 1. Die Verwirklichung eines solchen Zieles steht allemal im politischen Ermessen der jeweiligen Parlamentsmehr-

---

138 Aktuelle Fragen, S. 26. Ebenso z. B. *Hesse*, Grundzüge, S. 44; *Everling*, NJW 1971 S. 1486.

139 Diese Vorstellung scheint aber den Erwägungen von *Forsthoff*, Wehrbeitrag II, S. 332 und *Maunz*, Wehrbeitrag II, S. 598 zugrunde zu liegen. s. auch *Ruppert*, Integrationsgewalt, S. 268 a. E.

140 Vgl. *Friesenhahn*, Staatsrechtslehrer und Verfassung, S. 28 f.

heit, darüber war man sich auch bei der Formulierung des Art. 24 sehr wohl im klaren[141]. Die Integrationsbereitschaft gegen Verfassungsänderungen zu schützen, wäre unsinnig, wenn diese Bereitschaft durch einfache Untätigkeit suspendiert bleiben kann.

3. Das Prinzip der Bundestreue als Ausübungsschranke

Wenn die vorangegangenen Erörterungen den Schluß zulassen, daß der Bund nach Art. 24 Abs. 1 durch einfaches Gesetz auch Hoheitsrechte der Länder auf die Europäischen Gemeinschaften übertragen konnte, darf dabei nicht übersehen werden, daß die Ausübung der Integrationskompetenz Schranken unterliegen kann. Die dafür in Betracht kommende Rechtsgrundlage wurde schon bei den Beratungen der Römischen Verträge im Bundesrat im Grundsatz der Bundestreue gesehen[142].

Dieser Grundsatz, dessen historischer Ursprung bis in die der Reichsgründung vorausgehenden Staatsverträge der Jahre 1866 und 1870 zurückzuverfolgen ist und der durch die dogmatischen Untersuchungen von Rudolf *Smend*[143] ins Verfassungrecht Eingang gefunden hat, erfuhr mit der Gründung der Bundesrepublik Deutschland verstärkte Anerkennung, er wird heute als das „Kernstück des bundesstaatlichen Systems" bezeichnet[144]. Bereits in einer seiner ersten Entscheidungen hob das Bundesverfassungsgericht hervor[145]:

„Dem bundesstaatlichen Prinzip entspricht ... die verfassungsrechtliche Pflicht, daß die Glieder des Bundes sowohl einander als auch dem größeren Ganzen und der Bund den Gliedern die Treue halten und sich verständigen. Der im Bundesstaat geltende verfassungsrechtliche Grundsatz des Föderalismus enthält deshalb die Rechtspflicht des Bundes und aller seiner Glieder zu ‚bundesfreundlichem Verhalten'; d. h. alle an dem verfassungsrechtlichen ‚Bündnis' Beteiligten sind gehalten, dem Wesen dieses Bündnisses entsprechend zusammenzuwirken und zu seiner Festigung und zur Wahrung seiner und der wohlverstandenen Belange seiner Glieder beizutragen."

Bei einer Prüfung, inwieweit diese Gesichtspunkte die Stellung von Bund und Ländern im Bereich des Art. 24 Abs. 1 zu beeinflussen vermögen, kommen zwei Ansatzpunkte in Betracht:

---

141 Vgl. Abg. *Schmid* in der 12. Sitzung des Grundsatzausschusses vom 15. 10. 1948, StenBer. S. 16 und 17.

142 s. o. 2. Teil I 2 sowie *Hallstein* als Vertreter der Bundesregierung in der 176. Sitzung des Bundesrates vom 3. 5. 1957, StenBer. S. 618.

143 Ungeschriebenes Verfassungsrecht im monarchischen Bundesstaat (1916). Aus neuerer Zeit ist insbes. auf die Untersuchung von *Bayer*, Die Bundestreue, hinzuweisen.

144 *Maunz* in: Maunz - Dürig - Herzog, Art. 20 Rdnr. 22. Gegen eine Überspannung des Grundsatzes der Bundestreue aber z. B. *Hesse*, Der unitarische Bundesstaat, S. 6 ff.; *Scheuner*, DÖV 1962 S. 646.

145 BVerfGE 1, 229, 315.

Zum einen ist dem Bund eine Übertragung von Länderhoheitsrechten von vornherein verwehrt, wenn sie nicht vom Ziel der Integration gedeckt ist. Auch einseitige Übertragungen auf Kosten der Länder dürften unzulässig sein; Hoheitsrechte des Bundes und der Länder müssen in einem angemessenen Verhältnis übertragen werden, wobei allerdings nicht der Einzelfall[146], sondern das Gesamtbild des erreichten Integrationsstandes Prüfungsmaßstab sein sollte. Ob für diese Schranken der Grundsatz der Bundestreue bemüht werden muß[147], ist zweifelhaft, da hier die Grundsätze des Rechtsmißbrauches und der Verhältnismäßigkeit eingreifen würden[148]. Jedenfalls sind diese Grenzen bei der Gründung der Europäischen Gemeinschaften eingehalten worden.

Zum anderen kann das Prinzip der Bundestreue nach Vertragsschluß von besonderer Bedeutung sein, nämlich für das Verhältnis zwischen Bund und Ländern bei der Durchführung der gemeinschaftsrechtlichen Verpflichtungen. Zwar unterliegt auch dieser Bereich ausschließlich der Wahrnehmung des Bundes als Träger der Integrationskompetenz, doch gerade deswegen kann der Grundsatz der Bundestreue ins Spiel kommen, da er als Kompetenzausübungsschranke gebietet, auf die gegenseitigen Interessen Rücksicht zu nehmen[149]. Das legt den Gedanken nahe, daß manche der Beteiligungs- und Mitwirkungsmöglichkeiten, die den Ländern vom Bund im Rahmen seiner gemeinschaftsrechtlichen Aufgaben eingeräumt wurden, durchaus einem verfassungsrechtlichen Gebot entspringen. Dabei ist jedoch zu beachten, daß der Grundsatz der Bundestreue als Norm der Verfassung unter dem Integrationsvorbehalt des Art. 24 Abs. 1 steht[150] und deswegen nur so weit reichen kann, wie es die Gemeinschaftsverträge zulassen. Es ist daher zunächst eine Frage des Gemeinschaftsrechts, ob und in welchem Umfang der Mitgliedstaat Bundesrepublik Deutschland bei der Ausübung seiner Mitgliedschaftsrechte die Länder einschalten darf. Erst eine Untersuchung der einschlägigen Vorschriften der Verträge kann darauf Antwort geben[151].

4. Ergebnis

Die Verträge zur Gründung der Europäischen Gemeinschaften sind mit dem Grundgesetz vereinbar. In Ausübung der ihm in Art. 24 Abs. 1

[146] Etwa ein Europäischer Kulturrat.

[147] So *Ruppert*, Integrationsgewalt, S. 278.

[148] Gegenüber diesen traditionellen Grundsätzen hält z. B. *Hesse*, Der unitarische Bundesstaat, S. 7, die Heranziehung des Grundsatzes der Bundestreue für entbehrlich.

[149] Vgl. BVerfGE 8, 122, 138; 12, 205, 254 f.; 21, 312, 326.

[150] s. o. III 2 d a. E.

[151] Dazu sogleich im 4. Teil.

eingeräumten Integrationsgewalt war der Bund auch zur Übertragung von Hoheitsrechten ermächtigt, die nach der innerstaatlichen Zuständigkeitsverteilung in den Ausschließlichkeitsbereich der Länder fallen. Dies konnte durch Gesetz ohne verfassungsändernde Mehrheiten und ohne Änderung des Verfassungstextes geschehen, da der Geltungsanspruch des Grundgesetzes unter dem Vorbehalt des mit Art. 24 Abs. 1 geschaffenen Integrationshebels steht. Bei der Durchführung der Gemeinschaftsverträge erfordert der Grundsatz der Bundestreue eine Länderbeteiligung, für deren Umfang in erster Linie maßgebend ist, inwieweit dem Bund gemeinschaftsrechtlich eine Beachtung der Länderinteressen gestattet ist.

Vierter Teil

Einzelfragen

Wenn im folgenden noch einige Einzelfragen aufgegriffen werden, die für die Staatspraxis gegenwärtig von besonderer Bedeutung sind, ist der grundsätzliche Ausgangspunkt bereits vorgezeichnet. Da nach der hier vertretenen Auffassung die Geltung des Grundgesetzes unter dem Integrationsvorbehalt des Art. 24 Abs. 1 steht, ist primär von den Bestimmungen der Gemeinschaftsverträge auszugehen; nur wenn diese keine Regelung treffen, kann auf die des Grundgesetzes zurückgegriffen werden.

I. Direkte Kontakte der Kommission mit den Ländern

Bei der Erörterung dieser Frage zeigt sich besonders deutlich, daß die grundsätzliche Rangfolge der Prüfungsmaßstäbe bislang nicht beachtet wurde. Der Streit geht vor allem um die Auslegung des Art. 32 GG, insbesondere darum, ob die Kontakte der Länder zu den Europäischen Gemeinschaften in den Anwendungsbereich dieser Vorschrift fallen oder Art. 30 GG eingreift[1]; hingegen wird die Regelung des Gemeinschaftsrechts nicht berücksichtigt, obwohl naheliegt, daß es sich mit der Zusammenarbeit und den Beziehungen zwischen Kommission und Mitgliedstaaten befaßt.

Die Kommission hat viele Aufgaben durchzuführen, die eine nähere Kenntnis des Geschehens auf dem jeweiligen Sachgebiet voraussetzen: Überwachung von Wettbewerbsregeln (Art. 65 ff. EGKSV, Art. 85 ff. EWGV), Förderung und Koordinierung der Kernforschung (Art. 4 ff. EAGV), Untersuchungen auf dem Gebiet der Sozialpolitik (Art. 118 EWGV), vor allem das Recht und die Pflicht zur Initiative bei der Rechtsetzung des Rates (Art. 28 EGKSV, Art. 149, 152 EWGV, Art. 119, 122 EAGV) — schon diese wenigen Beispiele lassen das Bedürfnis der Kommission nach Information und Unterstützung durch die Mitglied-

---

[1] Vgl. *Kölble*, DÖV 1965 S. 149; DÖV 1966 S. 29 f.; *Beck*, DÖV 1966 S. 24 f.; *Schmitz-Wenzel*, Die deutschen Länder, S. 160 ff. und passim.

staaten deutlich werden. Im primären und sekundären Gemeinschaftsrecht fehlt es dementsprechend nicht an Bestimmungen, die sich mit dem Auskunftsrecht der Kommission befassen.

Adressaten dieser Bestimmungen sind häufig die „Marktbürger" der Mitgliedstaaten[2]. Insoweit sind die Unterrichtungs- und Kontrollbefugnisse der Kommission für die hier zu untersuchende Frage wenig ergiebig. Die Länder sind in diesem Bereich — wenn überhaupt — als Träger von Wirtschaftsunternehmen angesprochen[3] und treten nur in dieser Eigenschaft mit der Kommission in Beziehung, wobei durchweg eine vorherige oder nachträgliche Unterrichtung der Bundesregierung stattfinden muß[4].

Ob die Länder nicht nur als „Marktbürger", sondern auch als Träger staatlicher Gewalt unmittelbare Verbindung mit der Kommission aufnehmen dürfen, hängt davon ab, wie die Beziehungen zwischen den Mitgliedstaaten und der Kommission gemeinschaftsrechtlich ausgestaltet sind. Bei der allgemeinen rechtlichen Erörterung zur Stellung der Länder auf der Ebene der Gemeinschaft war bereits festzustellen, daß die Erfüllung der in den Verträgen festgelegten Aufgaben in die ausschließliche Befugnis des Bundes fällt[5]. Nicht einmal die wenigen Bestimmungen des EWG-Vertrages (Art. 49 Buchst. a, 54 (3) Buchst. b), die der Kommission ausnahmsweise eine Zusammenarbeit mit Behörden der Mitgliedstaaten unterhalb der Regierungsebene eröffnen, durchbrechen diesen Grundsatz völlig; die Regierungen müssen auch hier ihre Einschaltung sicherstellen, um ihrer Verantwortung für die Erfüllung der Vertragspflichten zu genügen[6]. Eine Zusammenarbeit zwischen Kommission und Landesregierungen ist demgemäß nur in einem sehr begrenzten Bereich unter Überwachung der Bundesregierung zulässig. Eine Ausweitung auf allgemeine regionalpolitische Fragen, wie von der Kommission angestrebt[7], ist mit dem EWG-Vertrag nicht vereinbar. Die Tatsache, daß die Länder von sich aus zu einer umfangreichen Zusammenarbeit bereit sind, kann daran nichts ändern. Der Bund darf ihnen wegen der grundsätzlichen Ausschließlichkeit seiner Befugnisse im Rahmen des Vertrages keinen eigenständigen Aufgabenbereich über-

---

[2] Vgl. z. B. Art. 46—48, 65 § 3, 66 § 4 EGKSV; Art. 41, 43, 78, 79, 81 EAGV; Art. 14 VO Nr. 11 vom 27. 6. 1960 (ABl. S. 1121); Art. 11, 12, 14 VO Nr. 17 vom 6. 2. 1962 (ABl. S. 204); Art. 16 VO Nr. 79/65 vom 15. 6. 1965 (ABl. S. 1859).

[3] Vgl. o. 3. Teil I 2 a. E.

[4] Vgl. z. B. Art. 42 Abs. 1, 43 Abs. 2, 79 Abs. 2, 81 Abs. 1 S. 2 EAGV; Art. 14 (2) Abs. 3 S. 3 VO Nr. 11; Art. 11 (2), 12 (4), 14 (2) VO Nr. 17; Art. 16 (1) Abs. 2 VO Nr. 79/65.

[5] s. o. 3. Teil I 1.

[6] s. o. 3. Teil I 2.

[7] s. o. 2. Teil V.

lassen. Im Sinne von Kompetenzzuweisungen liegt beschlossen, daß sie nur durch den Kompetenzträger ausgeübt werden[8].

Zu erörtern bleibt, ob die Verträge es der Kommission gestatten, wenigstens in einen Erfahrungsaustausch mit den Ländern einzutreten. Der EGKS-Vertrag bestimmt in Art. 46 (1), daß die Kommission jederzeit „die Regierungen" anhören kann[9]. Art. 213 EWGV und Art. 187 EAGV sehen eine allgemeine Informationsbefugnis der Kommission vor: Sie kann zur Erfüllung der ihr übertragenen Aufgaben alle erforderlichen Auskünfte einholen und alle erforderlichen Nachprüfungen vornehmen. Allerdings sollen „der Rahmen und die nähere Maßgabe hierfür" („limites et conditions") vom Rat festgelegt werden; solange das nicht geschehen ist, bleibt die Anwendbarkeit dieser Vorschriften suspendiert[10]. Gleichwohl sind auf Grund der in Art. 5 EWGV und Art. 192 EAGV festgelegten Mitwirkungspflicht „die Mitgliedstaaten" schon zum gegenwärtigen Zeitpunkt gehalten, der Kommission alle erforderlichen Auskünfte zur Verfügung zu stellen, da diese andernfalls zahlreiche ihr übertragene Aufgaben, insbesondere die Initiative für die Rechtsetzung im Rat, nicht sachgerecht erfüllen könnte[11].

Damit kann für alle drei Verträge festgestellt werden, daß nur die Regierungen der Mitgliedstaaten als Adressaten von allgemeinen Auskunftsersuchen der Kommission in Betracht kommen, ein Durchgriff auf nachgeordnete Behörden nicht gegeben ist. Das braucht allerdings nicht zu bedeuten, daß es der Kommission völlig verwehrt ist, mit Länderbehörden in Verbindung zu treten. Werden Informationen benötigt, die wegen der innerstaatlichen Kompetenzverteilung nur die Länder erschöpfend erteilen können, bieten sich der Bundesregierung verschiedene Möglichkeiten, ihrer Mitwirkungspflicht nachzukommen. Sie kann sich zum einen die erforderlichen Auskünfte von den Ländern beschaffen — wofür Art. 35 GG eine hinreichende Rechtsgrundlage gibt — und dann an die Kommission weiterleiten. Es dürfte aber auch im Interesse einer Verfahrensvereinfachung zulässig sein, daß die

---

8 Vgl. *Wolff*, Verwaltungsrecht II, S. 22 f.

9 Das Auskunfts- und Prüfungsrecht gem. Art. 47 (1) EGKSV bezieht sich nur auf Unternehmen, vgl. *Wohlfarth* in: Wohlfarth - Everling, Art. 213 Anm. 14.

10 Allg. Auffassung, s. z. B. *Wohlfarth*, ebd., Anm. 12; *Thiesing* in: Groeben - Boeckh, Handbuch I A 67 S. 12 c; *Everling*, BB 1961 S. 421; *Hanebuth*, Auskunftsrecht, S. 75.f. — In Einzelfällen ist von Art. 213 EWGV bei den Verordnungen des Rates zur Durchführung von Lohnerhebungen Gebrauch gemacht worden, zuletzt durch VO Nr. 2053/69 vom 17. 10. 1969 (ABl. Nr. L 263 vom 21. 10. 1969 S. 8); bei den hierdurch vorgesehenen statistischen Erhebungen sind in der BRD auch die Landesämter eingeschaltet, vgl. dazu *Everling*, S. 423.

11 Ebenso *Thiesing*, S. 13; *Everling*, S. 421; *Hanebuth*, S. 48. Abw. ohne nähere Begründung *Wohlfarth*, Anm. 2, der Art. 213 den *Mitgliedstaaten* gegenüber schon jetzt für anwendbar hält.

Bundesregierung der Kommission gestattet, selbst bei den Landesbehörden anzufragen[12]; das allerdings nur mit der Maßgabe, daß die Bundesregierung in jedem einzelnen Fall zuvor verständigt und vom Ergebnis des Informationsgesprächs unterrichtet wird. Der Grundsatz der Alleinverantwortlichkeit, der natürlich auch im Rahmen der Art. 5 EWGV, Art. 187 EAGV gilt, verlangt je nach Erforderlichkeit eine Teilnahme oder Kontrolle des Bundes. Gerade wenn die innerstaatlichen Stellen über eine derart ausgeprägte Selbständigkeit gegenüber der Zentrale verfügen wie die Länder gegenüber dem Bund, ist die Überwachung der Beziehungen mit der Kommission besonders ernst zu nehmen. Nach Art. 10 (2) Abs. 2 FusV haben sich die Mitgliedstaaten verpflichtet, „nicht zu versuchen, die Mitglieder der Kommission bei der Erfüllung ihrer Aufgaben zu beeinflussen". Der Bund hat dafür einzustehen, daß seine Gliedstaaten bei ihren Kontakten mit der Kommission die gebotene Zurückhaltung in der Verfolgung regionalpolitischer Anliegen üben; er ist von Gemeinschaftsrechts wegen verpflichtet, seine Einschaltung vor allem dann sicherzustellen, wenn Kontakte von den Ländern angebahnt werden.

Die gegenwärtige Praxis, die dazu geführt hat, daß Kommission und Länder unter Ausschaltung der Bundesregierung Positionen absprechen, die bisweilen sogar die Verhandlungen im Rat und seinen Arbeitsgruppen unterlaufen[13], ist mit den Verträgen nicht zu vereinbaren. Eine solche Handhabung des Auskunftsrechts könnte übrigens auch nicht durch die in Art. 213 EWGV, 187 EAGV vorgesehene Festlegung der Befugnisse der Kommission sanktioniert werden. Der Rat hat das Verfahren „gemäß den Bestimmungen dieses Vertrages" auszugestalten, also die Grundsätze der Alleinverantwortlichkeit der Mitgliedstaaten und der Unabhängigkeit der Kommission zu wahren.

II. Mitwirkung der Länder in Gemeinschaftsorganen

1. Mitglieder des Bundesrates im Europäischen Parlament

Bislang ist noch nicht abzusehen, wann die als gemeinsames Organ eingesetzte Versammlung der Europäischen Gemeinschaften[14] entsprechend Art. 21 (3) und (4) EGKSV, 138 (3) und (4) EWGV, 108 (3)

---

[12] So wohl auch *Ipsen*, Festschrift Hallstein, S. 258 f.

[13] s. o. 2. Teil II 4 mit Fn. 120.

[14] Art. 1 und 2 des Abkommens über gemeinsame Organe für die Europäischen Gemeinschaften vom 25. 3. 1957 (BGBl. II S. 1156). Der Name „Europäisches Parlament" beruht auf Entschließungen der Versammlung vom 20. 3. 1958 (ABl Nr. 1 vom 20. 4. 1958 S. 6) und vom 30. 3. 1962 (ABl. Nr. 31 vom 26. 4. 1962 S. 1045).

EAGV allgemein und unmittelbar gewählt wird[15], so daß die Frage, ob bei der Entsendung der deutschen Abgeordneten der Bundesrat zu beteiligen ist, von Bedeutung bleibt[16].

Nach den Verträgen besteht das Europäische Parlament „aus Vertretern (représentants) der Völker der in der Gemeinschaft zusammengeschlossenen Staaten", „aus Abgeordneten, die nach einem von jedem Mitgliedstaat bestimmten Verfahren von den Parlamenten aus ihrer Mitte ernannt werden"[17]. Angesichts dieser Regelung kann nicht angenommen werden, daß eine Beteiligung des Bundesrates an der Ernennung der Abgeordneten Sinn und Wortlaut der Verträge entspricht[18]. Soll das Europäische Parlament die Völker der Gemeinschaft repräsentieren, kommen als seine Abgeordneten nur die Mitglieder des Bundestages, der Volksvertretung der Bundesrepublik, in Frage[19]. Die Mitglieder des Bundesrates sind zwar nicht ohne jede demokratische Legitimation, sie sind in der Regel über ein Mandat des Landesparlamentes in ihr Amt als Mitglied der Landesregierung gelangt, und die Landesregierungen sind den Landesparlamenten auch für ihre Tätigkeit im Bundesrat verantwortlich[20]. Volksvertreter sind die Bundesratsmitglieder aber nicht, weil das Grundgesetz sich gerade gegen das Senatsprinzip entschieden hat[21]. Deswegen läßt sich auch nicht sagen, daß Mitglieder des Bundesrates „aus der Mitte" des deutschen Parlaments kommen. Die Argumentation von *Ipsen*, „Parlament" sei kein eindeutiger Terminus des deutschen Verfassungsrechts, insbesondere nicht im Sinne seiner Anwendbarkeit auf den Bundesrat[22], ist nach der hier

---

15 Über den vom Parlament bereits am 17. 5. 1960 ausgearbeiteten „Entwurf eines Abkommens betreffend die Wahl des Europäischen Parlaments in allgemeiner unmittelbarer Wahl" (ABl. Nr. 37 vom 2. 6. 1960 S. 834) ist trotz Mahnungen (s. zuletzt Entschließung des Europäischen Parlaments vom 12. 3. 1969, ABl. Nr. C 41 vom 1. 4. 1969 S. 16) vom Rat nicht entschieden worden. Im Schlußkommuniqué der Konferenz der Staats- oder Regierungschefs der Mitgliedstaaten im Haag vom 2. 12. 1969 heißt es unter Ziff. 5 lediglich, die Frage der direkten Wahl werde weiter vom Ministerrat geprüft (s. Bull. der Europäischen Gemeinschaften, 1 — 1970 S. 15).

16 s. o. 2. Teil I 2 a.

17 Art. 20, 21 (1) EGKSV; 137, 138 (1) EWGV; 107, 108 (1) EAGV.

18 So aber die Begründung des Bundesrates zu dem Entwurf eines Wahlgesetzes vom 29. 10. 1965 (BR-Drucks. 453/65 S. 2); ähnlich *Ipsen*, Festschrift Hallstein, S. 255.

19 Vgl. auch *Mosler*, Festschrift Wehberg, S. 292 mit Fn. 54; *Kapteyn*, L'Assemblée Commune, S. 37; *Harms*, Rechtsstellung der Abgeordneten, S. 42 mit Fn. 123; *Misch*, DÖV 1969 S. 478.

20 Vgl. z. B. BVerfGE 8, 104, 121; *v. Mangoldt - Klein*, Art. 51 Anm. IV 2; *Maunz* in: Maunz - Dürig - Herzog, Art. 51 Rdnr. 18.

21 Vgl. z. B. auch BVerfGE 8, 104, 120; *Neunreither*, Bundesrat, S. 124 f.; *Vonderbeck*, Bundesrat, S. 76 ff.; *Pollmann*, Repräsentation und Organschaft, S. 107 ff.

22 Festschrift Hallstein, S. 255. In der Tat wird in der deutschen Literatur bisweilen die Auffassung vertreten, der Bundesrat sei eine Parlaments-

vertretenen grundsätzlichen Prüfungsmethode nicht stichhaltig. Maßgebend ist nicht eine Interpretation an Hand des deutschen Verfassungsrechts, sondern Wortlaut und Sinn der Vertragsbestimmungen. Aus der Sicht des Gemeinschaftsrechts kann der Bundesrat nicht als Parlament bezeichnet werden. Die Verträge stellen nämlich nicht auf die Funktion der nationalen Gesetzgebungskörperschaften ab, sondern setzen bestimmte persönliche Qualitäten für die Ernennung zum Abgeordneten des Europäischen Parlaments voraus. Wenn auch bei der Errichtung der Gemeinschaften den Vertragspartnern die Zeit für eine direkte Wahl noch nicht reif schien, sollten die Abgeordneten doch wenigstens Volksvertreter, Parlamentarier sein[23]. Diese Eigenschaft besitzt nur, wer als Mitglied einer parlamentarischen Kammer gleiches Stimmrecht hat und ein Mandat ausübt, das ihm für die Dauer der Wahlperiode als Person, nicht lediglich als austauschbarem Amtsträger erteilt wurde. Die Tatsache, daß es den Mitgliedstaaten überlassen bleibt, das Verfahren der Bestellung der Abgeordneten des Europäischen Parlamentes zu bestimmen, dürfte zwar auch die Bestellung indirekt gewählter Senatoren[24], keinesfalls aber den Verzicht auf jegliches an die Person gebundenes nationales Mandat zulassen. Dem entspricht auch die Regelung des Art. 4 Nr. 1 der Geschäftsordnung des Europäischen Parlamentes[25], derzufolge das Mandat eines Abgeordneten „beim Verlust des nationalen Parlamentsmandats" erlischt.

Die Mitglieder des deutschen Bundesrates, die jeweils nach Ländern mit unterschiedlichem Stimmgewicht geschlossen abzustimmen haben (Art. 51 Abs. 2 und 3 GG) und jederzeit von den Länderregierungen abberufen werden können (Art. 51 Abs. 1 Satz 1 GG), besitzen nicht die Stellung, die die Verträge für Abgeordnete des Europäischen Parlaments voraussetzen. Dieser Status läßt sich auch nicht dadurch begründen, daß die Mitglieder des Bundesrates entsprechend § 3 Abs. 1, § 4 des Entwurfes über die Wahl der Vertreter der Bundesrepublik zu den Europäischen Versammlungen vom 29. Oktober 1965[26] für ihre Auf-

---

kammer wegen seiner Funktion im Gesetzgebungsverfahren, deswegen wird er insbesondere häufig als Zweite Kammer bezeichnet. Vgl. *v. Mangoldt-Klein*, IV. Abschnitt, Vorb. III 2 i mit ausf. Nachw. Dagegen z. B. *Friesenhahn*, Festschrift Leibholz II, S. 680 f.

[23] Vgl. auch *Dehousse*, EP, Verhandlungen 1966—67, Sitzung vom 12. 5. 1966, StenBer. S. 135. *Mosler*, Festschrift Wehberg, S. 292 mit Fn. 54.

[24] Während Luxemburg Einkammersystem hat und die italienischen Senatoren direkt gewählt werden, werden der französische Senat, die niederländische Erste Kammer und der belgische Senat (teilweise) indirekt gewählt. In Frankreich wählt der Senat ein Drittel, in Belgien die Hälfte, in den Niederlanden die Erste Kammer vier der von diesen Staaten zu bestellenden Abgeordneten; vgl. *de Soto*, Les Novelles, S. 270.

[25] ABl. Nr. 280 vom 20. 11. 1967 S. 1.

[26] BR-Drucks. 453/65 (Beschluß).

gaben im Europäischen Parlament von Weisungen der Landesregierungen freigestellt und für die Dauer der Wahlperiode des Bundestages gewählt werden. Gerade diese Wahldauer — die allerdings auch im Interesse einer hinlänglichen Kontinuität der Besetzung des Europäischen Parlamentes unerläßlich wäre — durchbräche in der Mehrzahl der Fälle vollends die schwache demokratische Legitimierung der vom Bundesrat bestellten Vertreter. Diese würden auch dann noch als „Abgeordnete" des Europäischen Parlamentes auftreten, wenn die jeweilige Landesregierung infolge Neuwahlen in den Ländern gar nicht mehr im Amt wäre.

2. Beteiligung der Länder am Rechtsetzungsverfahren

Einen schwerwiegenden Eingriff in die föderative Organisation der Bundesrepublik enthält das Rechtsetzungsverfahren der Europäischen Gemeinschaften[27]. In diesem Bereich haben sich die Länder daher besonders um Einwirkungsmöglichkeiten bemüht[28].

a) Wenn Form und Umfang einer Teilhabe der Länder an den Mitgliedschaftsrechten, die der Bundesrepublik Deutschland bei der Setzung des sekundären Gemeinschaftsrechts eingeräumt sind, wiederum zunächst nach der Regelung der Verträge einzugrenzen sind, kann von vornherein die Möglichkeit einer unmittelbaren Mitwirkung an der Beschlußfassung ausgeschieden werden. Zum Erlaß von Rechtsakten sind ausschließlich die Kommission oder der Rat befugt[29], Gemeinschaftsorgane, die nicht mit Vertretern der Bundesländer besetzt werden können.

(1) Zu erwägen bleibt, ob eine mittelbare Beteiligung der Länder in der Form zulässig ist, daß der deutsche Ratsvertreter bei seiner Stimmabgabe an Weisungen gebunden wird, die innerstaatlich zusammen mit Ländervertretern erarbeitet wurden. Grundsätzlich ist es mit den Verträgen vereinbar, den in den Rat entsandten Ministern Instruktionen für ihr Verhalten bei der Beratung und Beschlußfassung zu erteilen. Zwar ist geltend gemacht worden, die Willensbildung im Rat dürfe nicht „von außen" beeinflußt werden, die Minister seien im Rat persönlich frei zu entscheiden, in welchem Sinn sie ihre Stimme abgeben;

---

[27] Vgl. o. 1. Teil II.

[28] s. o. zum Verlangen des Bundesrates nach einer Mitwirkung bei der Instruktion der deutschen Vertreter im Rat (2. Teil I 1 und 2), einer Beteiligung von Ländervertretern an der Delegation in einzelnen Gemeinschaftsausschüssen (2. Teil I 3) und zum Versuch der Länder im Rahmen der Kramer-Heubl-Absprache generell ihre unmittelbare Beteiligung sicherzustellen (2. Teil III 2).

[29] Art. 14 (1), 28 EGKSV; Art. 189 Abs. 1 EWGV; Art. 161 Abs. 1 EAGV.

auf Grund ihrer Stellung innerhalb der Gemeinschaft sei es ihnen unter Umständen sogar geboten, etwaige Weisungen ihrer Regierungen zu mißachten[30]. Diese Ansicht berücksichtigt jedoch nicht, daß der Rat „aus Vertretern der Mitgliedstaaten" besteht (Art. 2 Abs. 1 Satz 1 FusV) und Vertreter in der Regel nach den Weisungen des Vertretenen zu handeln haben. Auch hat der einzelne Minister keinen Anspruch auf Teilnahme an den Ratssitzungen, sondern wird jeweils als Vertreter seiner Regierung delegiert (Art. 2 Abs. 1 Satz 2 FusV)[31]. Vor allem ist der Rat gerade zu dem Zweck geschaffen worden, den Mitgliedstaaten gegenüber den Befugnissen der unabhängigen Kommission den gebührenden Einfluß auf die Maßnahmen der Gemeinschaften zu erhalten, die erwünschte „nationale Rückbindung"[32] zu erreichen. Wenn demnach mit der ganz überwiegenden Meinung[33] von einer Weisungsgebundenheit der Ratsvertreter auszugehen ist, lassen sich doch Grenzen des Weisungsrechts der Mitgliedstaaten aufzeigen. Zum einen berührt es nicht etwa die Gültigkeit der Beschlußfassung, wenn ein Ratsmitglied seine Vollmacht bei der Abstimmung überschreitet — hier ist zwischen mitgliedstaatlichem Dürfen und gemeinschaftsrechtlichem Können zu unterscheiden[34]. Zum anderen ist im vorliegenden Zusammenhang von besonderer Bedeutung, daß die Mitgliedstaaten gehalten sind, von ihrer Weisungsbefugnis maßvollen Gebrauch zu machen[35]. Als Gemeinschaftsorgan muß es dem Rat möglich sein, nicht nur Entscheidungen auf dem kleinsten gemeinsamen Nenner zu treffen, sondern echte Kompromißlösungen zu erarbeiten. Das Weisungsrecht darf nicht dazu dienen, die Arbeit eines Gemeinschaftsorgans völlig zu renationalisieren. Wie sich aus Art. 26 (1) EGKSV, Art. 145 EWGV und Art. 115 Abs. 2 EAGV entnehmen läßt, soll der Rat im Interessenstreit zwischen den Mitgliedstaaten untereinander oder zwischen den Mitgliedstaaten und der Kommission eine Mittlerstellung einnehmen, die Resultante in diesem Parallelogramm der Kräfte finden können. Diese Aufgabe haben ihm die Mitgliedstaaten auf Grund ihrer Mitwirkungspflichten gemäß Art. 86 EGKSV, Art. 5 EWGV und Art. 192 EAGV zu ermöglichen, d. h. die Weisungen an ihre Vertreter im Rat müssen entweder einen hin-

---

30 So *Moser*, Die überstaatliche Gerichtsbarkeit der Montan-Union, S. 73 für den EGKSV.

31 Vgl. auch *Friauf*, Staatenvertretung, S. 7 mit Fn. 21; *Sattler*, Prinzip der „funktionellen Integration", S. 124 mit Fn. 50, der auf die Gleichartigkeit der Problematik zur Weisungserteilung an die Bundesratsmitglieder auf Grund von Art. 51 GG hinweist.

32 *Badura*, VVDStRL 23 S. 47, 70.

33 Vgl. neben den bereits zitierten Stimmen *Wohlfarth* in: Wohlfarth - Everling, Art. 146 Anm. 1; *Daig* in: Groeben - Boeckh, Handbuch, I A 61 S. 2; *Iaccarino* in: Quadri - Monaco - Trabucchi, Art. 146 Anm. 2.

34 Vgl. auch *Wohlfarth, Daig, Iaccarino* jeweils ebd.

35 Vgl. *Daig*, I A 61; *Carstens*, Diskussionsbeitrag, VVDStRL 16 S. 132.

reichenden Spielraum lassen oder es muß den Ratsvertretern ein abweichendes Votieren gestattet sein, wenn sich anders eine gemeinschaftsgerechte Lösung nicht finden läßt. In derart gestaltete Weisungen können, was die Bundesrepublik Deutschland angeht, von Gemeinschaftsrechts wegen auch Interessen der Länder Eingang finden; welche Stellen bei der Formulierung der Instruktionen zu beteiligen sind, ist eine Frage des innerstaatlichen Rechts.

(2) Eine weitere Mitwirkungsmöglichkeit der deutschen Bundesländer im Vorfeld der eigentlichen Beschlußfassung könnte das Gemeinschaftsrecht insoweit zulassen, als es um die Vorbereitung von Kommissionsvorschlägen oder Stellungnahmen dazu geht. In diesem Bereich kommt eine Hinzuziehung von Ländervertretern in den Verwaltungsausschüssen, den beratenden Fachausschüssen bei der Kommission sowie im Ausschuß der Ständigen Vertreter bzw. in den von diesem eingerichteten Arbeitsgruppen in Frage[36]. Während für die Besetzung der Arbeitsgruppen keine Vorschriften bestehen[37], sind die Verwaltungsausschüsse[38], die Fachausschüsse[39] und der Ausschuß der Ständigen Vertreter[40] mit „Vertretern der Mitgliedstaaten" zu besetzen. Diese Formulierung verbietet es zwar, daß Länderbeamte in diesen Ausschüssen nach außen als Vertreter eines Bundeslandes auftreten, schließt es jedoch nicht aus, Fachbeamte der Länder mit der Vertretung des Bundes zu beauftragen und sie in dieser Form an der deutschen Delegation zu beteiligen. Das kann im Einzelfall durchaus mit dem Zweck vereinbar sein, zu dem die Ausschüsse eingerichtet sind. Durch sie soll vor allem die Fachkunde der nationalen Experten für die Kommission und den Rat in Form von Anregungen oder Stellungnahmen fruchtbar gemacht werden. Der Sachverstand sollte daher ein maßgebendes Kriterium für die Besetzung der Delegationen sein, allerdings mit der Einschränkung, daß die Mitgliedstaaten für das Verhalten der von ihnen entsandten Vertreter verantwortlich bleiben müssen[41].

---

[36] Möglichkeiten und Grenzen einer Einflußnahme der Länder auf die Vorbereitung von Kommissionsvorschlägen im Rahmen von direkten Einzelkontakten mit der Kommission sind bereits o. 4. Teil I erörtert worden.

[37] In der Praxis sind diese Gremien zumeist aus weisungsgebundenen nationalen Beamten zusammengesetzt, doch können auch private Experten (Wissenschaftler, Verbandsvertreter) hinzugezogen werden, vgl. o. 2. Teil I 2 b (1) mit Fn. 36 und *Noël*, EuR 1967 S. 37.

[38] s. o. 2. Teil I 3 a.

[39] s. o. 2. Teil I 3 b, c und d.

[40] Art. 4 FusV.

[41] Die Bedeutung des Ausdrucks „Vertreter der Mitgliedstaaten" wurde im Rat während der Verhandlungen über die Gründung der Verwaltungsausschüsse geprüft, als die niederländische Regierung das Recht beanspruchte, ihre Delegation in den Verwaltungsausschüssen mit Vertretern der sog. produktschappen zu besetzen. Diese sind Körperschaften des öffentlichen Rechts, die alle gewerblichen Betriebe eines landwirtschaftlichen

b) Da die Verträge für eine Mitwirkung der Länder einen wenn auch begrenzten Raum lassen, kann im Verfassungsrecht der Bundesrepublik nach einer Antwort auf die Frage gesucht werden, inwieweit der Bund verpflichtet ist, von der ihm gemeinschaftsrechtlich belassenen Gestaltungsfreiheit zugunsten der Länder Gebrauch zu machen.

Für eine möglichst umfangreiche Beteiligung ließe sich der von *Mosler* aufgeworfene Gedanke heranziehen, die Länder müßten einen Ausgleich für die ihnen durch die Gemeinschaftsverträge entzogenen Kompetenzen erhalten[42]. Eine solche Kompensation wäre aber von der Verfassung nur dann geboten, wenn diese den Länderbereich auch vor einer Übertragung von Hoheitsrechten auf zwischenstaatliche Einrichtungen schützt. Angesichts der Integrationskompetenz des Bundes nach Art. 24 Abs. 1 GG fehlt es an dieser Voraussetzung. Mosler bezeichnet dementsprechend eine Kompensation nur im Bereich der absoluten Garantie der bundesstaatlichen Gliederung als verfassungsrechtliche Notwendigkeit[43]; dieser These, der gefolgt werden müßte, wenn Art. 79 Abs. 3 GG auch im Bereich des Art. 24 Abs. 1 GG gilt, braucht im Rahmen der bestehenden Europäischen Gemeinschaften nicht nachgegangen zu werden. Da deren Gründung und die fortlaufende Verwirklichung der Vertragsziele eine ausschließliche Aufgabe des Bundes ist, kann nur der Grundsatz der Bundestreue die geeignete generelle Grundlage für eine Länderbeteiligung am Rechtsetzungsverfahren der Gemeinschaften abgeben[44]; denn wie bereits erwähnt[45], wirkt die Bundestreue gerade als Kompetenzausübungsschranke.

(1) Zu der Frage, inwieweit die Bundesregierung bei der Vorbereitung der Beschlußfassung ihres Vertreters im Rat auf die Interessen der Gliedstaaten Rücksicht zu nehmen hat, kann jedenfalls festgestellt werden, daß die Ausgestaltung des Verfahrens nach Art. 2 ZustG unter

---

Produktionszweiges erfassen. Die übrigen Regierungen willigten in die niederländische Forderung mit der Maßgabe ein, daß die in die Ausschüsse zu entsendenden Vertreter der produktschappen der Dienstaufsicht des zuständigen Ministers unterstellt würden; vgl. *Fischer*, Die institutionalisierte Vertretung der Verbände in der EWG, S. 172 mit Fn. 461; *Bertram*, Verwaltungsausschußverfahren, S. 44 mit Fn. 12.

[42] Festschrift Wehberg, S. 298. Vgl. auch *Schröder*, Die EWG und die Länder, S. 84; *Schmitz-Wenzel*, Die deutschen Länder, S. 32, 40; *Ruppert*, Integrationsgewalt, S. 293.

[43] Ebd., S. 299. In diesem Sinne auch *Schmitz-Wenzel*, S. 32, 40; unklar insoweit *Schröder*, S. 84, und *Ruppert*, S. 293.

[44] Art. 32 Abs. 2 GG, der bei der Diskussion um das Kramer-Heubl-Abkommen eine bedeutende Rolle spielte (vgl. o. 2. Teil III 2), ist angesichts der Besonderheit der Integrationsgewalt gegenüber der Auswärtigen Gewalt für die Problematik allenfalls mittelbar einschlägig, wenn man in dieser Vorschrift eine Ausprägung des allgemeinen Grundsatzes der Bundestreue oder des „kooperativen Föderalismus“ sieht; das tut z. B. *Scheuner*, DÖV 1966 S. 518.

[45] 3. Teil III 3 mit Fn. 149.

dem Gesichtspunkt der Bundestreue verfassungsrechtlich geboten ist[46]. Wenn Art. 53 Satz 3 GG, der es verbietet, die Länder und ihre Regierungen von dem politischen Geschehen im Bund abzuschalten, als Ausprägung bundesfreundlichen Verhaltens gedeutet[47], der Bundesrat überhaupt als „länderfreundliche Einrichtung“ bezeichnet werden kann[48], entspricht es dem Grundsatz der Bundestreue, daß die Bundesregierung den Bundesrat vor einer Beschlußfassung im Rat unterrichtet. Es ließe sich darüber hinaus erwägen, ob Art. 2 ZustG nicht in dem Sinn ausgelegt werden muß, daß die Bundesregierung es nicht nur bei einer Unterrichtung bewenden lassen darf, sondern zur Zusammenarbeit mit dem Bundesrat bereit sein muß — so, wie es bei der praktischen Handhabung des Art. 2 ZustG bislang auch geschehen ist[49]. Ein Ansatzpunkt für eine solche dem Grundsatz der Bundestreue entsprechende Auslegung bietet Art. 2 ZustG insofern, als die „Unterrichtung“ vor der Beschlußfassung im Rat zu erfolgen hat, der Bundesrat also Gelegenheit haben soll, der Bundesregierung Bedenken oder Anregungen zu unterbreiten.

Dem Grundsatz der Bundestreue entspricht es auch, wenn die Bundesregierung über das Verfahren nach Art. 2 ZustG hinaus im Rahmen der Länderreferentenbesprechungen[50], der EWG-Arbeitskreise und der Länderfachministerkonferenzen[51] mit den Ländern zusammenarbeitet und deren Auffassung bei der Erarbeitung der Instruktionen für den Ratsvertreter verwertet. Damit dürfte jedoch die Grenze der Pflicht zur Rücksichtnahme auf Länderinteressen erreicht sein. Insbesondere muß es der Beurteilung der Bundesregierung überlassen bleiben, ob der Länderstandpunkt geeignet ist, in bindende Weisungen für den Vertreter im Rat aufgenommen zu werden. Abgesehen davon, daß die Bundesregierung häufig nur so die gemeinschaftsrechtlich gebotene Flexibilität des Verhaltens ihres Ratsvertreters sicherstellen kann, widerspräche es der staatsrechtlichen Stellung eines Bundesministers, ihn an Weisungen der Länder zu binden. Der in Art. 65 GG niedergelegte Grundsatz, daß jeder Bundesminister seinen Geschäftsbereich selbständig und unter eigener Verantwortung leitet und nur an die Richtlinien des Bundeskanzlers oder des Kabinetts gebunden werden kann, gilt auch für das Verhalten und die Beschlußfassung im Rahmen der Europäischen Gemeinschaften.

---

[46] Vgl. auch *Ipsen*, Festschrift Hallstein, S. 254 f.

[47] *Schüle*, Festschrift Bilfinger, S. 452; *Bayer*, Die Bundestreue, S. 39.

[48] *Bayer*, S. 80 mit Fn. 14 unter Hinweis auf *Anschütz*, VVDStRL 1 S. 19.

[49] s. o. 2. Teil I 2 b (3).

[50] s. o. 2. Teil IV.

[51] s. o. 2. Teil II 2.

(2) Abzulehnen ist eine Verpflichtung der Bundesregierung, die Länder dadurch an der Vorbereitung von Kommissionsvorschlägen oder Stellungnahmen des Rates zu beteiligen, daß in die deutsche Delegation für Gemeinschaftsausschüsse oder Arbeitsgruppen auch Länderbeamte als Beauftragte des Bundes aufgenommen werden. Der Grundsatz der Bundestreue gibt für einen Anspruch der Länder auf eine unmittelbare Mitwirkung in Gemeinschaftseinrichtungen keine hinreichende Rechtsgrundlage. Im Gegenteil, hier wird vollends der Bereich betreten, in dem es allein um die Wahrnehmung des Gesamtinteresses des Mitgliedstaates Bundesrepublik Deutschland geht und damit nicht mehr die Pflicht des Bundes zu länderfreundlichem, sondern die Pflicht der Länder zu bundesfreundlichem Verhalten im Vordergrund steht. Das führt zu dem Schluß, daß es der Bundesregierung zwar freisteht, das Fachwissen der Länderbürokratie von Fall zu Fall durch eine Hinzuziehung von Länderbeamten bei der Besetzung der deutschen Delegation zu nutzen, hierzu aber keine Verpflichtung besteht. Erfordert die Verhandlungsmaterie eine Beteiligung von Fachkräften der Länder, kann hierzu auch ein Verfahren gewählt werden, wie es sich in der Praxis im Rahmen des Gemeinschaftsausschusses für die Bildung eines Informationsnetzes landwirtschaftlicher Buchführungen über die Einkommenslage und die betriebswirtschaftlichen Verhältnisse landwirtschaftlicher Betriebe eingespielt hat[52]: Die Delegation der Bundesregierung erörtert vor der Fahrt nach Brüssel die einzelnen Probleme mit Länderbeamten, die sich dafür zur Verfügung zu stellen haben. Auf jeden Fall muß das Argument, das seitens der Bundesregierung für die Ablehnung einer unmittelbaren Beteiligung von Länderbeamten an den Sitzungen der Verwaltungsausschüsse vorgebracht wurde[53], generell als legitim anerkannt werden. Läßt der zulässige Umfang der Delegation der Mitgliedstaaten nur Raum für eine Beteiligung der betroffenen Bundesressorts, hat eine Besetzung mit Länderbeamten von vornherein auszuscheiden.

III. Beteiligung der Länder an der innerstaatlichen Durchführung des Gemeinschaftsrechts

Der Vollzug der Gemeinschaftsrechtsordnung wirft für jeden Mitgliedstaat besondere Probleme auf, bedingt vor allem durch die unter-

---

[52] s. o. 2. Teil I 3 d.

[53] s. o. 2. Teil I 3 a mit Fn. 64.

schiedliche Grenzziehung zwischen Legislative und Exekutive in den nationalen Verfassungen[54].

In der Bundesrepublik ergeben sich zusätzliche Fragen aus der föderalen Zuständigkeitsaufteilung. Im Bereich der rechtsetzenden Durchführung[55] geht es darum, ob der Landes- oder Bundesgesetzgeber tätig zu werden hat, wenn Gemeinschaftsnormen legislative Maßnahmen auf Gebieten fordern, die aus innerstaatlicher Sicht ausschließliche Länderkompetenzen betreffen. Das kann vor allem bei Richtlinien nach Art. 41 Buchst. a, 57, 84 und 100 f. EWGV praktisch werden[56], da diese wohl das zu erreichende Ziel vorschreiben, es aber der Rechtsordnung der Mitgliedstaaten überlassen, in welcher Form die Verpflichtung erfüllt wird; in der Bundesrepublik wird häufig der Gesetzgeber tätig werden müssen[57]. Daneben können auch Verordnungen und Entscheidungen[58] in Ausnahmefällen rechtsetzende Maßnahmen verlangen. Verordnungen gelten zwar nach Art. 189 Abs. 2 EWGV allgemein und unmittelbar in jedem Mitgliedstaat, können aber Bestimmungen enthalten, die richtlinienähnlich sind und sich dann an den nationalen Gesetzgeber wenden[59]. Entscheidungen nach Art. 189 Abs. 4 EWGV können zu rechtsetzender Ausführung verpflichten, wenn sie sich mit einem entsprechenden Befehl an den betroffenen Mitgliedstaat wenden[60].

Im Bereich der verwaltungsmäßigen Ausführung des unmittelbar geltenden primären oder sekundären Gemeinschaftsrechts ergeben sich ebenfalls Probleme aus der bundesstaatlichen Kompetenzverteilung. Da die Europäischen Gemeinschaften auf den meisten Gebieten nicht über einen eigenen Verwaltungsunterbau verfügen, ist der Verwaltungsvollzug überwiegend den Mitgliedstaaten anvertraut. Für die Bundes-

---

54 Vgl. *Sohier-Mégret*, Droit communautaire et droit national, S. 107 ff.; Landesberichte, Droit Européen III (Paris); *Constantinidès-Mégret*, Le droit de la Communauté Economique Européenne, S. 131 ff.; *Zuleeg*, Recht der Europäischen Gemeinschaften, S. 209 ff.

55 Wenn die Untersuchung im folgenden zwischen rechtsetzender Durchführung und verwaltungsmäßiger Ausführung unterscheidet, sind damit Gesetzgebung und Verwaltung im materiellen Sinne gemeint.

56 Vgl. o. 1. Teil I 1 bis 4.

57 Vgl. *Zuleeg*, Recht der Europäischen Gemeinschaften, S. 306 f.; *Friauf*, Planung IV, S. 58 f.

58 Wie oben 1. Teil I 1 mit Fn. 4 und 3 mit Fn. 23 erwähnt, können diese Rechtsakte im Rahmen der Art. 41 Buchst. a, 84 EWGV in Ländermaterien eingreifen.

59 Vgl. *Rabe*, Verordnungsrecht, S. 29; *Glaesner*, Landesbericht, S. 3; *Teitgen - Lesguillons*, Landesbericht, S. 80 ff.; *Zuleeg*, Recht der Europäischen Gemeinschaften, S. 226 f. — Beispiele aus der Praxis sind die VO Nr. 19 vom 4. 4. 1962, ABl. Nr. 30 vom 20. 4. 1962 S. 933; Art. 35 VO Nr. 136/66 vom 22. 9. 1966, ABl. Nr. 172 vom 30. 9. 1966 S. 3033 f.; Art. 22 Abs. 3 VO 804/68 vom 27. 6. 1968, ABl. Nr. L 148 vom 28. 6. 1968 S. 20.

60 *Wohlfarth* in: Wohlfarth - Everling, Art. 189 Anm. 11; *Daig* in: Groeben - Boeckh, Handbuch, I A 64 S. 16.

republik folgt daraus die Frage, ob der innerstaatlich gültige Grundsatz, der vornehmlich die Verwaltung durch Länderbehörden kennt, auch im Rahmen des Vertragsvollzugs gilt und den deutschen Gliedstaaten insoweit eine gewichtige Rolle bei der Verwirklichung der Gemeinschaftsrechtsordnung überlassen bleibt.

1. Regelung der Verträge

Das Gemeinschaftsrecht stattet Rat und Kommission zwar mit bestimmten Rechtsetzungsbefugnissen aus, enthält aber keine Regelung der Frage, auf welche Weise die einmal erlassenen Vorschriften innerstaatlich durchzuführen sind. Daraus wird allgemein geschlossen, daß sich die Zuständigkeit für die rechtsetzende Ausführung von Verordnungen, Richtlinien und Entscheidungen allein nach nationalem Recht richte und den Gemeinschaftsorganen auch nicht etwa die Befugnis zustehe, im sekundären Gemeinschaftsrecht die Zuständigkeit zur Ausführung festzulegen[61]. Auf diesen Grundsatz wird auch insoweit verwiesen, als es um die Kompetenzverteilung zwischen Bund und Ländern zur normsetzenden Ausführung von Gemeinschaftsrecht in dem Bereich geht, der aus innerstaatlicher Sicht Länderangelegenheit ist. Die maßgebende Regelung könne allein im Grundgesetz gefunden werden[62].

Dieser Ansatz ist im wesentlichen zutreffend. Zwar ist es nicht ausgeschlossen, bei der Gründung überstaatlicher Einrichtungen deren Organen Rechtsetzungsbefugnisse zuzuweisen, die wieder auf innerstaatliche Stellen rückübertragen werden können, so daß diese internationale Zuständigkeiten erhalten, die nicht innerstaatlicher Kompetenzaufteilung unterliegen. Dem Bund als Gründungsmitglied der Organisation könnten auf diese Weise Befugnisse eingeräumt werden, die ursprünglich den Ländern zustanden. Dieser Weg ist jedoch bei der Gründung der Europäischen Gemeinschaften nicht beschritten worden. Wenn die Mitgliedstaaten durch Verordnungen, Richtlinien oder Entscheidungen angewiesen werden, von ihren Rechtsetzungskompetenzen in bestimmter Richtung Gebrauch zu machen, liegt keine Rückübertragung von Gemeinschaftsbefugnissen an die Mitgliedstaaten vor, die diesen erst die Fähigkeit zur Rechtsetzung (wieder-)verleiht[63]. Nicht als

---

[61] Vgl. z. B. *Goetz*, JZ 1963 S. 267; *Glaesner*, Landesbericht, S. 6; *Janssen van Ray - Baardman - Storm*, Landesbericht, S. 134; *Pescatore*, Landesbericht, S. 114; *Wagner*, Grundbegriffe des Beschlußrechts, S. 329; *Zuleeg*, Recht der Europäischen Gemeinschaften, S. 312.

[62] *Goetz*, S. 266 f.; *Glaesner*, S. 6 f.; *Zuleeg*, S. 315.

[63] So allerdings *Ophüls*, JJahrb 4 S. 161; NJW 1963 S. 1700; Landesbericht, S. 230. I. E. ebenso *Much*, Amtshaftung, S. 24; *Sohier - Mégret*, Droit communautaire et droit national, S. 115. Zweifelnd *Jaenicke*, ZaöRV 23 S. 530.

Delegatare oder Ermächtigte werden die innerstaatlichen Stellen bei der Ausführung des sekundären Gemeinschaftsrechts tätig, sondern als Verpflichtete, die ihnen verbliebenen Rechtsetzungsbefugnisse in der angeordneten Weise auszuüben[64]. Die Möglichkeit einer Delegation findet sich in den Verträgen nur im Verhältnis zwischen Rat und Kommission (Art. 155 Abs. 4 EWGV, 124 Abs. 4 EAGV). Eine Rückübertragung von Befugnissen der Gemeinschaftsorgane als stillschweigend zulässig anzusehen, wäre mit dem Ziel der Gründung der Gemeinschaften nicht zu vereinbaren — sie würde einer Desintegration Tür und Tor öffnen. Die Gemeinschaftsverträge gehen von einer klaren Zuständigkeitsaufteilung zwischen den Gemeinschaftsorganen einerseits und den Mitgliedstaaten andererseits aus.

Handeln demnach die nationalen Stellen bei der Ausführung des Gemeinschaftsrechts auf Grund der Befugnisse, die ihnen durch ihre innerstaatliche Rechtsordnung verliehen sind, muß auch im Verhältnis zwischen Bund und Ländern von der durch das Grundgesetz vorgezeichneten Zuständigkeitsaufteilung ausgegangen werden. Eine Einschränkung gilt es allerdings zu berücksichtigen: Die Verantwortlichkeit des Bundes gegenüber den Gemeinschaften für die Ausführung des Gemeinschaftsrechts muß gewährleistet bleiben. Insoweit kann für die Bundesrepublik selbst bei der Ausführung von Richtlinien — die es im allgemeinen den Mitgliedstaaten ermöglichen, die Besonderheiten der nationalen Rechtsordnung zu berücksichtigen — „die Wahl der Form und Mittel“ nicht völlig frei sein. Nur soweit sichergestellt ist, daß die vom Bund übernommenen Vertragspflichten erfüllt werden, steht einer Ausführung der Richtlinien durch die Länder aus der Sicht des Gemeinschaftsrechts nichts entgegen.

Ähnliches wie für die normsetzende Ausführung gilt für den Verwaltungsvollzug des Gemeinschaftsrechts. Die in den Verträgen enthaltenen Ermächtigungen der Gemeinschaftsorgane zum Erlaß materieller Regelungen schließen nicht die Befugnis zum Eingriff in den Verwaltungsaufbau der Mitgliedstaaten ein[65]. Selbst Vorschriften wie Art. 49, 54 (3) Buchst. b, 88, 89 EWGV, die sich mit den Behörden und Verwaltungen der Mitgliedstaaten befassen, knüpfen nur an die in den Mitgliedstaaten bestehende Zuständigkeitsverteilung an und ermächtigen nicht dazu, einzelne Stellen für die Wahrnehmung gemeinschaftsrechtlicher Aufgaben zu bestimmen. Ob der Bund oder die Länder für

---

[64] Vgl. auch *Münch*, BdGVR 2 S. 79 Fn. 24; *Rabe*, Verordnungsrecht, S. 40 Fn. 116; *Goetz*, JZ 1963 S. 266; *Ipsen*, Festschrift Ophüls, S. 76, 83; *Fuß*, DVBl 1965 S. 382; NJW 1966 S. 1785.

[65] Vgl. Antwort der Bundesregierung zu der o. S. 84 erwähnten Großen Anfrage, BT-Drucks. V/4002 S. 15 unter 7.1.2.1.; *Goetz*, JZ 1963 S. 267; *Everling*, Festschrift Ophüls, S. 36 m. Anm. 14; *Holch*, EuR 1967 S. 224 f.; *Zuleeg*, Recht der Europäischen Gemeinschaften, S. 211.

die verwaltungsmäßige Ausführung des Gemeinschaftsrechts zuständig sind, richtet sich nach den Vorschriften des Grundgesetzes, allerdings wiederum mit der Einschränkung, daß der Bund von Gemeinschaftsrechts wegen für eine Ausgestaltung der Verwaltungsorganisation zu sorgen hat, die die Erfüllung der Vertragspflichten gewährleistet.

2. Regelung des Grundgesetzes

So sehr man sich darüber einig ist, daß nur das Grundgesetz die Zuständigkeit zur Ausführung der Verträge im Landeskompetenzbereich regeln kann, so wenig ist die Frage geklärt, was das Grundgesetz hierzu bestimmt.

Die Diskussion ist stark von der bekannten Problematik um die Abschluß- und Erfüllungskompetenz bei völkerrechtlichen Verträgen über Ländermaterien geprägt. Unter Berufung auf die völkerrechtliche Abschlußkompetenz des Bundes nach Art. 32 und Art. 24 GG vertritt *Glaesner* die Auffassung, der Bund müsse auch diejenigen Kompetenzen gegenüber den Ländern in Anspruch nehmen können, die notwendig sind, um die eingegangenen Verpflichtungen zu erfüllen[66]. Die überwiegende Meinung sieht demgegenüber in den Art. 70 ff. und 83 ff. GG die maßgebenden Normen für die Zuständigkeitsverteilung bei der rechtsetzenden und verwaltungsmäßigen Ausführung des Gemeinschaftsrechts, wobei — in Abgrenzung zu den Feststellungen des Konkordatsurteils[67] — kein Zweifel daran gelassen wird, daß die Länder an der Erfüllung der vom Bund übernommenen gemeinschaftsrechtlichen Verpflichtungen mitzuwirken haben; diese Miterfüllungspflicht wird vor allem aus dem Grundsatz der Bundestreue hergeleitet[68].

Gegen diese traditionell-völkerrechtlichen Lösungsversuche wendet sich vor allem *Ipsen*[69], der in Art. 24 Abs. 1 GG den allein zutreffenden

[66] Landesbericht, S. 8. Auch *Wagner*, Grundbegriffe des Beschlußrechts, S. 219 schließt von der völkerrechtlichen Verpflichtungsmöglichkeit des Bundes auf dessen unbeschränkte staatsrechtliche Gesetzes- und Verwaltungskompetenz für die Durchführung des Gemeinschaftsrechts. Diese Meinungen erinnern an die allgemeine, nicht auf das Gemeinschaftsrecht beschränkte These, der Bund gewinne mit dem Abschluß eines völkerrechtlichen Vertrages zugleich auch die interne Zuständigkeit zu dessen Erfüllung; so z. B. *Scheuner*, Wehrbeitrag II, S. 153; *Grewe*, VVDStRL 12 S. 172 f., S. 177 (Leitsatz IV 3 c).

[67] BVerfGE 6, 309, 361 f.

[68] Vgl. z. B. *Wohlfarth* in: Wohlfarth - Everling, Art. 189 Anm. 9; *Schüßler*, NJW 1964 S. 954; *Rambow*, CdDE 1970 S. 389 mit Fn. 28; *Zuleeg*, Recht der Europäischen Gemeinschaften, S. 212, 319 ff., der allerdings für den Fall, daß ein Land zur Erfüllung seiner Pflicht nicht gewillt oder aus politischen Gründen nicht in der Lage ist, „eine Art Ersatzkompetenz des Bundes" aus Art. 32 Abs. 1 GG herleiten will.

[69] Festschrift Hallstein, S. 264 f.

Ansatz sieht. Dem entspricht im Ergebnis die hier vertretene Meinung, daß mit den Europäischen Gemeinschaften von der Intention des Grundgesetzes her eine Einrichtung geschaffen werden sollte, die auf eine möglichst umfangreiche Entfaltung originärer Strukturen angelegt ist, und daß dazu erforderliche innerstaatliche Anpassungsmaßnahmen in Ausübung der in Art. 24 Abs. 1 geregelten Integrationsgewalt erfolgen[70]. Bedenken ergeben sich jedoch gegen die Schlußfolgerungen, die Ipsen aus der Anwendung des Art. 24 Abs. 1 zieht. Er beläßt den Vertragsvollzug im Landeskompetenzbereich in vollem Umfang den Ländern und weicht nur insoweit von der überwiegenden völkerrechtlich orientierten Meinung ab, als er die Vertragserfüllungspflicht der Länder nicht aus dem Grundsatz der Bundestreue, sondern aus der Vergemeinschaftung des Gesamtstaates folgert.

Ob die Kompetenzregeln der Art. 70 ff., 83 ff. im Bereich des Art. 24 Abs. 1 GG anwendbar sind, ist deswegen fragwürdig, weil nicht die Länder auf die ihnen überlasene Gliedstaatsgewalt zugunsten einer bundesfremden originären Gewalt verzichten können, die Ausübung der Integrationsgewalt vielmehr ausschließlich den Organen des Bundes anvertraut ist[71].

Bei der Errichtung der Europäischen Gemeinschaften hat sich die Ausübung der Integrationsgewalt nicht in dem Abschluß der Gründungsverträge und der Verabschiedung des in Art. 24 Abs. 1 vorgesehenen Gesetzes erschöpft. Hierdurch wurde nur ein Prozeß eingeleitet, der zur Ausbildung originärer Gemeinschaftsgewalt hinführen soll. Um das Ziel zu erreichen, ist es auf seiten der Gründerstaaten nicht mit der einmaligen Erklärung, Hoheitsrechte auf die Gemeinschaften zu übertragen, getan; es bedarf der ständigen Bestätigung und Konkretisierung des im Grundsatz erklärten Verzichts auf die Ausschließlichkeit der Staatsgewalt[72]. Das wird beim EWG-Vertrag besonders deutlich, der als traité-cadre nicht mehr als allgemeine Ziele und Leitlinien setzt und erst mit der Ausfüllung durch Rechtsetzungsakte der Gemeinschaftsorgane Leben gewinnt. Ebenso wie die Einleitung obliegt auch die kontinuierliche Weiterführung des Integrationsprozesses bis zur Vollendung der in den Verträgen konzipierten Gemeinschaftsrechtsordnung ausschließlich den Organen des Bundes. Jede Maßnahme, die der Ausbildung originärer Gemeinschaftsgewalt dient, berührt die Verfassung des Gesamtstaates, einen Bereich, der einer Regelung durch die Länder auch dann verschlossen ist, wenn er ihrer Zuständigkeit im Rahmen der innerstaatlich geltenden Rechtsordnung unterliegt.

---

[70] s. o. 3. Teil III 1 b (2).

[71] s. o. 3. Teil III 1 b (3).

[72] s. auch o. 3. Teil III 1 b (1) a. E.

a) Wer für die rechtsetzende Ausführung des sekundären Gemeinschaftsrechts im Landeskompetenzbereich zuständig ist, hängt mithin davon ab, ob auch an die Mitgliedstaaten gerichtete Entscheidungen und Richtlinien bzw. richtlinienähnliche Bestandteile von Verordnungen originäre Gemeinschaftsakte sind, deren Geltung im Staatsverband mit einem Ausschließlichkeitsverzicht verbunden ist. Da die Frage der Rechtsnatur von Richtlinien und an Staaten gerichtete Entscheidungen wiederum in erster Linie nach den Verträgen zu beantworten ist, liegt insofern eine Rückverweisung des Grundgesetzes auf das Gemeinschaftsrecht vor.

In Anlehnung an die unterschiedliche Formulierung des Art. 189 Abs. 2 EWGV einerseits und des Art. 189 Abs. 3 und 4 andererseits wird häufig die Auffassung vertreten, Richtlinien und Entscheidungen könnten (im Gegensatz zu Verordnungen) nur eine völkerrechtlichen Staatenverpflichtungen entsprechende Wirkung äußern. Solange die Mitgliedstaaten ihrer Verpflichtung nicht nachgekommen seien, bleibe das mit den Gemeinschaftsrechtsakten unvereinbare nationale Recht in Kraft und sei von den nationalen Gerichten anzuwenden. Die einmal erlassenen Ausführungsvorschriften hätten innerhalb der nationalen Rechtsordnung keine bevorzugte Stellung; die Voraussetzungen ihrer Wirksamkeit, ihre Geltungsdauer und ihre Aufhebung richteten sich nach nationalem Recht; der Grundsatz lex posterior derogat legi priori finde Anwendung[73].

Es ist klar, daß die zur Ausführung von Richtlinien und Entscheidungen getroffenen Maßnahmen der Mitgliedstaaten mit einem Verzicht auf die Ausschließlichkeit der Staatsgewalt nichts zu tun haben könnten, wenn man dieser Auffassung folgen würde. Mitgliedstaatliche Verpflichtungen nach Art. 189 Abs. 3 und 4 EWGV lassen sich jedoch nicht mit herkömmlichen völkerrechtlichen Staatenverpflichtungen vergleichen.

Aus dem unterschiedlichen Wortlaut des Art. 189 Abs. 2 einerseits und Art. 189 Abs. 3 und 4 EWGV andererseits läßt sich kein zwingendes Argument dafür ableiten, daß Richtlinien oder Entscheidungen für den einzelnen Mitgliedstaat nicht gleiche Verbindlichkeit haben können wie Verordnungen. Die Verordnung „gilt unmittelbar in jedem Mitgliedstaat" (Art. 189 Abs. 2) kann bedeuten: Sie gilt kraft ihrer Rechtsnatur im gesamten Gebiet der Gemeinschaft; eine Verordnung, die nur in einem oder mehreren, nicht aber in allen Mitgliedstaaten gelten soll, wäre unzulässig[74]. Demgegenüber wirken Richtlinien und an Staaten

---

[73] Vgl. z. B. *Catalano*, Actes off. II, S. 161 f.; Droit communautaire et droit national, S. 85; *Lang*, Preisordnung, S. 86; *Pescatore*, Landesbericht, S. 118; *Zuleeg*, Recht der Europäischen Gemeinschaften, S. 326 ff.; *Seidl-Hohenveldern*, Recht der Internationalen Organisationen, S. 226.

[74] Allg. Meinung. Vgl. z. B. *Wohlfarth* in: Wohlfarth - Everling, Art. 189 Anm. 5.

gerichtete Entscheidungen gemäß Art. 189 Abs. 3 und 4 nicht notwendig territorial allgemein, sie dienen als Instrument dafür, auch für einen abgegrenzten räumlichen Geltungsbereich Recht zu setzen, was rechtstechnisch dadurch bewirkt wird, daß einer oder mehrere der Mitgliedstaaten als Adressaten dienen. Welche Rechtswirkungen Richtlinien und an die Staaten gerichtete Entscheidungen für den oder die Adressaten zeigen, ist damit nicht festgelegt[75].

Daß der von diesen Rechtsakten erfaßte Bereich in der ausschließlichen Rechtsetzungsgewalt der Mitgliedstaaten verbleibt, läßt sich jedenfalls nicht vertreten. Richtlinien und Entscheidungen erlassen die Gemeinschaftsorgane „zur Erfüllung ihrer Aufgaben", wie es in Art. 189 Abs. 1 EWGV heißt. Wenn die Mitgliedstaaten, genauer „die innerstaatlichen Stellen", „gli organi nazionali" (Art. 189 Abs. 3), meist ohne jede eigene Gestaltungsfreiheit und stets ohne die Möglichkeit, das in der Richtlinie oder Entscheidung vorgeschriebene Ziel abzuändern, eigene Formen und Mittel der Durchführung einsetzen, wird dadurch die den Gemeinschaftsorganen als ihre Aufgabe überlassene Materie nicht zu einer der innerstaatlichen Verfügungsgewalt überlassenen Angelegenheit.

Aus dieser Zuordnung läßt sich zwar noch nicht zwingend ableiten, daß die Gemeinschaftsorgane mit dem Erlaß von Richtlinien oder Entscheidungen originäre Gemeinschaftsgewalt ausüben; es wurde bereits darauf hingewiesen, daß in einer zwischenstaatlichen Einrichtung nicht nur originäre, sondern daneben oder miteinander vermischt auch abgeleitete Strukturen anzutreffen sind und erst die tatsächliche Entwicklung über die Einordnung in die eine oder andere Kategorie entscheidet. Doch nimmt das Grundgesetz diese Einordnung insofern vorweg, als immer dann, wenn bestimmte Befugnisse der Gemeinschaftsorgane auch nur die Möglichkeit zur Ausbildung originärer Gewalt in sich tragen, die innerstaatlichen Anpassungsmaßnahmen dafür alle Voraussetzungen zu schaffen haben[76].

Daß es auch in dem Bereich, der den Gemeinschaften zur Regelung durch Richtlinien und an Staaten gerichtete Entscheidungen überlassen wurde, sehr wohl zur Ausbildung originärer Gemeinschaftsgewalt kommen kann, läßt sich nicht mehr bezweifeln, nachdem der Europäische Gerichtshof Ende 1970 im Vorabentscheidungsverfahren nach Art. 177 EWGV in mehreren Entscheidungen[77] grundlegend neue Beurteilungsmaßstäbe für die Rechtsnatur dieser Rechtsetzungsformen gesetzt hat. Das Gericht hatte über die Frage zu entscheiden, ob Richtlinien und an

---

75 So insbes. *Grabitz*, EuR 1971 S. 7 ff.

76 s. o. 3. Teil III 1 b (2) a. E.

77 (Rs 9/70) AS XVI 825; (Rs 20/70) AS XVI 861; (Rs 23/70) AS XVI 881; (Rs 33/70) AS XVI 1213.

Staaten gerichtete Entscheidungen „unmittelbare Wirkungen in den Rechtsbeziehungen zwischen den Mitgliedstaaten und Einzelpersonen" sowie „Rechte des Einzelnen" begründen können, „welche auch die Gerichte der Mitgliedstaaten zu beachten haben"[78]. Diese in der Literatur heftig umstrittene Frage[79] hat der Europäische Gerichtshof unter Berufung auf den Grundsatz des „effet util" für alle die Richtlinien und an Staaten gerichtete Entscheidungen bejaht, die „nach Rechtsnatur, Systematik und Wortlaut geeignet" sind, unmittelbare Wirkungen zu begründen[80]. Im Ergebnis läuft diese Formulierung darauf hinaus, daß nur solchen Richtlinien und an Staaten gerichteten Entscheidungen unmittelbare Wirksamkeit fehlt, die als Ermächtigungen an die Mitgliedstaaten diesen Entschließungsermessen darüber einräumen, ob sie überhaupt rechtsetzend tätig werden wollen[81]. Auf jeden Fall haben es die Gemeinschaftsorgane nunmehr in der Hand, Richtlinien und an Staaten gerichtete Entscheidungen eine solche Fassung zu geben, daß sie in den Mitgliedstaaten unmittelbar wirken.

Für die hier zu untersuchende Frage interessieren vor allem die Folgen, die sich aus der unmittelbaren Wirksamkeit einer Norm des Gemeinschaftsrechts für die Rechtsetzungsgewalt der Mitgliedstaaten ergibt. Auch hierzu hat der Europäische Gerichtshof Stellung genommen: Gemeinschaftsnormen, denen unmittelbare Wirksamkeit zukommt, werden „Bestandteil der innerstaatlichen Rechtsordnung, ohne daß es hierzu staatlicher Maßnahmen bedarf" und schließen „die Anwendbarkeit aller mit diesen Vorschriften unvereinbarer Maßnahmen aus"[82].

Geltung im Staatsverband ohne Einschaltung eines staatlichen Hoheitsaktes und Ausschluß der Möglichkeit, entgegenstehendes staatliches Recht zu schaffen, lassen sich nur mit einem Verzicht auf die Ausschließlichkeit der Staatsgewalt erreichen. Da die Gemeinschaftsorgane auch mit Richtlinien und an Staaten gerichteten Entscheidungen unmittelbar wirksame Vorschriften erlassen können, muß davon ausgegangen werden, daß die Mitgliedstaaten in dem Bereich, der von die-

---

78 So die Formulierung der Vorlagebeschlüsse, vgl. AS XVI 829, 865, 885, 1215.

79 Mit ihr befaßten sich z. B. das 2. und 3. Internationale Kolloquium für Europarecht der Fédération Internationale pour le Droit Européen (Droit européen II und III).

80 Vgl. jeweils Leitsatz 1 der Rs 9/70, 20/70, 23/70 in AS XVI 826, 862, 882. In Rs 33/70 wird darauf abgestellt, ob die Bestimmung „ihrer Natur nach" unmittelbar gilt, AS XVI 1213 (unter Leitsatz 2).

81 So *Grabitz*, EuR 1971 S. 14 ff. in einer ausführlichen Analyse der bisherigen Rechtsprechung des EuGH. Auch *Rambow*, DVBl 1971 S. 47 und *Wägenbaur*, AWD 1971 S. 104 stellen darauf ab, ob den Mitgliedstaaten zum Erlaß der Durchführungsmaßnahmen ein Ermessensspielraum bleibt.

82 (Rs 28/67) AS XIV 215, 232; (Rs 34/67) AS XIV 363, 373. Vgl. auch (Rs 40/69) AS XVI 69, 80 und (Rs 74/69) AS XVI 451, 459 f.

sen Rechtsetzungsformen geregelt werden kann, generell auf die Ausschließlichkeit ihrer Staatsgewalt verzichtet haben. Dieser Verzicht wird durch Ausführungsvorschriften zu Richtlinien und an Staaten gerichtete Entscheidungen jeweils konkretisiert, eine Aufgabe, die in der Bundesrepublik allein vom Bund wahrgenommen werden kann.

Die Länder sind zur rechtsetzenden Durchführung des Gemeinschaftsrechts auch in dem Bereich nicht befugt, der aus innerstaatlicher Sicht ihrer ausschließlichen Gesetzgebungsgewalt unterliegt. Zu prüfen bleibt, ob nach dem Grundgesetz eine verwaltungsmäßige Ausführung des Gemeinschaftsrechts durch die Länder in Betracht kommt.

b) Bei denjenigen Normen des Gemeinschaftsrechts, die sich nicht an den nationalen Gesetzgeber wenden, sondern lediglich der verwaltungsmäßigen Ausführung in den Mitgliedstaaten bedürfen, ist für eine Konkretisierung des Verzichts auf die Ausschließlichkeit der Staatsgewalt von vornherein kein Raum mehr; die innerstaatlichen Stellen haben nurmehr die Folgerung daraus zu ziehen, daß Akte der originären Gemeinschaftsgewalt vor der Staatsverbandsordnung gelten. Dieser Bereich liegt außerhalb der in Art. 24 GG geregelten Integrationsgewalt, so daß nicht etwa unter Berufung auf diese Vorschrift eine ausschließliche Kompetenz des Bundes zur verwaltungsmäßigen Ausführung des Gemeinschaftsrechts konstruiert werden kann.

Es bleibt die Möglichkeit, den VIII. Abschnitt des Grundgesetzes heranzuziehen, der die „Ausführung der Bundesgesetze" regelt. Da das primäre und sekundäre Gemeinschaftsrecht nicht als Bundesrecht angesehen werden kann[83], ist zwar eine direkte Anwendung der Art. 83 ff. GG ausgeschlossen. Doch läßt sich die für die Ausführung der Bundesgesetze geregelte Zuständigkeitsverteilung zwischen Bund und Ländern auf den verwaltungsmäßigen Vollzug des Gemeinschaftsrechts entsprechend anwenden[84]. Diese Lösung entspricht nicht nur der übereinstimmenden Auffassung in der Staatspraxis[85], sie sichert angesichts der in Art. 84 und 87 Abs. 3 GG festgelegten Einwirkungsmöglichkeiten des Bundes vor allem dessen Verantwortlichkeit für die Erfüllung der von ihm übernommenen Vertragspflichten, ohne die Länder mehr als

---

83 Weder sind die Verträge selbst in Bundesrecht transformiert worden, noch können in Art. 189 EWGV, Art. 161 EAGV und Art. 14 EGKSV „antizipierte Generaltransformatoren" gesehen werden; so allerdings z. B. *Ehle*, MDR 1964 S. 11; *Schlochauer*, AVR 11 S. 24 f.; *Rupp*, NJW 1970 S. 357 f. Vgl. dazu o. 3. Teil III 2 c bei Fn. 129.

84 So z. B. auch *Everling*, Festschrift Ophüls, S. 36 Anm. 14; *Bülow*, Aktuelle Fragen, S. 56 f.

85 Vgl. Antwort der Bundesregierung zu der o. S. 84 erwähnten Großen Anfrage, BT-Drucks. V/4002 S. 15 unter 7.1.2.1. sowie *Schmitz*, Gemeinschaftsrecht und nationale Rechte, I/3 S. 38 ff., der zugleich eine Darstellung des verwaltungsmäßigen Vollzugs des EWG-Landwirtschaftsrechts gibt.

rechtlich und praktisch geboten von der Mitwirkung an der Ausführung des Gemeinschaftsrechts auszuschalten. Schließlich läßt sich unter dem Gesichtspunkt des Verwaltungsvollzugs auch die für eine entsprechende Anwendung erforderliche Vergleichbarkeit von Gemeinschaftsrecht und Bundesrecht feststellen. Die Geltung des Gemeinschaftsrechts ist ebenso wie die von Bundesrecht auf eine Entscheidung des Bundesgesetzgebers zurückzuführen, da dieser nach Art. 24 GG den Ausschließlichkeitsverzicht auszusprechen hat. Das Gemeinschaftsrecht hat mit Bundesrecht gemeinsam, daß es für das Gesamtgebiet der Bundesrepublik gilt. Die Regeln, die das Grundgesetz für die verwaltungsmäßige Ausführung der für die Gesamtheit geltenden Rechtsmasse in den Art. 83 ff. aufgestellt hat, sollten auch für das Gemeinschaftsrecht Anwendung finden.

Zusammenfassung und Ausblick

I. Ergebnisse der Arbeit

1. Die Errichtung der Europäischen Gemeinschaften wirft für die Bundesrepublik Deutschland, den einzigen bundesstaatlich organisierten Mitgliedstaat, besondere Probleme auf. Die Gemeinschaftsverträge berühren die Rechtsstellung der deutschen Bundesländer unter einem doppelten Aspekt:
   - Zum einen sind den Organen der Gemeinschaften Aufgaben zugewiesen worden, die nach der innerstaatlich gültigen Zuständigkeitsverteilung ausschließlichen Gesetzgebungs-, Verwaltungs- und Rechtsprechungskompetenzen der Länder unterliegen.
   - Zum anderen ist der Bundesrat, durch den die Länder bei der Gesetzgebung des Bundes mitwirken, an der Rechtsetzung der Europäischen Gemeinschaften nach den Vertragsbestimmungen nicht beteiligt.
2. In der Staatspraxis haben die Länder die Einschränkung ihrer Kompetenzen und Mitwirkungsrechte durch eine möglichst umfassende Beteiligung bei der Verwirklichung des Gemeinsamen Marktes zu kompensieren versucht.
   a) Für den staatsinternen, die Willensbildung in den Gemeinschaften vorbereitenden Bereich ist vor allem auf das Unterrichtungsverfahren nach Art. 2 ZustG hinzuweisen, das sich in der praktischen Verwirklichung zu einer Zusammenarbeit von Bundesrat und Bundesregierung vor einer Beschlußfassung im Rat der Europäischen Gemeinschaften entwickelt hat.
   b) Die Länder haben auch eine Mitwirkung auf der Ebene der Gemeinschaften angestrebt:
      - In denjenigen Bereichen, die ihnen nach der innerstaatlichen Kompetenzverteilung zustehen, haben es die Länder erreicht, zu der Arbeit in Fachausschüssen der Gemeinschaften hinzugezogen zu werden.
      - Die Forderung, als Abgeordnete zum Europäischen Parlament auch Mitglieder des Bundesrates zu bestellen, konnte bislang nicht durchgesetzt werden.

— Direkte Kontakte zwischen Ländervertretern und der Kommission (durchweg ohne vorherige oder nachträgliche Zustimmung der Bundesregierung) sind zu einer regulären Erscheinung geworden; die Länder benutzen diese Kontakte nicht nur zu Informationszwecken, sondern auch zur Durchsetzung ihrer regionalpolitischen Belange.

3. Eine Würdigung der Staatspraxis an Hand der Verträge und des Grundgesetzes läßt eine Diskrepanz zwischen der tatsächlichen politischen und der rechtlichen Stellung der deutschen Bundesländer in den Europäischen Gemeinschaften erkennen.

4. Von Gemeinschaftsrechts wegen wird den Ländern der Bundesrepublik gegenüber den Gebietskörperschaften der anderen Mitgliedstaaten keine Sonderstellung zugebilligt. Vielmehr gilt der Grundsatz der Alleinverantwortlichkeit und Alleinzuständigkeit des Bundes, da nur dieser Partner der Gründungsverträge ist. Die Gemeinschaftsorgane haben auf die föderale Struktur der Bundesrepublik keine Rücksicht zu nehmen.

5. Ob die Länder sich damit abzufinden haben, daß sie durch den Bund gemeinschaftsrechtlich mediatisiert werden, hängt von der Verfassungsmäßigkeit der Verträge ab. Bei dem bisherigen Stand der Integration kann (noch) nicht davon ausgegangen werden, daß den Mitgliedstaaten ihre Staatlichkeit und damit die Geltungskraft ihrer Rechtsordnung partiell verloren gegangen ist.

6. Die Gemeinschaftsverträge sind mit dem Grundgesetz vereinbar.

   a) Die Bundesrepublik Deutschland hat mit der Gründung der Europäischen Gemeinschaften in Anwendung des Art. 24 Abs. 1 GG auf die Ausschließlichkeit ihrer Staatsgewalt verzichtet, um dadurch die Ausbildung originärer Gemeinschaftsgewalt zu ermöglichen. Hierzu war allein der Bund als Wahrer der Gesamtverfassung in der Lage; die Länder können auf die ihnen überlassene Gliedstaatsgewalt nicht zugunsten einer außerhalb des Gesamtstaates herrschenden Gewalt verzichten.

   b) Der Bund durfte in Ausübung der ihm in Art. 24 Abs. 1 GG zur auschließlichen Wahrnehmung eingeräumten Integrationsgewalt auch Hoheitsrechte der Länder übertragen. Dies konnte durch Gesetz ohne verfassungsändernde Mehrheiten und ohne Änderung des Verfassungstextes geschehen, da der Geltungsanspruch des Grundgesetzes unter dem Vorbehalt des mit Art. 24 Abs. 1 geschaffenen Integrationshebels steht.

7. Bei der Durchführung der Gemeinschaftsverträge gebietet der Grundsatz der Bundestreue als Kompetenzausübungsschranke, daß

der Bund die Länder beteiligt. Für den Umfang der Länderbeteiligung ist jedoch in erster Linie maßgebend, inwieweit dem Bund gemeinschaftsrechtlich eine Beachtung der Länderinteressen gestattet ist, da auch der Grundsatz der Bundestreue als Norm der Verfassung unter dem Integrationsvorbehalt des Art. 24 Abs. 1 steht.

8. Die Verträge verbieten, von wenigen Ausnahmen abgesehen, eine Zusammenarbeit zwischen Kommission und Länderbehörden. Kontakte zu Informationszwecken dürfen nur unter vorheriger Einschaltung und unter Aufsicht der Bundesregierung stattfinden.

9. Die Verträge verbieten es, Mitglieder des deutschen Bundesrates als Abgeordnete in das Europäische Parlament zu entsenden. Die Mitglieder des Bundesrates sind keine Volksvertreter oder Parlamentarier i. S. von Art. 20, 21 (1) EGKSV, 137, 138 (1) EWGV und 107, 108 (1) EAGV.

10. Die Verträge gestatten eine Bindung des deutschen Vertreters im Rat an innerstaatlich zusammen mit Ländervertretern erarbeitete Weisungen, wenn ein Spielraum bleibt, der im Konflikt zwischen nationalen und gemeinschaftlichen Interessen im Rat eine gemeinschaftsgerechte Lösung zu finden erlaubt. In diesem Rahmen ist nach dem Grundsatz der Bundestreue dem Bundesrat im Verfahren nach Art. 2 ZustG die Möglichkeit zu einer echten Mitwirkung bei der Vorbereitung der Beschlußfassung des deutschen Vertreters im Rat einzuräumen.

11. Die Verträge gestatten es, für die Arbeit in Gemeinschaftsausschüssen Länderbeamte hinzuzuziehen, wenn diese als Vertreter des Mitgliedstaates Bundesrepublik Deutschland auftreten. Der Bund ist jedoch nach dem Grundgesetz der Bundestreue nicht verpflichtet, in seine Delegation auch Länderbeamte aufzunehmen; auf der Ebene der Gemeinschaften geht es um die Wahrnehmung der Interessen des Gesamtstaates, so daß nicht die Pflicht des Bundes zu länderfreundlichem, sondern die Pflicht der Länder zu bundesfreundlichem Verhalten im Vordergrund steht.

12. Die Verträge treffen keine Regelung darüber, welche innerstaatlichen Stellen für den Vollzug des Gemeinschaftsrechts zuständig sind.

    a) Eine Beteiligung der Länder an der rechtsetzenden Durchführung des Gemeinschaftsrechts ist nicht möglich. Mit der rechtsetzenden Durchführung von Richtlinien und Entscheidungen wird in dem jeweiligen Bereich der Verzicht auf die Ausschließlichkeit der deutschen Staatsgewalt konkretisiert; diese Aufgabe kann nur vom Bund wahrgenommen werden.

b) Soweit Gemeinschaftsrecht nurmehr der verwaltungsmäßigen Ausführung bedarf, bietet eine analoge Anwendung der Art. 83 ff. GG eine Regelung, die angesichts der Einwirkungsmöglichkeiten nach Art. 84 und 87 Abs. 3 die Verantwortlichkeit des Bundes für die Erfüllung seiner Vertragspflichten wahrt, ohne die Länder mehr als rechtlich und praktisch geboten von der Mitwirkung an der Ausführung des Gemeinschaftsrechts auszuschalten.

II. Bundesstaatlichkeit und fortschreitende Integration

Der Weg zum Vereinten Europa ist durch ein stufenweises Vorgehen gekennzeichnet. Gegenwärtig geht es darum, den Ansätzen des EWG-Vertrages zum Durchbruch zu verhelfen, die Entwicklung der Europäischen Gemeinschaften zu einer Wirtschafts- und Währungsunion voranzutreiben. Es ist nicht auszuschließen, daß in der Folgezeit neue, von den derzeitigen Verträgen noch nicht erfaßte Sachgebiete in die Europäischen Gemeinschaften eingebracht werden. Das Europäische Parlament forderte 1969 bereits die Einsetzung eines Rates der Unterrichtsminister der Mitgliedstaaten — als Vorstufe einer Europäischen Kulturgemeinschaft[1]. Eine umfassende Einbeziehung des gesamten Erziehungs- und Bildungswesens in den europäischen Einigungsprozeß ist in der Tat unerläßlich. Damit erst wäre die Möglichkeit gegeben, Grundlagen für ein europäisches Bewußtsein zu legen und die Völker der in den Gemeinschaften zusammengeschlossenen Staaten zu einem Volk der Europäischen Gemeinschaft zusammenzuführen.

Die Gründung einer Europäischen Kulturgemeinschaft würde sich aller Voraussicht nach an dem Modell der bestehenden Europäischen Gemeinschaften orientieren. Für die Bundesrepublik Deutschland bedeutet das: Der Bund würde über den bisherigen Umfang hinaus umfangreiche Länderkompetenzen der Gemeinschaftsgewalt übertragen und wäre ausschließlich für die rechtsetzende Durchführung der Gemeinschaftsbeschlüsse zuständig. Damit wäre die Grenze erreicht, jenseits derer eine weitere Beteiligung der Bundesrepublik an der europäischen Einigung mit einer Beseitigung der Staatlichkeit der Länder verbunden ist. Zutreffend hat das Bundesverfassungsgericht die Kultur-

---

[1] Entschließung vom 7. Oktober 1969, ABl. Nr. C 139 vom 28. 10. 1969 S. 14 f. und Protokoll der Sitzung vom 7. Oktober 1969, EP, Verhandlungen 1969—70, StenBer. S. 62 ff. Vgl. auch die Beschlüsse der in den Mitgliedstaaten für Erziehungs- und Bildungsfragen zuständigen Minister vom 16. November 1971 zu einer Zusammenarbeit im Bildungswesen, Bull. Europäische Gemeinschaften 12 — 1971 S. 29 f.

hoheit als das „Kernstück der Eigenstaatlichkeit der Länder" bezeichnet[2]. Der moderne Staat ist durch eine zunehmende Verlagerung der eigentlichen politischen Gestaltung auf die Gesetzgebung und durch eine entsprechende Einengung der Entscheidungsfreiheit der Verwaltung gekennzeichnet. Verbliebe den Ländern als Reservate legislativer Selbständigkeit im wesentlichen nurmehr das Polizei- und Kommunalrecht, würden sie aufhören, als Staaten zu existieren.

Damit stellt sich die Frage, ob die „Bundes"-Republik Deutschland bei einer Integration des Kulturbereiches den Weg zu einem Vereinten Europa nicht mehr weiter mitgehen kann. Die Möglichkeit, nach Art. 24 Abs. 1 GG Hoheitsrechte auf zwischenstaatliche Einrichtungen zu übertragen, trifft auf die Bestandsgarantie des föderalistischen Aufbaus in Art. 79 Abs. 3 GG.

Art. 79 Abs. 3 GG verbietet eine „Änderung dieses Grundgesetzes", durch welche die Gliederung des Bundes in Länder berührt wird. Nach der hier vertretenen Auffassung bewirkt das Gesetz in Art. 24 Abs. 1 GG aber keine Verfassungsänderung, sondern ist nur Tatbestandsausfüllungsakt, der eine bereits im Grundgesetz vorgesehene Rechtsfolge auslöst[3]. Es läßt sich also allenfalls erwägen, ob zwischen der Entscheidung für eine offene Staatlichkeit und eine Eingliederung in ein Vereintes Europa einerseits und der Entscheidung für einen föderalistischen Aufbau der Bundesrepublik andererseits eine Wertrelation besteht, die eine einschränkende Auslegung des Art. 24 Abs. 1 GG nahelegt. Wie bereits erwähnt, läßt sich eine solche Wertrelation nicht nachweisen[4].

Darüber hinaus muß bezweifelt werden, ob überhaupt der Zweck, den Art. 79 Abs. 3 mit dem Schutz der bundesstaatlichen Gliederung verfolgt, durch einen Verlust der Staatlichkeit der Länder hinfällig wird. Der deutsche Föderalismus der Nachkriegszeit hat — von Rudimenten in den süddeutschen Ländern und den Hansestädten abgesehen — nichts mehr mit einer territorial oder stammesmäßig vorgegebenen Differenzierung zu tun. Seine eigentliche Rechtfertigung liegt in der vertikalen Gewaltenteilung, die Bundesstaatlichkeit soll vor einer Zusammenballung staatlicher Macht und der damit verbundenen Freiheitsbedrohung des einzelnen schützen[5].

---

[2] BVerfGE 6, 309, 346 f. Ebenso z. B. *Harbich*, Der Bundesstaat und seine Unantastbarkeit, S. 129; *Konow*, DÖV 1966 S. 371 f.; *Maunz*, Festschrift Müller, S. 273.

[3] s. o. 3. Teil unter III 2 d.

[4] s. o. 3. Teil unter III 2 e.

[5] Vgl. BVerfGE 12, 205, 229. *Friedrich*, Verfassungsstaat der Neuzeit, S. 215; *Peters*, Gewaltentrennung in moderner Sicht, S. 24 f.; *v. Lex*, Festschrift Nawiasky, S. 240.

Dieses Gestaltungsprinzip bliebe aber unberührt, wenn der Anteil an der staatlichen Machtausübung, der den Ländern zugewiesen ist, den Europäischen Gemeinschaften überantwortet würde. Nach wie vor würde nicht das eine Machtzentrum Bund im deutschen Territorialbereich herrschen, sondern eine Gewalt, die zwischen der Gemeinschafts- und der deutschen Staatsgewalt aufgeteilt wäre. Solange ein Vereintes Europa als Bundesstaat angestrebt wird — und das Ziel eines europäischen Einheitsstaates ist bislang nie erwogen worden — bliebe der Wert des föderalistischen Aufbaus erhalten. Die bundesstaatliche Ordnung wäre aufgehoben im doppelten Sinn des Wortes: Beseitigung der Bundesstaatlichkeit im internen Bereich des deutschen Mitgliedstaates, Bewahrung der Bundesstaatlichkeit als Ordnungsprinzip eines Vereinten Europas.

Literaturverzeichnis

Alder, Claudius: Die Befugnisse der Organe der Europäischen Wirtschaftsgemeinschaft gegenüber Mitgliedstaaten und Privatunternehmen. Übersicht über die Kompetenzen des Rates und der Kommission unter besonderer Berücksichtigung der Praxis, Basel 1962.

— Koordination und Integration als Rechtsprinzipien. Ein Beitrag zum Problem der derogatorischen Kraft des Europäischen Gemeinschaftsrechts gegenüber einzelstaatlichem Recht, Brügge 1969.

Anschütz, Gerhard: Der deutsche Föderalismus in Vergangenheit, Gegenwart und Zukunft, VVDStRL 1 (1924) S. 11 ff.

Axline, Andrew: European Community Law and Organisational Development, New York 1968.

Badura, Peter: Bewahrung und Veränderung demokratischer und rechtsstaatlicher Verfassungsstruktur in den internationalen Gemeinschaften, VVDStRL Heft 23 (1966) S. 34 ff.

Ballerstedt, Kurt: Übernationale und nationale Marktordnung. Eine montanrechtliche Studie, Tübingen 1955.

Basse, Hermann: Das Verhältnis zwischen der Gerichtsbarkeit des Gerichtshofes der Europäischen Gemeinschaften und der deutschen Zivilgerichtsbarkeit, Berlin 1967.

Bayer, Hermann-Wilfried: Die Bundestreue, Tübingen 1961.

Bayer, Wilhelm F.: Das Privatrecht der Montanunion, RabelsZ 17 (1952) S. 325 ff.

Bebr, Gerhard: Judicial Control of the European Communities, London 1962.

Beck, Reinhard: Auslandsbeziehungen der Länder. Eine Stellungnahme zum Aufsatz von Kölble in DÖV 1965 S. 145 ff., DÖV 1966 S. 20 ff.

Beine, Reinhard: Staat, Energie und Verkehr am Beispiel des Landes Nordrhein-Westfalen. In: Staat und Wirtschaft im nationalen und übernationalen Recht, Schriftenreihe der Hochschule Speyer Bd. 22, Berlin 1964, S. 54 ff.

Bernhardt, Rudolf: Der Abschluß völkerrechtlicher Verträge im Bundesstaat. Eine Untersuchung zum deutschen und ausländischen Bundesstaatsrecht, Köln und Berlin 1957.

Bertram, Christoph: Das Verwaltungsausschußverfahren. Ein neuartiges Rechtsetzungsverfahren der Europäischen Wirtschaftsgemeinschaft, Dissertation Bonn 1967.

Bilfinger, Carl: Der Einfluß der Einzelstaaten auf die Bildung des Reichswillens. Eine staatsrechtliche und politische Studie, Tübingen 1923.

Bräutigam, Hans-Otto: Völkerrechtliche Praxis der Bundesrepublik Deutschland im Jahre 1957, ZaöRV 20 (1959/60) S. 88 ff.

Bruns, Herbert: Entwicklungstendenzen im Rechtsetzungsverfahren der Europäischen Wirtschaftsgemeinschaft. In: Staat und Wirtschaft im nationalen und übernationalen Recht, Schriftenreihe der Hochschule Speyer, Band 22, 1964, S. 116 ff.

Bülow, Erich: Das Verhältnis des Rechts der europäischen Gemeinschaften zum nationalen Recht. In: Aktuelle Fragen des Europäischen Gemeinschaftsrechts, Heft 29 der Abhandlung zum gesamten Bürgerlichen Recht, Handelsrecht und Wirtschaftsrecht, Stuttgart 1965, S. 28 ff.

Cambier, Cyr, Michel *Waelbroeck*, Jean-Victor *Louis* und Herwig *Desmedt*: Belgischer Landesbericht, Droit Européen III (Paris), 1965.

Cartou, Louis: Organisations Européennes, Paris 1965.

Catalano, Nicola: La Position du Droit Communautaire dans le droit des Etats membres. In: Droit communautaire et droit national, Semaine de Bruges 1965, Brügge 1965.

— Le fonti normative della communità europea del Carbone e dell'Acciaio. In: Actes off., Bd. II, Mailand 1958, S. 117 ff.

Chieppa, Riccardo: Italienischer Landesbericht, Droit Européen III (Paris), 1965.

Coing, Helmut: Zur Auslegung des Artikel 57 Abs. 1 des EWG-Vertrages. In: Westdeutsche Rektorenkonferenz. Empfehlungen, Entschließungen und Nachrichten vom Präsidenten mitgeteilt, SH 113 (1963) S. 139 ff.

Constantinesco, Léontin-Jean: Die unmittelbare Anwendbarkeit von Gemeinschaftsnormen und der Rechtsschutz von Einzelpersonen im Recht der EWG, Baden-Baden 1969.

Constantinidès-Mégret, Colette: Le droit de la Communauté Economique Européenne et l'ordre juridique des Etats membres, Paris 1967.

de *Crayencour*, Jean Pierre: La Reconnaisance Mutuelle des Diplômes dans le Traité de Rome, RMC 1967 S. 24 ff.

Crisafulli, Vezio: Le Regioni davanti alla Corte costituzionale. In: La Regione e il governo, Mailand 1965, S. 73 ff.

Dahm, Georg: Völkerrecht, Bd. I, Stuttgart 1958.

— Völkerrechtliche Grenzen der inländischen Gerichtsbarkeit gegenüber ausländischen Staaten. In: Festschrift für Arthur Nikisch, Tübingen 1958, S. 153 ff.

Daig, Hans-Wolfram: Die Gerichtsbarkeit in der Europäischen Wirtschaftsgemeinschaft und der Europäischen Atomgemeinschaft, AöR 83 (1958) S. 132 ff.

Deringer, Arved: Das Wettbewerbsrecht der Europäischen Wirtschaftsgemeinschaft. Kommentar zu den EWG-Wettbewerbsregeln (Art. 85 bis 94) nebst Durchführungsverordnungen und -Richtlinien, Düsseldorf 1962 ff. (Loseblattausgabe).

Dittrich, Stefan: Stand der Arbeiten auf dem Gebiet des Niederlassungsrechts für die freien Berufe innerhalb der Europäischen Gemeinschaften, NJW 1968 S. 336 ff.

Doehring, Karl: Internationale Organisationen und staatliche Souveränität. In: Festgabe für Ernst Forsthoff, München 1967, S. 105 ff.

Dreher, Jürgen: Die Kompetenzverteilung zwischen Bund und Ländern im Rahmen der Auswärtigen Gewalt nach dem Bonner Grundgesetz. Zugleich ein Beitrag zum Wesen der Auswärtigen Gewalt und deren Einordnung in das gewaltenteilende föderative Verfassungssystem, Diss. Bonn 1970.

Dürig, Günter: Anmerkung zum Beschluß des BVerfG vom 7. 5. 1953 und Urteil OVG Berlin vom 24. 9. 1952. In: JZ 1953 S. 462 f.

Ehle, Dietrich: Wirtschaftslenkung und Verfassungsrechtsschutz im Gemeinsamen Markt, AWD 1963 S. 157 ff.

— Zum Verhältnis von Gemeinschaftsrecht und nationalem Recht, MDR 1964 S. 9 ff.

Ehmke, Horst: „Staat“ und „Gesellschaft“ als verfassungstheoretisches Problem. In: Staatsverfassung und Kirchenordnung, Festgabe für Rudolf Smend, Tübingen 1962, S. 23 ff.

Emrich, Dieter: Das Verhältnis des Rechts der Europäischen Gemeinschaften zum Recht der Bundesrepublik Deutschland, Marburg 1969.

Erdmenger, Jürgen: Die Anwendung des EWG-Vertrages auf Seeschiffahrt und Luftfahrt, Hamburg 1962.

Erler, Georg: Das Grundgesetz und die öffentliche Gewalt internationaler Staatengemeinschaften, VVDStRL 18 (1960) S. 9 ff.

— Die Beschränkung der rechtsprechenden Gewalt in der Bundesrepublik durch die Zuständigkeit internationaler Gerichte. In: Göttinger Festschrift für das Oberlandesgericht Celle, Göttingen 1961, S. 27 ff.

— Probleme überstaatlicher Wirtschaftsverwaltung. In: Verwaltung im modernen Staat, Berliner Beamtentage 1965, Veröffentlichung des Senator für Inneres 1966, S. 47 ff.

Ermacora, Felix: Allgemeine Staatslehre. Vom Nationalstaat zum Weltstaat, Berlin 1970.

Everling, Ulrich: Zur Erhebung von Statistiken durch Organe der Europäischen Wirtschaftsgemeinschaft, BB 1961 S. 420 ff.

— Das Niederlassungsrecht im Gemeinsamen Markt, Berlin und Frankfurt a. M. 1963.

— Zur Errichtung nachgeordneter Behörden der Kommission der Europäischen Wirtschaftsgemeinschaft. In: Zur Integration Europas, Festschrift für Carl Friedrich Ophüls, Karlsruhe 1965, S. 33 ff.

— Die Rechtsangleichung in der Europäischen Wirtschaftsgemeinschaft auf dem Gebiet des Niederlassungsrechts. In: Aktuelle Fragen des Europäischen Gemeinschaftsrechts, Heft 29 der Abhandlungen zum gesamten Bürgerlichen Recht, Handelsrecht und Wirtschaftsrecht, Stuttgart 1965, S. 60 ff.

— Besprechung zu Wagner, Grundbegriffe des Beschlußrechts der Europäischen Gemeinschaften, AWD 1966 S. 460 ff.

— Die Entwicklung der Europäischen Gemeinschaft zur Wirtschafts- und Währungsunion. Ihre Bedeutung für die Verfassungsordnung der Mitgliedstaaten, NJW 1971 S. 1481 ff.

Fischer, Fritz: Die institutionalisierte Vertretung der Verbände in der Europäischen Wirtschaftsgemeinschaft, Kiel 1965.

Friedrich, Carl J.: Der Verfassungsstaat der Neuzeit, Berlin u. a. 1953.

Forsthoff, Ernst: Wehrbeitrag und Grundgesetz. Rechtsgutachten über die Frage, ob die Verabschiedung des Gesetzes betr. den EVG-Vertrag (Art. 59 Abs. 2 GG) eine Änderung des Grundgesetzes erfordert. In: Wehrbeitrag II, S. 312 ff.

Friauf, Karl Heinrich: Die Staatenvertretung in supranationalen Gemeinschaften. Ein Beitrag zur Rechtsstellung des Ministerrates in der Europäischen Gemeinschaft für Kohle und Stahl, der Europäischen Wirtschaftsgemeinschaft und der Europäischen Atomgemeinschaft, Marburg 1960.

— Die Notwendigkeit einer verfassungskonformen Auslegung im Recht der westeuropäischen Gemeinschaften, AöR 85 (1960) S. 224 ff.

— Zur Problematik rechtsstaatlicher und demokratischer Strukturelemente in zwischenstaatlichen Gemeinschaften, DVBl 1964 S. 781 ff.

— Probleme der Durchführung europäischer Gemeinschaftsplanungen in der Bundesrepublik Deutschland. In: Planung IV, hrsg. von Joseph H. Kaiser, Baden-Baden 1970, S. 41 ff.

Friesenhahn, Ernst: Die Staatsgerichtsbarkeit, Handbuch des Deutschen Staatsrechts, Bd. 2, Tübingen 1932, S. 523 ff.

— Der Rechtsschutz im öffentlichen Recht nach dem Bonner Grundgesetz, DV (2. Jahrgang) 1949 S. 478 ff.

— Staatsrechtslehrer und Verfassung, Rede zum Antritt des Rektorats der Rheinischen Friedrich-Wilhelms-Universität in Bonn am 5. November 1950, Bonner Akademische Reden 4, Krefeld 1950.

— Parlament und Regierung im modernen Staat, VVDStRL 16 (1958) S. 9 ff.

— Die Verfassungsgerichtsbarkeit in der Bundesrepublik Deutschland, Köln u. a. 1963.

— Zum Prüfungsrecht des Bundespräsidenten. In: Die moderne Demokratie und ihr Recht, Festschrift für Gerhard Leibholz, 2. Band: Staats- und Verfassungsrecht, Tübingen 1966, S. 679 ff.

Frowein, Jochen: Zum Verhältnis zwischen dem EWG-Recht und nationalem Recht aus der Sicht des Gerichtshofes der Europäischen Gemeinschaften, AWD 1964 S. 233 ff.

Furler, Hans, Grundfragen des Europäischen Gemeinschaftsrechts, NJW 1965 S. 1401 ff.

Fuß, Ernst-Werner: Die „Richtlinie" des Europäischen Gemeinschaftsrechts, DVBl 1965 S. 379 ff.

— Verwaltung und Schule, VVDStRL 23 (1966) S. 199 ff.

— Rechtsschutz gegen deutsche Hoheitsakte zur Ausführung des Europäischen Gemeinschaftsrechts, NJW 1966 S. 1782 ff.

Geck, Wilhelm Karl: Die völkerrechtlichen Wirkungen verfassungswidriger Verträge. Zugleich ein Beitrag zum Vertragsschluß im Verfassungsrecht der Staatenwelt, Beiträge zum ausländischen öffentlichen Recht und Völkerrecht, Bd. 38, Köln und Berlin 1963.

Glaesner, Hans Joachim: Übertragung rechtsetzender Gewalt auf internationale Organisationen in der völkerrechtlichen Praxis, DÖV 1959 S. 653 ff.

— Deutscher Landesbericht, Droit Européen III (Paris), 1965.

Götz, Volkmar: Europäisches Gemeinschaftsrecht und deutsches Recht, JZ 1963 S. 265 ff.

Gorny, Günter: Verbindlichkeit der Bundesgrundrechte bei der Anwendung von Gemeinschaftsrecht durch deutsche Staatsorgane, Schriften zum Öffentlichen Recht, Bd. 103, Berlin 1969.

Grabitz, Eberhard: Gemeinschaftsrecht bricht nationales Recht, Hamburg 1966.

— Entscheidungen und Richtlinien als unmittelbar wirksames Gemeinschaftsrecht, EuR 1971 S. 1 ff.

Grawert, Rolf: Verwaltungsabkommen zwischen Bund und Ländern in der Bundesrepublik Deutschland. Eine kritische Untersuchung der gegenwärtigen Staatspraxis mit einer Zusammenstellung der zwischen Bund und Ländern abgeschlossenen Abkommen, Schriften zum Öffentlichen Recht, Bd. 57, Berlin 1967.

Grewe, Wilhelm: Das Grundgesetz. Die verfassungsrechtlichen Grundlagen der Bundesrepublik Deutschland. II, DRZ 1949 S. 313 ff.

— Die auswärtige Gewalt der Bundesrepublik, VVDStRL 12 (1954) S. 129 ff.

von der Groeben, Hans: Über das Problem der Grundrechte in der Europäischen Gemeinschaft. In: Festschrift für Walter Hallstein, Frankfurt/M. 1966, S. 226 ff.

von der Groeben, Hans und Hans *von Boeckh* u. a.: Handbuch für Europäische Wirtschaft, Loseblatt-Ausgabe in laufender Folge, Baden-Baden 1958 ff.

Guarino, Giuseppe: Stato e Regioni speciali nella giurisprudenza della Corte costituzionale. In: Atti del IV. Convegno di Studi giuridici sulla regione, Padua 1962, S. 59 ff.

Haas, Ernst B.: International Integration, International Organisation XV (1961) S. 366 ff.

Hallstein, Walter: Die echten Probleme der europäischen Integration. Kieler Vorträge gehalten am Institut für Weltwirtschaft der Universität Kiel. Neue Folge, Band 37, Kiel 1965.

— Der unvollendete Bundesstaat. Europäische Erkenntnisse und Erfahrungen. Unter Mitarbeit von Hans Herbert Götz und Karl-Heinz Narjes, Düsseldorf und Wien 1969.

Hamann, Andreas und Helmut *Lenz:* Das Grundgesetz für die Bundesrepublik Deutschland vom 23. Mai 1949. Kommentar begründet von Andreas Hamann, 3. Auflage, Neuwied u. a. 1970.

Handbuch der Montanunion: Herausgeber: Franz-Wilhelm Engel, Frankfurt a. M. 1953 ff.

Hanebuth, Klaus: Das Auskunftsrecht im europäischen Wirtschaftsrecht. Rechtsgrundlagen und Handhabung, Baden-Baden 1967.

Harbich, Jürgen: Der Bundesstaat und seine Unantastbarkeit, Schriften zum Öffentlichen Recht, Bd. 20, Berlin 1965.

Harms, Thomas: Die Rechtsstellung der Abgeordneten in der Beratenden Versammlung des Europarates und im Europäischen Parlament, Hamburg 1968.

Hay, Peter: Federalism and Supranational Organizations. Patterns for New Legal Structures, Urbana and London 1966.

Heise, Detlev: Internationale Rechtspflege und nationale Staatsgewalt. Grenzen und Einwirkungen, Göttingen 1964.

Hellner, Jürgen: Das Vorlageverfahren der Europäischen Gemeinschaften. Art. 41 EGKSV, 177 EWGV, 150 EAGV unter besonderer Berücksichtigung des innerstaatlichen Prozeßrechts der Mitgliedstaaten, Dissertation Bonn 1965.

Hesse, Konrad: Die normative Kraft der Verfassung, Recht und Staat, Heft 222, Tübingen 1959.

— Der unitarische Bundesstaat, Karlsruhe 1962.

— Grundzüge des Verfassungsrechts der Bundesrepublik Deutschland, 4. Aufl., Karlsruhe 1970.

Hochbaum, M.: Das Diskriminierungs- und Subventionsverbot in der EGKS und EWG, Baden-Baden und Bonn 1962.

Hoffmann, Gerhard: Das Verhältnis des Rechts der Europäischen Gemeinschaften zum Recht der Mitgliedstaaten, DÖV 1967 S. 433 ff.

Holch, Georg: Der Deutsche Bundesrat zur Rechtsetzung der EWG, EuR 1967 S. 217 ff.

— Der Bundesrat zur Rechtsetzung der Europäischen Gemeinschaften, EuR 1969 S. 213 ff.

Houben, P.-H. J. M.: Les Conseils de Ministres des Communautés Européennes, Leiden 1964.

Huber, Hans: Weltweite Interdependenz, Gedanken über die grenzüberschreitenden gesellschaftlichen Verhältnisse und die Rückständigkeit des Völkerrechts, Bern 1968.

Hüchting, Heinrich: Abschluß und Vollzug völkerrechtlicher Verträge des Bundes im Bereich der ausschließlichen Zuständigkeit der Länder nach dem Grundgesetz, Dissertation Göttingen 1965.

Huth, Klaus-Dieter: Die Sonderstellung der öffentlichen Hand in den Europäischen Gemeinschaften. Eine rechtstatsächliche und rechtsdogmatische Untersuchung unter Einbeziehung Großbritanniens, Hamburg 1965.

Ipsen, Hans Peter: Haager Kongreß für Europarecht, NJW 1964 S. 339 ff.

— Öffentliche Unternehmen im Gemeinsamen Markt, NJW 1964 S. 2336 ff.

— Der Deutsche Jurist und das europäische Gemeinschaftsrecht, Verhandlungen des 45. Deutschen Juristentages, Schlußvortrag, Band II/L, München u. a. 1964.

— Richtlinien — Ergebnisse. In: Zur Integration Europas, Festschrift für Carl Friedrich Ophüls, Karlsruhe 1965, S. 67 ff.

— Das Verhältnis des Rechts der europäischen Gemeinschaften zum nationalen Recht. In: Aktuelle Fragen des Europäischen Gemeinschaftsrechts, Heft 29 der Abhandlungen zum gesamten Bürgerlichen Recht, Handelsrecht und Wirtschaftsrecht, Stuttgart 1965, S. 1 ff.

— Als Bundesstaat in der Gemeinschaft. In: Probleme des Europäischen Rechts, Festschrift für Walter Hallstein, Frankfurt 1966, S. 248 ff.

— Hamburg in der EWG. In: Hamburger Festschrift für Friedrich Schack, Hamburg 1966, S. 57 ff.

— Berufsausbildungsrecht für Handel, Gewerbe und Industrie, Tübingen 1967.

— Deutsche Verwaltung und europäische Wirtschaftsintegration, DÖV 1968 S. 441 ff.

Ipsen, Hans Peter: Verfassungsperspektiven der Europäischen Gemeinschaften, Berlin 1970.

Jaenicke, Günther: Bundesstaat oder Staatenbund. Zur Rechtsform einer europäischen Staatengemeinschaft. In: Festschrift Carl Bilfinger, Beiträge zum ausländischen öffentlichen Recht und Völkerrecht, Heft 29 Köln u. a. 1954, S. 71 ff.

— Supranationale Organisation, Strupp-Schlochauer, Wörterbuch des Völkerrechts, 2. Aufl., Bd. III, 1962, S. 423 ff.

— Das Verhältnis zwischen Gemeinschaftsrecht und nationalem Recht in der Agrarmarktorganisation der Europäischen Wirtschaftsgemeinschaft, ZaöRV 23 (1963) S. 485 ff.

Janssen van Raay, J., B. *Baardman* und P. M. *Storm:* Niederländischer Landesbericht, Droit Européen III (Paris) 1965.

Jellinek, Georg: Allgemeine Staatslehre, 3. Aufl., 1914, 5. Neudruck (1928), Nachdruck, Bad Homburg v. d. H. u. a. 1966.

Jolmes, Lothar: Gedanken zur Stellung der deutschen Seehäfen in der EWG. In: Beiträge zur Verkehrstheorie und Verkehrspolitik, Festgabe für Berkenkopf, Düsseldorf 1961, S. 112 ff.

Jurina, Josef: Völkerrechtliche Praxis der Bundesrepublik Deutschland im Jahre 1960, ZaöRV Bd. 20 (1959/60) S. 329 ff.

Kaiser, Joseph H.: Zur gegenwärtigen Differenzierung von Recht und Staat. Staatstheoretische Lehren der Integration, ÖZföR X (1959/60) S. 413 ff.

— Bewahrung und Veränderung demokratischer und rechtsstaatlicher Verfassungsstruktur in den internationalen Gemeinschaften, VVDStRL 23 (1966) S. 1 ff.

Kalisch, Werner: EWG-Niederlassungsrecht und deutsches Recht der Führung ausländischer akademischer Grade, NJW 1967 S. 2094 ff.

Kapteyn, P. J. G.: L'Assemblée Commune de la Communauté Européenne du Charbon et de l'Acier, Leiden 1962.

Kaufmann, Erich: Rechtsgutachten zum Vertrage über die Gründung der Europäischen Verteidigungsgemeinschaft und zum Deutschlandvertrag. In: Wehrbeitrag II, S. 42 ff.

— Die Übertragung von Hoheitsrechten in der deutschen Verfassungsgeschichte des 19. Jahrhunderts, Gesammelte Schriften, Band II: Der Staat in der Rechtsgemeinschaft der Völker, Göttingen 1960, S. 408 ff.

Kisker, Gunter: Kooperation im Bundesstaat. Eine Untersuchung zum kooperativen Föderalismus in der Bundesrepublik Deutschland, Tübingen 1971.

Klein, Friedrich: Erfordert der Beschluß der Vertragsgesetze, mit denen die Gesetzgebungsorgane der Bundesrepublik Deutschland dem Vertrag über die Gründung der Europäischen Verteidigungsgemeinschaft vom 27. Mai 1952 zustimmen müssen, die Aufnahme von Bestimmungen einer Wehrverfassung in das Grundgesetz? In: Wehrbeitrag II, S. 456 ff.

Klein, Karl Heinz: Die Übertragung von Hoheitsrechten, Berlin 1952.

— Anmerkung zum Vorlagebeschluß des FG Rheinland-Pfalz vom 14. 11. 1963, DÖV 1964 S. 308 ff.

Knöpfle, Robert: Organisation und Arbeitsweise der gemeinsamen Kommission der Europäischen Gemeinschaften, EuR 1968 S. 30 ff.

Knolle, Herbert: Die gemeinsame Politik der Berufsausbildung in der Europäischen Wirtschaftsgemeinschaft, BArbBl. 1963 S. 379 ff.

Koch, Rüdiger: Beihilfen nach dem EWG-Vertrag, insbesondere Unterstützungen des Staates für eigene Unternehmen, Dissertation Göttingen 1967.

Kölble, Josef: Verwaltungsabkommen zwischen Bund und Ländern, DÖV 1960 S. 650 ff.

— Auslandsbeziehungen der Länder? Zur Auslegung des Art. 32 Abs. 1 und 3 GG, DÖV 1965 S. 145 ff.

— Auslandsbeziehungen der Länder. Erwiderung (zu der Stellungnahme von Beck, DÖV 1966 S. 20 ff.), DÖV 1966 S. 25 ff.

Kommentar zum Bonner Grundgesetz: BK, Hamburg 1950 ff. (Zweitbearbeitung 1964 ff.).

Konow, Gerhard: Kooperativer Föderalismus und Gemeinschaftsaufgaben, Bemerkungen zum Gutachten über die Finanzreform in der Bundesrepublik Deutschland, DÖV 1966 S. 368 ff.

Krämer, Hans-R.: Die Europäische Wirtschaftsgemeinschaft, Texte zu ihrer Entstehung und Tätigkeit, zusammengestellt und eingeleitet von ..., Frankfurt a. M. und Berlin 1965.

Kraus, Herbert: Die Zuständigkeit der Länder der Bundesrepublik Deutschland zum Abschluß von Kulturabkommen mit auswärtigen Staaten nach dem Bonner Grundgesetz, AVR 3 (1951/52) S. 414 ff.

Krüger, Herbert: Über die Herkunft der Gewalt der Staaten und der sog. supranationalen Organisationen, DÖV 1959 S. 721 ff.

— Allgemeine Staatslehre, 2. Aufl., Stuttgart u. a. 1966.

Kruse, Hans: Strukturelle Kongruenz und Homogenität. In: Mensch und Staat in Recht und Geschichte, Festschrift für Herbert Kraus, Kitzingen 1954, S. 112 ff.

Küchenhoff, Dietrich: Grundrechte und europäisches Staatengemeinschaftsrecht, DÖV 1963 S. 161 ff.

Kunze, Renate: Kooperativer Föderalismus in der Bundesrepublik. Zur Staatspraxis der Koordinierung von Bund und Ländern, Stuttgart 1968.

Lagrange, Maurice: La Cour de Justice de la Communauté Européenne du Charbon et de l'Acier, RDP 74 (1958), S. 841 ff.

Lang, Norbert: Die Preisordnung in der Montangemeinschaft im Vergleich mit amerikanischem Antitrustrecht, Baden-Baden 1963.

La Pergola, Antonio: Note sull' esecuzione degli oblighi internazionali nelle materie di competenza del legislatore regionale, Atti del III. Convegno di studi giuridici sulla regione, Padua 1960, S. 539 ff.

Lemke, Helmut: Schleswig-Holstein in Europa — Zur EWG-Anpassung —. Heft 11 der Schriftenreihe: Gegenwartsfragen. Herausgeber: Der Landesbeauftragte für staatsbürgerliche Bildung in Schleswig-Holstein. 2. Aufl., o. O. 1964.

— Tendenzen wirtschaftlicher Entwicklung im nördlichen Landesteil, Informationsdienst der Landesregierung Schleswig-Holstein, Dezember 1964, 1. Ausgabe, S. 189 ff.

Lerche, Peter: Stil, Methode, Ansicht — Polemische Bemerkungen zum Methodenproblem, DVBl 1961 S. 690 ff.

v. Lex, Hans Ritter: Die Grundlagen unserer föderativen Staatsordnung. In: Vom Bonner Grundgesetz zur gesamtdeutschen Verfassung, Festschrift Hans Nawiasky, München 1956, S. 237 ff.

Lindberg, Leon N.: The Political Dynamics of European Economic Integration, Stanford und London 1963.

v. Mangoldt, Hermann: Das Bonner Grundgesetz, Berlin und Frankfurt a. M. 1953.

v. Mangoldt, Hermann und Friedrich *Klein:* Das Bonner Grundgesetz, Berlin und Frankfurt a. M. 1957 ff.

Matthies, Heinrich: Die deutsche internationale Zuständigkeit, Frankfurt a. M. 1955.

Maunz, Theodor: Verfassungsrechtliche Grundlage der deutsch-alliierten Verträge. In: Wehrbeitrag II, S. 591 ff.

— Deutsches Staatsrecht. Ein Studienbuch, 17. Aufl., München 1969.

— Die Abgrenzung des Kulturbereichs zwischen dem Bund und den Ländern. In: Festschrift für Gebhard Müller, Tübingen 1970, S. 257 ff.

Maunz, Theodor, Günter *Dürig* und Roman *Herzog:* Grundgesetz. Kommentar, München, Berlin 1964 ff.

Mc Mahon, J. F.: The Court of Justice of the European Communities. Judicial Interpretation and International Organisation, B. Y. 37 (1961) S. 320 ff.

von Meibom, Hanspeter: Die Mitwirkung der Mitgliedstaaten in der Rechtsetzung der EWG. In: Zur Stellung der Mitgliedstaaten im Europarecht, Schriftenreihe der Hochschule Speyer, Bd. 32, Berlin 1967, S. 148 ff.

— Die Mitwirkung der Länder im Bereich der auswärtigen Gewalt, NJW 1968 S. 1607 ff.

— Der EWG-Vertrag und die Grundrechte des Grundgesetzes, DVBl 1969 S. 437 ff.

Meier, Gert: Das Recht internationaler Organisationen zur Schaffung und Bevollmächtigung eigener Organe, AVR 12 (1964) S. 14 ff.

Menzel, Eberhard: Staats- und völkerrechtliches Gutachten. In: Hamburger Denkschrift zum Schuman-Plan, Hamburg 1951 S. 25 ff.

Meyer-Cording, Ulrich: Die europäische Integration als geistiger Entwicklungsprozeß. In: Wirtschaft, Gesellschaft und Kultur, Festgabe für Müller-Armack, Berlin 1961, S. 291 ff.

Misch, Hans-Horst: Die Mitgliedschaft im Europäischen Parlament, DÖV 1969 S. 477 ff.

Moser, Berthold: Die überstaatliche Gerichtsbarkeit der Montan-Union, Wien 1955.

Mosler, Hermann: Die völkerrechtliche Wirkung bundesstaatlicher Verfassungen. Eine Untersuchung zum Völkerrecht und zum vergleichenden Verfassungsrecht. In: Festschrift für Richard Thoma, Tübingen 1950, S. 129 ff.

— Die Wendung zum supranationalen Gedanken im Schuman-Plan, Recht-Staat-Wirtschaft, 3. Band (1951) S. 245 ff.

— Der Vertrag über die Europäische Gemeinschaft für Kohle und Stahl. Entstehung und Qualifizierung, ZaöRV 14 (1951/52) S. 1 ff.

— Die auswärtige Gewalt im Verfassungssystem der Bundesrepublik Deutschland. In: Völkerrechtliche und staatsrechtliche Abhandlungen, Festschrift für Carl Bilfinger, Köln u. a. 1954, S. 243 ff.

— Kulturabkommen des Bundesstaates. Zur Frage der Beschränkung der Bundesgewalt in auswärtigen Angelegenheiten. ZaöRV 16 (1955/56) S. 1 ff.

Mosler, Hermann: Internationale Organisation und Staatsverfassung. In: Rechtsfragen der internationalen Organisation, Festschrift für Hans Wehberg, Frankfurt a. M. 1956, S. 273 ff.

— Das Völkerrecht in der Praxis der deutschen Gerichte, Karlsruhe 1957.

Much, Walter: Die Amtshaftung im Recht der Europäischen Gemeinschaft für Kohle und Stahl auf der Grundlage einer rechtsvergleichenden Untersuchung der Amtshaftungssysteme in Deutschland und in Frankreich, Frankfurt a. M. 1952.

Münch, Fritz: Die Gerichtsbarkeit im Schuman-Plan. In: Gegenwartsprobleme des internationalen Rechts und der Rechtsphilosophie, Festschrift für Rudolf Laun zu seinem siebzigsten Geburtstag, Hamburg 1953, S. 123 ff.

— Délimitation du domaine du droit des Communautés supranationales par rapport au droit étatique interne, Actes off., Bd. II, Mailand 1958, S. 271 ff.

— Die Abgrenzung des Rechtsbereiches der supranationalen Gemeinschaften gegenüber dem innerstaatlichen Recht, BdGVR 2 (1958) S. 73 ff.

Nawiasky, Hans: Die Grundgedanken des Grundgesetzes für die Bundesrepublik Deutschland. Systematische Darstellung und kritische Würdigung, Stuttgart u. a. 1950.

— Allgemeine Staatslehre, 3. Teil: Staatsrechtslehre, Einsiedeln u. a. 1956.

Neunreither, Karlheinz: Der Bundesrat zwischen Politik und Verantwortung, Heidelberg 1959.

Noël, Emile: Der Ausschuß der Ständigen Vertreter, EuR 1967 S. 24 ff.

Obernolte, Wolfgang: Das EWG-Beihilfenverbot in der Praxis, EuW 1961 S. 388 ff.

Ophüls, Carl Friedrich: Juristische Grundgedanken des Schuman-Plans, NJW 1951 S. 289 ff.

— Deutscher Landesbericht, Droit Européen II (Den Haag), 1963.

— Quellen und Aufbau des Europäischen Gemeinschaftsrechts, NJW 1963 S. 1697 ff.

— Anmerkung zu EuGH vom 5. 2. 1965 (Rs 26/62), NJW 1963 S. 1751.

— Zwischen Völkerrecht und staatlichem Recht. Grundfragen des europäischen Rechts, JJahrb 4 (1963/64) S. 137 ff.

— Die Geltungsnormen des Europäischen Gemeinschaftsrechts. In: Festschrift für Otto Riese, Karlsruhe 1964, S. 1 ff.

— Deutsches Zustimmungsgesetz zum EWG-Vertrag teilweise verfassungswidrig? AWD 1964 S. 65 ff.

— Staatshoheit und Gemeinschaftshoheit. Wandlungen des Souveränitätsbegriffes. In: Recht im Wandel, Festschrift 150 Jahre Carl Heymanns Verlag KG, Köln u. a. 1965, S. 519 ff.

— Les Règlements et les Directives dans les Traités de Rome, CdDE 1966 S. 3 ff.

Pelzer, Norbert: Die Gesetzgebungszuständigkeit des Bundes über die Atomenergie, DÖV 1959 S. 51 ff.

Pescatore, Pierre: Luxemburgischer Landesbericht, Droit Européen III (Paris), 1965.

— Die Menschenrechte und die europäische Integration, Integration (Vierteljahreshefte zur Europaforschung) 1969 S. 103 ff.

Quadri, Rolando, Riccardo *Monaco* und Alberto *Trabucchi:* Trattato istitutivo della Communità economica europea. Commentario, Mailand 1965.

Partsch, Karl Josef: Die Anwendung des Völkerrechts im innerstaatlichen Recht. Überprüfung der Transformationslehre, BdGVR 6 (1964) S. 13 ff.

Peters, Hans: Die Gewaltentrennung in moderner Sicht, Köln—Opladen 1954.

Piras, Antonio: La Corte costituzionale e le Regioni a Statuto speciale, Atti del IV. Convegno di studi giuridici sulla regione, Padua 1962, S. 98 ff.

Pollmann, Hans: Repräsentation und Organschaft. Eine Untersuchung zur verfassungsrechtlichen Stellung des Bundesrates der Bundesrepublik Deutschland, Berlin 1969.

Rabe, Hans-Jürgen: Das Verordnungsrecht der Europäischen Wirtschaftsgemeinschaft, Hamburg 1963.

Rambow, Gerhard: L'exécution des directives de la CEE en République fédérale d'Allemagne, CdDE 1970 S. 379 ff.

— Anmerkung zu EuGH Rs 9/70, DVBl 1971 S. 46 ff.

Reichel, Gerhard Hans: Die auswärtige Gewalt nach dem Grundgesetz für die Bundesrepublik Deutschland vom 23. Mai 1949, Berlin 1967.

Reuter, Paul: La Communauté Européenne du Charbon et de l'Acier, Paris 1953.

— Les organes subsidiaires des organisations internationales. In: Hommages d'une Génération de Juristes au Président Basdevant, Paris 1960, S. 415 ff.

— Organisations européennes, Paris 1965.

— La Cour de Justice des Communautés Européennes et le droit international. In: Recueil d'études de droit international — En hommage à Paul Guggenheim, Genf 1968 S. 665 ff.

Robertson, A. H.: European Institutions. Cooperation — Integration — Unification, 2. Aufl., London 1966.

Roselieb, Gerhard: Zur Frage der Supranationalität, ÖZfÖR XII (1962/63) S. 461 ff.

Rudolf, Walter: Internationale Beziehungen der deutschen Länder, AVR 13 (1966/67) S. 53 ff.

— Völkerrecht und deutsches Recht. Theoretische und dogmatische Untersuchungen über die Anwendung völkerrechtlicher Normen in der Bundesrepublik Deutschland, Tübingen 1967.

Rüfner, Wolfgang: Formen öffentlicher Verwaltung im Bereich der Wirtschaft. Untersuchungen zum Problem der leistenden Verwaltung, Berlin 1967.

Rupp, Hans Heinrich: Die Grundrechte und das Europäische Gemeinschaftsrecht, NJW 1970 S. 353 ff.

Ruppert, Andreas: Die Integrationsgewalt. Eine staatstheoretische und verfassungsrechtliche Studie zu Artikel 24 Abs. 1 des Grundgesetzes, Hamburg 1969.

Sandri, Levi: Europäische Arbeitsmarktpolitik unter Berücksichtigung der Aufgaben der Berufsausbildung. In: Berufsausbildung im Europäischen Raum, Deutscher Industrie- und Handelstag, Schriftenreihe Heft 91, S. 22 ff.

Sattler, Andreas: Das Prinzip der „funktionellen Integration" und die Einigung Europas. Die Übertragung von Hoheitsrechten und ihre Konsequenzen untersucht am Beispiel der Europäischen Gemeinschaften, Göttingen 1967.

Schäfer, Hans: Der Bundesrat, Köln und Berlin 1955.

Schätzel, Walter: Rechtsgutachten betreffend Rechtsfragen einer Wiederaufrüstung Deutschlands. In: Wehrbeitrag I, S. 323 ff.

Scheuner, Ulrich: Beitritt der Bundesrepublik zur Europäischen Verteidigungsgemeinschaft und Grundgesetz. In: Wehrbeitrag II, S. 94 ff.

— Die Rechtsetzungsbefugnis internationaler Gemeinschaften. In: Festschrift für Alfred Verdross, Wien 1960, S. 229 ff.

— Struktur und Aufgabe des Bundesstaates in der Gegenwart. Zur Lehre vom Bundesstaat, DÖV 1962, S. 641 ff.

— Wandlungen des Föderalismus in der Bundesrepublik, DÖV 1966 S. 513 ff.

Schlochauer, Hans-Jürgen: Der Rechtsschutz gegenüber der Tätigkeit internationaler und übernationaler Behörden, Frankfurt a. M. 1952.

— Das Verhältnis des Rechts der Europäischen Wirtschaftsgemeinschaft zu den nationalen Rechtsordnungen der Mitgliedstaaten. AVR 11 (1963—64) S. 1 ff.

Schlotfeldt, Walter: Die Rechtsnatur der „Allgemeinen Grundsätze zur Berufsausbildung" der EWG. In: Berufsausbildung im europäischen Raum, Deutscher Industrie- und Handelstag, Schriftenreihe Heft 91, S. 54 ff.

Schmitz, Paul Otto: Die Durchführung des gemeinschaftlichen Landwirtschaftsrechts in der Bundesrepublik Deutschland, Gemeinschaftsrecht und nationale Rechte, V. Internationaler Kongreß für Europarecht vom 23.—26. September 1970 in Berlin, Köln u. a. 1971, I/3 S. 1 ff.

Schmitz-Wenzel, Hermann: Die deutschen Länder und ihre Stellung im europäischen Einigungsprozeß. Ein Beitrag zur Wahrnehmung der internationalen Beziehungen im Bundesstaat, Dissertation Bonn 1969.

Schroeder, Hubert: Die Europäische Wirtschaftsgemeinschaft und die Länder der Bundesrepublik Deutschland, Dissertation Saarbrücken 1964.

Schüle, Adolf: Die Informationspflicht der Bundesregierung gegenüber dem Bundesrat. In: Festschrift für Carl Bilfinger, Köln 1954, S. 441 ff.

Schüßler, Hans: Inflationsbekämpfung und föderalistische Finanzverfassung, NJW 1964 S. 951 ff.

Schumann, Ekkehard: Das Verhältnis des deutschen Richters zum Gerichtshof der Europäischen Gemeinschaften. Die Anwendung von Gemeinschaftsrecht durch deutsche Gerichte, ZZP 78 (1965) S. 77 ff.

Seidel, Martin: Aktuelle Probleme der Rechtsangleichung gemäß Art. 100 EWG-Vertrag, EuR 1967 S. 202 ff.

Seidl-Hohenveldern, Ignaz: Internationales Konfiskations- und Enteignungsrecht, Berlin und Tübingen 1952.

— Das Recht der Internationalen Organisationen einschließlich der Supranationalen Gemeinschaften, 2. Aufl., Köln u. a. 1971.

Siegler, Heinrich: Dokumentation der Europäischen Integration mit besonderer Berücksichtigung des Verhältnisses EWG—EFTA, Bonn u. a. 1961.

Smend, Rudolf: Ungeschriebenes Verfassungsrecht im monarchischen Bundesstaat (1916), Staatsrechtliche Abhandlungen und andere Aufsätze, Berlin 1955, S. 39 ff.

Smend, Rudolf: Verfassung und Verfassungsrecht (1928), Staatsrechtliche Abhandlungen und andere Aufsätze, Berlin 1955.

Sohier, Marc und Colette *Mégret:* Le rôle de l'exécutif national et du législateur national dans la mise en oeuvre du droit communautaire, Droit communautaire et droit national, Semaine de Bruges 1965, Brügge 1965.

de Soto, Jean: Composition et fonctionnement du Parlement européen. In: Les Novelles, Droit des Communautés, européennes, Brüssel 1969, S. 267 ff.

Steiger, Heinhard: Staatlichkeit und Überstaatlichkeit. Eine Untersuchung zur rechtlichen und politischen Stellung der Europäischen Gemeinschaften, Schriften zum Öffentlichen Recht Bd. 31, Berlin 1966.

Teitgen, Pierre-Henri und Henry *Lesguillons:* Französischer Landesbericht, Droit Européen III (Paris), 1965.

Thieme, Werner: Das Grundgesetz und die öffentliche Gewalt internationaler Staatengemeinschaften, VVDStRL 18 (1960) S. 50 ff.

— Europäische Integration und akademische Selbstverwaltung, DUZ Nr. 7+8/1966 S. 6 ff.

Thoma, Richard: Gutachten über die Frage, ob vor Verabschiedung des Zustimmungsgesetzes zum Vertrag über die Gründung der Europäischen Verteidigungsgemeinschaft vom 27. Mai 1952 das Grundgesetz geändert oder ergänzt werden muß. In: Wehrbeitrag II, S. 155 ff.

Tomuschat, Christian: Die gerichtliche Vorabentscheidung nach den Verträgen über die europäischen Gemeinschaften, Köln und Berlin 1964.

Triepel, Heinrich: Unitarismus und Föderalismus im Deutschen Reiche. Eine staatsrechtliche und politische Studie, Tübingen 1907.

Verdross, Alfred: Völkerrecht, 5. Aufl., unter Mitarbeit von Stephan Verosta und Karl Zemanek, Wien 1964.

Vogel, Klaus: Die Verfassungsentscheidung des Grundgesetzes für eine internationale Zusammenarbeit, Recht und Staat Heft 292/293, Tübingen 1964.

Vonderbeck, Hans-Josef: Der Bundesrat — ein Teil des Parlaments der Bundesrepublik Deutschland. Zur Bedeutung der parlamentarischen Repräsentation, Meisenheim am Glan 1964.

Wägenbaur, Rolf: Neue Rechtsprechung zur innerstaatlichen Wirkung des Gemeinschaftsrechts, AWD 1971 S. 101 ff.

Wagner, Heinz: Grundbegriffe des Beschlußrechts der Europäischen Gemeinschaften, KSE 5, Köln u. a. 1965.

Wohlfarth, Ernst: Von der Befugnis der Organe der Europäischen Wirtschaftsgemeinschaft zur Rechtsetzung, JIR 9 (1959/60) S. 12 ff.

— Europäische und deutsche Rechtsordnung, Beiträge zum internationalen Wirtschaftsrecht und Atomenergierecht, Bd. 1 Heft 4, Göttingen 1965.

— Anfänge einer europäischen Rechtsordnung und ihr Verhältnis zum deutschen Recht, JJahrb 3 (1962/63) S. 241 ff.

Wohlfarth, Ernst, Ulrich *Everling,* Hans Joachim *Glaesner* und Rudolf *Sprung:* Die Europäische Wirtschaftsgemeinschaft. Kommentar zum Vertrag, Berlin und Frankfurt a. M. 1960.

Wolff, Hans Julius: Verwaltungsrecht II (Organisations- und Dienstrecht). Ein Studienbuch, 3. Aufl., München 1970.

Zinn, Georg August: Der Bundesrat. Bemerkungen zum gleichnamigen Buch von Hans Schäfer, DÖV 1956 S. 209 ff.

Zuleeg, Manfred: Das Recht der Europäischen Gemeinschaften im innerstaatlichen Bereich, KSE 9, Köln u. a. 1969.

Zweigert, Konrad: Grundsatzfragen der europäischen Rechtsangleichung, ihre Schöpfung und Sicherung. In: Vom deutschen zum europäischen Recht, Festschrift für Hans Dölle, Band II, Tübingen 1963, S. 401 ff.

— Der Einfluß des europäischen Gemeinschaftsrechts auf die Rechtsordnungen der Mitgliedstaaten, RabelsZ 28 (1964) S. 601 ff.

FSC
www.fsc.org
MIX
Papier | Fördert gute Waldnutzung
FSC® C083411

Kolibri 360 GmbH
Ferdinand-Jühlke-Straße 7
99095 Erfurt, Deutschland
produktsicherheit@kolibri360.de

Druck:
CPI Druckdienstleistungen GmbH
im Auftrag der
Kolibri 360 GmbH
Ferdinand-Jühlke-Str. 7
99095 Erfurt